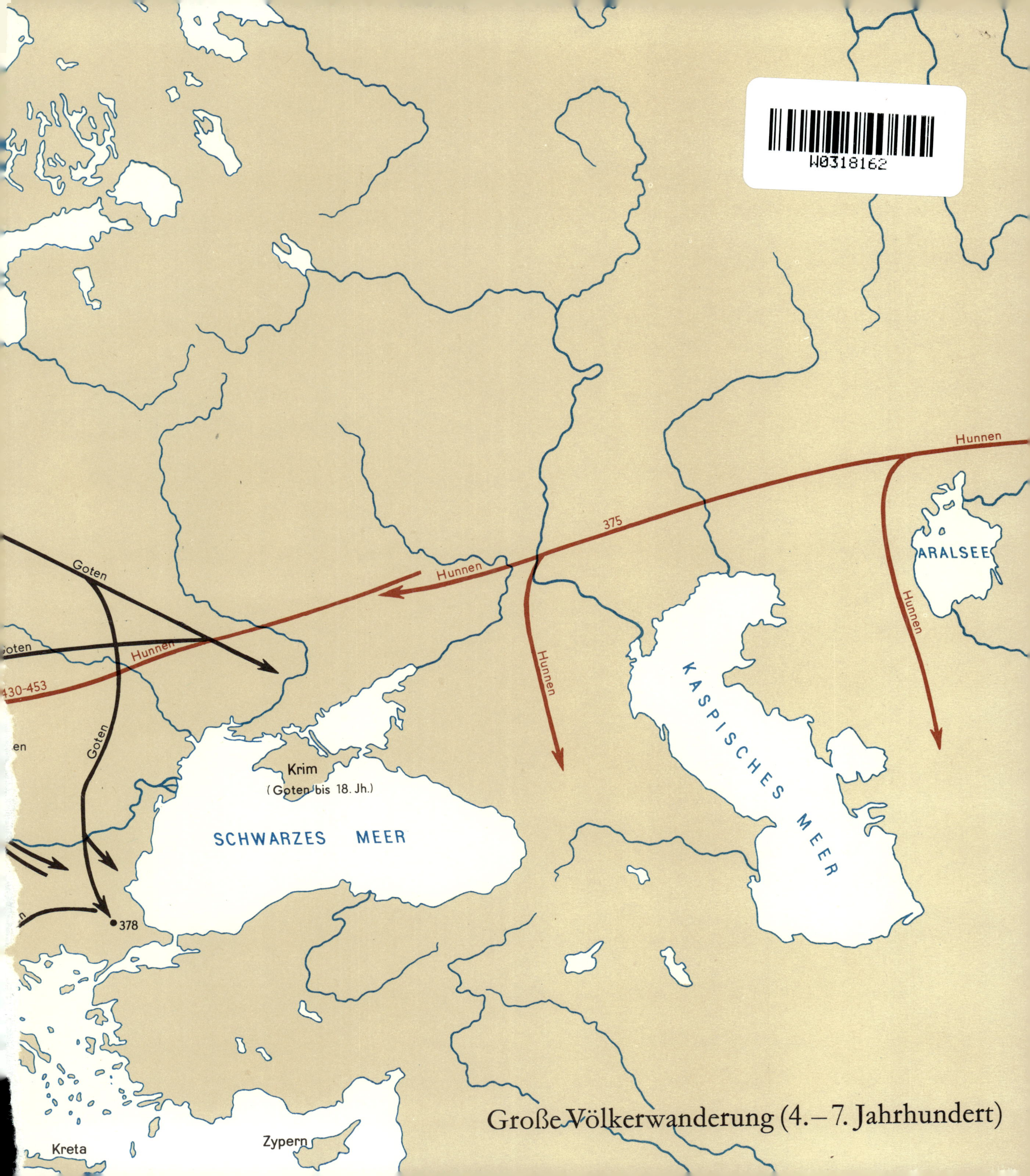

Große Völkerwanderung (4.–7. Jahrhundert)

Diesner · Die Völkerwanderung

HANS-JOACHIM DIESNER

Die Völker-wanderung

Prisma Verlag
Gütersloh

Lektor: Christina Müller
Gestaltung: Volker Küster, Leipzig
Textzeichnungen: Lutz-Erich Müller, Leipzig
Gesamtherstellung: Druckerei Fortschritt Erfurt

2., überarbeitete Auflage 1980

Printed in the German Democratic Republic
ISBN 3-570-00794-4

Inhaltsverzeichnis

Geleitwort

Als sich seit dem Ausgang des 4. Jahrhunderts Menschen, Gruppen, Völkerschaften im Norden und Osten Europas aus verschiedensten Ursachen zu großen Wanderungen anschickten, war das Römische Reich das einzige gefestigte Staatengebilde in Europa und im Mittelmeerraum. Es widerstand zunächst noch dem Drang der Völker nach Süden und Westen, ihrer Suche nach günstigeren Lebensbedingungen, die der Glanz der römischen Zivilisation verhieß. Doch konnten seine morschen Fundamente der germanischen Infiltration und Invasion auf Dauer nicht standhalten. Mit dem Niedergang des alten Systems begann sich bereits die neue Ordnung auszubreiten.

Hans-Joachim Diesner, Althistoriker in Halle an der Saale und spezialisiert auf die Spätantike, ihre Sozial- und Religionsgeschichte, verfolgt mit seiner Darstellung das Ziel, einer für die europäische, auch die deutsche Geschichte bedeutungsvollen Zeit des Umbruchs und Neubeginns ein möglichst breites Interesse zu gewinnen. Es ist ihm gelungen, wissenschaftlich gesichertes Material einem großen Kreis von Interessenten nahezubringen und durch lebendige Schilderung und anschauliche Illustration zu fesseln. Er schreibt keine Kriegs- und Schlachtengeschichten, obwohl an kriegerischen Ereignissen zu dieser Zeit kein Mangel war; er gibt vielmehr ein Bild des «normalen» alltäglichen Lebens. Der Leser wird immer wieder überrascht sein, wie viele Quellen in allen Einzelheiten Kunde geben von bedeutenden und Randereignissen, über Hauptpersonen und Nebenfiguren der Geschichte, über die Schwächen und persönlichsten Wünsche der Menschen, über scheinbar belanglose Äußerlichkeiten. So schildert Diesner z. B. Machtstrukturen im Offizierskorps und in der Verwaltung, die wirtschaftliche und rechtliche Stellung des «kleinen Mannes» in seiner Alltagswirklichkeit, Religionsstreitigkeiten, Aufstiegsmöglichkeiten bisher unterprivilegierter Schichten und den Abstieg der bislang Herrschenden. In der Fülle historischer Bücher für Nicht-Wissenschaftler auf dem deutschen Markt kommt diesem Werk eines Historikers sicherlich besondere Bedeutung zu. Hier stellt sich ein namhafter Wissenschaftler mit den Qualitäten des Sachbuchautors, des Vermittlers historischer Zusammenhänge an ein großes Publikum, des Chronisten einer Epoche und ihrer Menschen, der Aufgabe, ein im besten Sinne populärwissenschaftliches Buch zu schreiben.

Wenn auch mancher Schwerpunkt, den der Autor setzt, manche Schlußfolgerung, die er zieht, mit dem uns überlieferten und vertrauten Geschichtsbild nicht ganz übereinstimmt, so wird dieses Geschichtsbuch in der Art eines illustrierten Sachbuchs sicherlich auf besonderes Interesse stoßen, weil es, abgesehen von der darin gebotenen Informationsfülle, auch Aufschluß über die Form der Aufbereitung eines solchen historischen Themas in der DDR gibt.

Der Verlag

Vorwort

Griff man in früheren Zeiten zu einer Kulturgeschichte, so stellte sich überwiegend folgende Alternative: Entweder geriet man an eine meist sehr gründliche, aber einseitig geistesgeschichtlich orientierte und insofern idealistische Arbeit, oder man fand eine sogenannte Kultur- und Sittengeschichte, die bei vielen Lesern Assoziationen hervorrief, welche mit Kultur im Sinne einer schöpferischen, auf das allgemeine Interesse gehenden Betätigung nicht mehr viel gemeinsam hatte. Natürlich haben die Kultur- und Sittengeschichten des 19. Jahrhunderts ihre Bedeutung und ihr Verdienst; ihr Platz bei der allumfassenden Entwicklung kulturhistorischer Forschung und Darstellung ist allein schon wissenschaftsgeschichtlich gesichert, zumal wir über diese Werke zurück Licht auf die kulturgeschichtlichen Bücher des Aufklärungszeitalters werfen können: Und von dort läßt sich weiter bis auf das Zeitalter der Renaissance, auf das Mittelalter und schließlich auf die Antike selbst zurückgehen. Denn es ist bei kritischer Selbstverständigung und Besinnung nicht zu übersehen, daß Anliegen, Inhalt, ja ansatzweise auch Methode einer Kulturgeschichtsschreibung in die Antike selbst zurückreichen: Zumindest Dikaiarch von Messene hat im vierten Jahrhundert v.u.Z. Ziele der Kulturgeschichtsschreibung gesetzt, die aber bereits von Herodot (fünftes Jahrhundert v.u.Z) vorgeformt waren und in der gesamten Antike bis zur ausgehenden Völkerwanderung weiterverfolgt und berücksichtigt worden sind. In vieler Hinsicht stellt Tacitus' kleine Schrift über die Germanen ein politisch-kulturgeschichtliches Opus dar, zumal hier auf Leistungen der materiellen wie der geistigen Kultur in gleicher Weise eingegangen wird. Die Schriftsteller der hier interessierenden Zeit haben – teilweise an versteckter Stelle und durch Einbeziehung in andere Themata – häufig ebenfalls als Kulturhistoriker gearbeitet, ja einige unter ihnen, wie Cassiodor, Boethius und Isidor von Sevilla, gaben der Kulturgeschichte oft sogar eindeutigen Vorrang insbesondere vor der politischen Geschichte.

Die Beschäftigung mit der Kultur der Völkerwanderungszeit knüpft insofern an eine alte Tradition an. Sie verfügt ebenfalls über ein sehr umfangreiches Material, da die Fülle der literarischen Hinterlassenschaft durch eine Menge inschriftlicher, numismatischer und vor allem prähistorisch-archäologischer Funde zu ergänzen ist, die nach Möglichkeit im Bild – in entsprechend repräsentativer Auswahl – vorgestellt werden sollen. Die literarischen und die sonstigen Materialien bieten in vielen Fällen eine ziemlich einheitliche Aussage; immerhin gibt es zahlreiche Deutungsschwierigkeiten, ja auch Widersprüche zwischen archäologischem und literarischem Material: Diese Komplikationen an Einzelbeispielen zu zeigen, ist für den Historiker schwierig und reizvoll zugleich, aber unentbehrlich, wenn ein eindeutiges und nicht zu vordergründiges Bild einer weit zurückliegenden Epoche entstehen soll.

Da unser Thema komplexer Natur ist und historisch-chronologisch ebenso wie geographisch in keinen engen Rahmen gepreßt werden sollte, muß dem Leser eine gewisse Auswahl des Wichtigen und Repräsentativen in Wort und Bild vorgelegt werden. Es geht darum, die Wechselbeziehungen zwischen dem römisch beherrschten Mittelmeerraum und den von Norden und Osten gegen diese spezifische griechisch-hellenistisch-römisch bestimmte Kulturzone anbrandenden Völkern genauer auszuleuchten, wobei eine wichtige «Epoche», der Zeitraum von der Wende des dritten und vierten Jahrhunderts bis zum siebenten oder achten Jahrhundert, im Vordergrund der Betrachtung steht. Aus naheliegenden Gründen wird aber zuweilen ein Vorgriff oder auch ein Rückgriff unternommen, nicht zuletzt, um das entstehende Bild durch einen breiteren Rahmen und durch anschauliche Vergleichsmöglichkeiten zu beleben. Zunächst wird zweckmäßigerweise von den Verhältnissen des spätrömischen Reiches ausgegangen: Denn die – aus recht unterschiedlichen Gründen – vorstoßenden Stämme und Völker mußten sich ihre neuen Sitze, aus denen häufig frühfeudale Staaten wurden, in langwierigen Kämpfen gegen die römischen Armeen erstreiten. Seit spätestens Ende des vierten Jahrhunderts wiederum konnte sich das durch innere Gegensätze und Klassenkämpfe ständig mehr erschütterte, auch kulturell allmählich zerbröckelnde Reich jedoch nur noch mit Hilfe von Söldnern halten, die oft genug denselben Gruppierungen angehörten, die bislang gegen die römischen Grenzen anbrandeten. So kommt es bereits in den Frühstadien der großen Völkerwanderung zu einer Vermengung römischer und «barbarischer» Anliegen und Ansprüche, die zu verfolgen nicht ohne Reiz ist, da sich hier Ansätze zu neuen Mischkulturen herausbilden. Um solche Entwicklungen zu verdeutlichen, wurde auch zwei der wichtigsten Widerstandsbewegungen im Römischen Reich – den Circumcellionen und den Bagauden – stärkere Aufmerksamkeit gewidmet. Denn von solchen Bewegungen gingen nicht nur destruktive, sondern auch konstruktive Impulse aus, die dem Leben in den von Rom befreiten Gebieten Auftrieb gaben. Mag das im Westmittelmeergebiet auch nicht ganz so deutlich geworden sein wie etwa in Ägypten, wo sich die koptische Kunst und Kultur eigenständig entwickelten, so sollte man es doch heute nicht mehr, wie es hier und da geschieht, übersehen.

Wo nötig, erfährt die Darstellung eine Verdichtung, während anderwärts eine lockerere Form gewählt worden ist. Auch im Hinblick auf die eindringenden «Wandervölker» mußte eine Auswahl getroffen werden: Kleinere Gruppierungen, die mehr am Rande stehen – wie die Sueben und Bajuwaren – wurden ausgelassen; auch hinsichtlich der in den Mittelpunkt des Interesses gerückten Völkerschaften der Hunnen, Goten oder Vandalen kam es auf gewisse Schwerpunkte an, zu deren Gunsten manche Phänomene und Zusammenhänge beiseitegelassen wurden. Der Abrundung halber wird im Schlußabschnitt auf Gruppierungen und Völker eingegangen, die mit der Schlußphase der großen Wanderungsbewegung in direkter oder indirekter Verbindung stehen: Denn Araber, Berber, Awaren und vor allem Slawen und Normannen spielten innerhalb einer sich entwickelnden Feudalgesellschaft in großen Teilen Europas und einigen angrenzenden Zonen eine erhebliche Rolle und markierten in jedem Fall die äußerste – zeitliche wie regionale – Grenze, den Schlußakkord, mit dem das Thema «Europäische Völkerwanderung» endet. Das zusammenfassende vierte Kapitel und die beigegebene Zeittafel bringen für vieles, was angesichts der Stoffülle ausgespart wurde, sicherlich einen Ausgleich.

Ideologie und Gesellschaft in der spätrömischen Zeit

DEM THEMA DIESES KAPITELS WURDE IN DER internationalen, besonders aber der sowjetischen Forschung in der letzten Zeit zunehmend Aufmerksamkeit gewidmet. Hier dient es als Auftakt zum kulturgeschichtlichen Anliegen dieses Bandes und kann in zweckmäßiger Kürze unter Berücksichtigung einiger wichtiger Linien behandelt werden.

Mehr und mehr hat sich in den letzten Jahren die Ansicht durchgesetzt, daß die spätrömische Gesellschaft, etwa seit Ende des zweiten Jahrhunderts, von einer permanenten Krise erschüttert wurde. In erster Linie als Krise der Eigentumsformen und der auf Sklaverei basierenden Produktionsweise spürbar, hat sich dieser Niedergang doch bald auf allen Lebensgebieten bemerkbar gemacht und sogar auf alle Bereiche der kulturellen und geistigen Entwicklung ausgewirkt. Wir sind weit davon entfernt, die spätantike Bildung, die Herausformung der katholischen Staatskirche oder die Äußerungen spätrömischen Kunstfleißes in erster Linie oder nur als Ausfluß dieser Krise zu sehen. Enge Wechselbeziehungen zwischen der zunehmenden sozialökonomischen Misere und den gleichzeitigen Schwankungen in der Kultur sind jedoch unverkennbar, ja, sie lassen sich oft bis ins Detail hinein nachweisen.

Spätestens im zweiten Jahrhundert u. Z. hatte es sich herausgestellt, daß die – durch die Stadt bzw. den Staat – begrenzte Verfügung des Eigentümers über den Boden und die Produktion mit Hilfe von Sklaven einer weiteren sozialökonomischen Entwicklung im Wege standen. Obwohl mannigfache Versuche unternommen wurden, die Produktion der privaten oder der in öffentlicher Hand befindlichen Villen und Latifundien zu steigern, indem man die Ausbeutung durchorganisierte, die Kontrollen auf den größeren Landgütern verschärfte, ja sogar eine Art Domanialpolizei schuf, aber andererseits auch die landwirtschaftliche Technik vervollkommnete (Pflug mit Streichbrett und fahrbarem Vorderteil; Egge; Mähmaschine; Wein- und Olivenpressen), kam es zu immer stärkerer Stagnation. Die Krise begann sich auf unterschiedlichste Weise zu äußern. Steuerrückgänge, Geldverknappung, die sich mit naturalwirtschaftlichen Tendenzen koppelte, Hungerrevolten in den Großstädten und Landflucht waren nur einige der äußerlich freilich markantesten Erscheinungen, die den Beginn dieser Krise signalisierten. Natürlich unternahmen die herrschenden Kreise zahlreiche Versuche, das Heft politisch wie ökonomisch in der Hand zu behalten. Durch Spezialisierung der Sklaven und Arbeitsteilung sowie durch verschiedene Kooperationsformen, aber auch durch Zuteilung eines beschränkten Sondergutes (Pekulium) an die Sklaven versuchte man, die rückläufige Entwicklung aufzufangen oder wieder in eine progressive umzuformen. Während widerspenstige oder faule Sklaven wie ehedem hart bestraft wurden, konnte jeder Unfreie, der guten Willen zeigte, mit der Zuteilung eines Pekulium, aber auch mit späterer Freilassung rechnen. Der Sklavenhalter wußte mit den geschickten Mitteln einer ständig verfeinerten Demagogie auf die Unfreien einzuwirken: Indem er vor allem den wertvollen, auf wichtige Arbeiten spezialisierten Unfreien wirtschaftlich sicherstellte, ihm sogar die Aufsicht über andere Sklaven übertrug und die Aussicht auf spätere Freilassung zu garantieren schien, stellte er ihn dem armen Freien ungefähr gleich. In nicht seltenen Fällen galt der gehobene Sklave, vor allem wenn er in kaiserlichem Besitz stand, weitaus mehr als der arme Plebejer oder Proletarier, der zwar eine günstigere Rechtsstellung, aber eine viel schlechtere ökonomische Position und viel geringere soziale Sicherheit besaß. Die hier nur knapp zu skizzierende äußere Angleichung der Sklaven und der armen Freien nahm die unterschiedlichsten Formen an und führte häufig zwischen beiden zu unüberbrückbar scheinenden Gegensätzen, obwohl ihre objektiven Interessen doch im wesentlichen in gleicher Richtung verliefen. Unter dem Einfluß des Stoizismus, des Mithraskultes oder des frühen Christentums kam es allerdings auch häufig zu einer ideologischen Übereinstimmung zwischen Sklaven und armen Freien, die bis zu engem Zusammenwirken in den Kultgemeinschaften, aber auch in den sogenannten Kollegien der kleinen Leute führte.

Es erklärt sich fast von selbst, daß innerhalb des langanhaltenden, nur durch einzelne ruhigere Entwicklungsphasen gekennzeichneten Krisenprozesses auch die bessergestellten Handwerker, die munizipalen Grundbesitzer und andere Angehörige der Mittelschichten stark in Mitleidenschaft gezogen wurden, was Inschriften und gesetzgeberische Maßnahmen zur Genüge verdeutlichen. Nur wenige von ihnen behielten ihre sozialökonomische Position, während die meisten absanken und in wirtschaftliche oder gar juristische Abhängigkeit von reichen Herren gerieten. Einen sozialen Aufstieg gab es für diese Schichten bestenfalls im Zusammenhang mit einer militärischen oder bürokratischen Karriere und – etwas später – durch Übergang in den immer stärker privilegierten kirchlichen Dienst. Ein Mann wie der aus bescheidener Kurialenfamilie stammende Augustin brachte es zum Rhetorikprofessor und dann zum Bischof; Generalsränge wurden sogar von einfachen Soldaten und von Kriegern aus Barbarenstämmen erreicht. Diesem Trend nach oben entsprach jedoch eine viel häufigere «Chance» des sozialen Abstiegs. Freie Kleinbauern und munizipale Grundbesitzer füllten vom dritten Jahrhundert ab immer mehr die Reihen der Agrarkolonen und ähnlicher abhängiger Schichten auf, deren Situation in diesem Zusammenhang genauer analysiert werden muß.

Der Kolonat entwickelte sich spätestens nach dem Spartakusaufstand, zunächst in Italien, dann auch in den von Rom beherrschten Provinzen. Vor allem anfangs waren die Kolonen freie Pächter, nicht selten Großpächter, die ihrerseits Land weitervergaben und über Arbeitsgeräte sowie Sklaven verfügten. Das System des Kolonats, das Jahrhunderte hindurch mit dem der Sklaverei konkurrierte, bot dem älteren System gegenüber erhebliche Vorteile und entwickelte zumindest in starken Ansätzen Wirtschaftsformen, die auf das spätere Feudalsystem hinwiesen. Da die Kolonen anfangs lediglich ein Fixum oder einen bestimmten Prozentsatz der Agrarproduktion an den Eigentümer – sei es Staat oder Privateigentümer – abzuführen und begrenzte Frondienste zu leisten hatten, gestaltete sich ihre ökonomische Lage erträglich, ja oft gut. Durch die Begrenzung des Abgabensystems waren sie weit eher als die Sklaven an einer Ertragssteigerung interessiert, wie sie auch mit Vieh und Geräten sorgsamer umzugehen pflegten als die Sklaven: Bestand doch eines der berüchtigtsten Sklavenvergehen darin, die Arbeitsgeräte, die man nicht als Hilfsmittel, sondern in erster Linie als Eigentum des Sklavenhalters ansah, zu beschädigen oder zu vernichten.

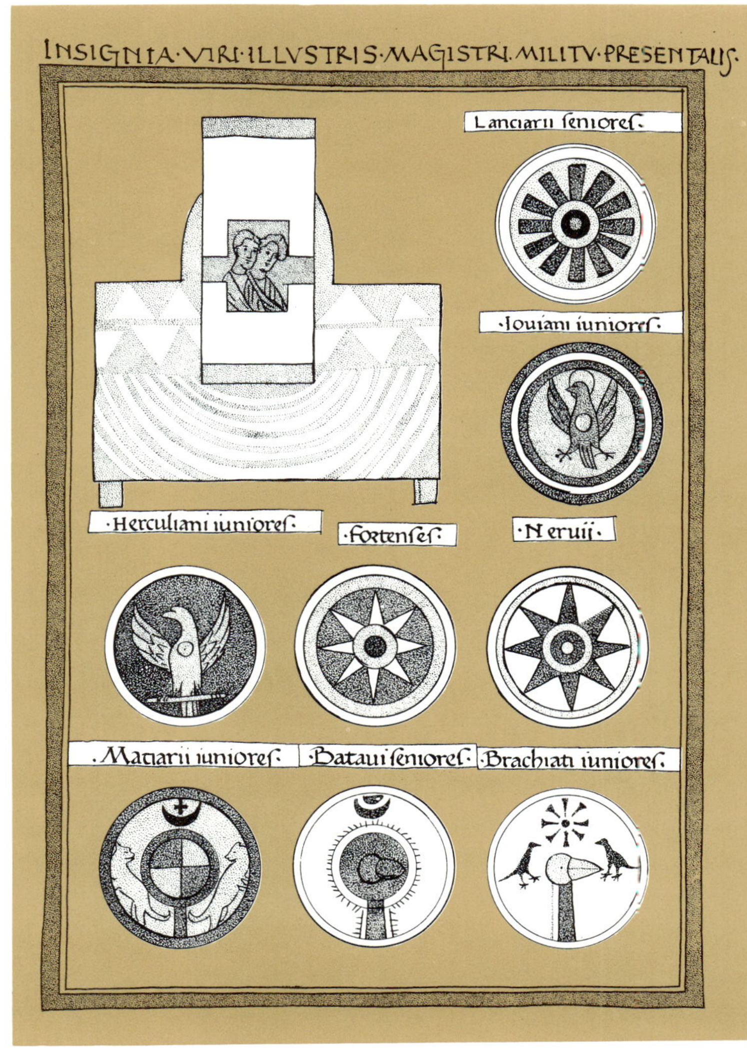

Römisches Feldherrnzeichen und Insignien unterstellter Verbände

Im Laufe der Zeit schälten sich, mit starken regionalen Unterschieden, insbesondere zwei große Gruppierungen von Kolonen heraus: die freien Pächter, die über Pachtland und über eigenen Boden verfügten, sowie die schollengebundenen Originarii, die nur Pachtland bearbeiteten. Während erstere zuweilen den Eindruck von kleinen Latifundienbesitzern vermittelt haben dürften und häufig über große Landgebiete, über eigene Kolonen, Sklaven und selbstverständlich im hinreichenden Maß über Vieh und Geräte verfügten, wurden letztere mehr und mehr den Sklaven gleichgestellt. Sozialökonomisch waren sie kaum von Unfreien zu unterscheiden. Die Arbeitsinstrumente erhielten diese als an den Boden gebunden geltenden Pächter von ihren Patroni; daß die Herren weithin auch das Züchtigungs- und Strafrecht über die Pächter erlangten, zeigt, wie schwach der Rechtsstatus der abhängigen Kolonen ausgebildet war. So paradox es klingen mag, galten sie dem Staat jedoch mehr als die Sklaven, da diese schollengebundenen Pächter militärdienstpflichtig blieben: Auf dem Steuerwege nach Maßgabe der Patroni rekrutiert, waren sie jedoch von der höheren militärischen Karriere ausgeschlossen. Aus den erwähnten Gründen kann man im schollengebundenen Kolonat nur wenige Ansatzpunkte erkennen, die allmählich auf die frühfeudale Produktionsweise hinführen. Hingegen scheint der freie Kolone der spätrömischen Zeit ebenso wie andere Formen des Pachtbauern (z. B. der Prekarist) viel eher auf den Feudalismus hinzudeuten. Und ähnliches gilt für gewisse gehobene Kategorien von Dienstleuten einflußreicher Heerführer und Senatoren, die als Leibwachen (Buccellarii) oder in ähnlichen Funktionen neben Vergütungen in Geld und Naturalien meist auch den Anspruch auf ein Dienstgut erwarben, das sie in feudaler Weise mit Hilfe von Pächtern und Halbfreien bewirtschafteten, ohne ein volles Eigentum daran zu erlangen. Die Weitervergabe (Leihe, Belehnung) solcher Grundstücke und Parzellen im Verein mit einer Abstufung der Rechte und Lasten beginnt also schon relativ früh. Das Problem wird uns jedoch noch im Zusammenhang mit der vollentwickelten Welt der Völkerwanderungsstaaten zu beschäftigen haben.

Mit dem Niedergang der Mehrzahl der Kolonen ging eine Krise innerhalb der städtischen Bevölkerungen Hand in Hand, auf die wir schon hingewiesen haben. Der Faden muß jedoch noch einmal aufgenommen werden, da viele Fragen dieses bisher nur ungenügend erforschten Spezialgebietes offen sind. Wenn man eine einfache Definition bevorzugt, würde man etwa sagen: Die auf Sklaverei und Eigentum am Boden beruhende Produktionsweise mußte in die Krise geraten, ja dem Untergang entgegengehen, sobald die Sklaverei selbst nicht mehr die ihr zugedachte Funktion erfüllen konnte. Zwar ersetzte der Kolonat weithin die Agrarsklaverei, aber er führte auch dazu, daß künftighin nicht mehr ein so großer Teil des Mehrproduktes in die Städte abgeführt werden konnte, wie dies in der Blütezeit der Sklavenwirtschaft üblich gewesen war. Die urbane Lebensweise, ehemals Ideal aller Reichen und Gebildeten, aber natürlich auch ihrer Klienten und Mitläufer, wurde ständig weniger attraktiv. Die städtischen Patroni verarmten oder konzentrierten ihre Finanzen auf ländliche Territorien, die nun intensiver bewirtschaftet und lückenloser bewacht wurden. Mit großen Teilen der Herrenschicht wanderten auch die von ihnen abhängigen Handwerker aufs Land ab. Von ihrer Arbeit zeugen die vielen spätantiken Landsitze mit reichem plastischem und musivischem Dekor, ebenso aber die zahlreichen, auf den Großgütern produzierten Gebrauchsgegenstände, in erster Linie Waffen, Keramik und landwirtschaftliche Geräte. Nur manche Städte mit einer hochspezialisierten Produktion (Schmuck, Prunkwaffen, wertvolle Textilien) vermochten es, ihre wirtschaftliche Position zu halten. Mit nur geringer Übertreibung kann man sagen, daß lediglich diejenigen Städte Produktionszentren blieben, in denen der Staat Münzwerkstätten, Waffenfabriken oder Bekleidungsmanufakturen unterhielt, deren Arbeiter Unfreie oder Zwangsarbeiter waren. Nachdem Produktion und Handel durch die Selbständigkeitsbestrebungen der Großgrundbesitzer einerseits und durch die staatlichen Zwangsmaßnahmen andererseits aus dem Gleichgewicht geraten waren, fand sich nur noch schwer ein Ausgleich – meist nur auf begrenztem Raum und für kurze Zeit. Auch das äußere Bild der spätantiken Stadt, die allmählich gezwungen wurde, sich auf ein engeres Territorium und – zum Schutze gegen die vermehrten Barbarenvorstöße – hinter mächtige Befestigungsanlagen zurückzuziehen, entbehrt meist der glanzvollen architektonischen Mittelpunkte, die seit der augusteischen Zeit im ganzen Reichsgebiet entstanden waren. Während Kaiserforen, Triumphbögen, Theater und Gymnasien von enormen Ausmaßen und prachtvoller Gestaltung die Blütezeit des Imperiums markiert hatten, waren Neubauten der Spätzeit selten, zumeist viel bescheidener und auf bestimmte Zwecke – wie die Verteidigung – konzentriert. Lediglich der Kirchenbau zeigte im Typus der Basilika Höhepunkte. Es ist natürlich charakteristisch, ja typisch, daß der Sakralbau jetzt unbedingten Vorrang vor dem Profanbau erhielt; ohne tiefgreifende Veränderungen innerhalb der Gesellschaft wäre eine solche Wandlung der Baugesinnung, die sich weithin von unmittelbaren und diesseitigen Zielsetzungen löste, undenkbar gewesen. Denn neben dem Machtrückgang Roms überhaupt spiegelt sich in den – meist doch noch auf die städtischen Mittelpunkte konzentrierten – Bauten ein gewisser Wechsel der Einflüsse, der auch mit einer Umverteilung von Besitz und Eigentum Hand in Hand ging.

Im Laufe der bereits skizzierten Krise waren auch die alten Kulte und Religionen zurückgegangen und schließlich vom Christentum überwunden worden. Für diesen langwierigen Prozeß sind mehrere Gründe geltend zu machen. In der frühen Kaiserzeit hatte sich das altrömische Pantheon (Jupiter, Juno, Minerva, Mars usw.) bereits stark verändert. Da Römer und Italiker nicht mehr den Hauptteil der Bevölkerung des Weltreiches stellten, war zunächst eine ideologische Umschichtung unvermeidlich: Für das, was den Griechen und Orientalen politisch genommen worden war, wurden sie bis zu einem gewissen Grade ideologisch «entschädigt»: Götter wie Isis und Sarapis aus Ägypten, die Dea Syria oder der Vegetationsheros Adonis zogen in Rom ein, und wenig später begannen Kulte wie der des iranischen Mithras oder verschiedene Sonnengottkulte die klassische Religion umzuformen oder sogar aufzusaugen. Während die geheimnisvollen Mysterienkulte, die der bestehenden Klassenhierarchie gleichgültig oder ablehnend gegenüberstanden, vor allem die Ärmeren und die Entrechteten ansprachen, hielten sich die Angehörigen der Oberschicht mehr an den überkommenen Staatskult, mit dem seit Augustus die Verehrung des Herrschers – auch des verstorbenen und vergöttlichten Kaisers – verbunden wurde. Geistig Anspruchsvollere wandten sich meist der hellenistisch-spätantiken Religionsphilosophie zu, die in der Stoa, im Neuplatonismus und in verschiedenen gnostischen Systemen immer neue Ausprägungen fand. In diesen Philosophien spielte nach wie vor die Spekulation über Gott und Kosmos, Natur und Mensch eine wesentliche Rolle. Über die Lösungen der griechisch-hellenistischen Philosophie war kaum hinauszugelangen; durch die zunehmende gesellschaftliche Krise beeinflußt, begann man sich allerdings in immer größerem Umfang mit ethischen Problemen zu befassen. Die Stoiker Epiktet und Mark Aurel, der Philosoph auf dem Kaiserthron, sind Kronzeugen dafür und haben manche philosophischen Positionen begründet oder gefestigt, die auch der Ideologie der Unterdrückten zugute kamen. Allerdings waren die Stoiker meist vom Tugendpathos erfüllt und verloren damit irgendwie den Boden unter den Füßen: Ihre prinzipielle Forderung nach einem naturgemäßen Leben im Dienste der Mitmenschen, nach ständiger Betätigung der sogenannten Kardinaltugenden (Gerechtigkeit, Milde, Frömmigkeit, Tapferkeit) schwebte nicht selten in den Wolken, denn die gesellschaftliche Praxis erlaubte ein solches Verhalten kaum. Die gern proklamierte Gleichheit aller Menschen ließ sich nicht durchsetzen, so daß Mark Aurel an ihrer Stelle auch eher einen etwas verschwommenen, wenn auch ernst gemeinten Kosmopolitismus forderte, zu dem er sich persönlich in seinen «Selbstbetrachtungen» immer wieder aufrief, um seine Pflichten gegenüber den Untertanen bis zu den Sklaven hinab nicht zu vergessen. Den ethischen Rigorismus, der sich an der Stoa leicht verdeutlichen läßt, verkündete natürlich das Urchristentum in noch eindeutigerer Weise. Die von Christus selbst geforderten Tugenden Demut, Nächstenliebe und Reinheit als Voraussetzung und Ausfluß des Gottesdienstes sicherten der sich von Palästina her langsam über das Reich ausbreitenden Religion vor allem unter den Armen und Verfolgten, den Sklaven und Entrechteten eine sich schnell ausdehnende Anhängerschaft. Ihnen waren die einfachen, oft durch Gleichnisse an die Öffentlichkeit gelangenden Lehren des neuen Religionsstifters, der selbst helfend als Wundertäter im Land herumgezogen war, verständlicher als philosophische Ideen, mit denen nur die Gebildeten etwas anzufangen wußten. Es kam hinzu, daß die frühe Kirche eine Form des primitiven «Konsumkommunismus» förderte, der – wenn auch verschwommen – aus früheren sozialutopischen Lehren der hellenistischen Zeit bereits bekannt war und viele zur Nacheiferung aufrief. Auch die in den bald einsetzenden Christenverfolgungen der Kaiser wachgehaltene staatsfremde, ja – feindliche Haltung der frühen Christengemeinschaft (so bei Tertullian) sprach natürlich gerade die unteren Klassen und Schichten an. Es ist unverkennbar, daß das Christentum noch im Zeitalter der staatlichen Verfolgungen einen bedeutsamen Wandlungsprozeß durchmachte, der aufs engste mit den inneren Problemen, vor allem mit der Absicherung der reinen Lehre gegenüber den Irrtümern der Häresien, aber auch mit seiner veränderten äußeren Stellung zusammenhing. An die Stelle der nachapostolischen Gemeindeverfassung, die gewisse demokratische Züge aufwies, trat im dritten Jahrhundert der monarchische Episkopat. Das Amt des Bischofs hob sich immer deutlicher hervor und wurde für die kirchliche Hierarchie maßgebend, die jetzt starke Ähnlichkeiten mit der weltlichen Stände- und Klassenpyramide zeigte. Die Bischöfe übernahmen die meisten Vorrechte der bisher autonomen Gemeinde und galten fortan allein – vor allem bei gemeinsamem Auftreten in Synoden und Konzilien – als Garanten der apostolischen Tradition und «unfehlbare» Lehrer. Nach außen wurde ihre Autorität durch eine ständig wachsende richterliche Gewalt innerhalb der Gemeinde verstärkt. Dieser durch den vermehrten Zustrom gebildeter und mächtiger Männer in die Kirche noch geförderte Prozeß fand einen ersten Höhepunkt im vierten Jahrhundert. Nach Anerkennung der christlichen Kirche durch Konstantin den Großen und besonders nach der Errichtung einer katholischen Staatskirche in der Zeit Theodosius' des Großen war die Wandlung von der kleinen, aus freiwilligen Mitgliedern bestehenden Glaubensgemeinschaft zu einer allumfassenden, nun aber erzwungenen Kirchengemeinschaft so gut wie abgeschlossen. Der Staat förderte, so gut er konnte, diesen problematischen Prozeß, der heute oft mit einem Schlagwort wie Konstantinisches Zeitalter versehen wird; selbstverständlich gingen im Laufe dieser Zeit die sozialen Anliegen des Christentums weithin verloren: Die Kirche übernahm mit den Wertmaßstäben der weltlichen Hierarchie großenteils auch deren Interessen, und die oft enge personelle Verknüpfung zwischen weltlichen und kirchlichen Machtträgern führte selbstverständlich dahin, daß Sklaven und andere Abhängige nun von den kirchlichen Ämtern ferngehalten und nur noch mitten in der Masse der Gemeindeglieder geduldet wurden. Innerhalb der entstehenden Asketengemeinschaften und Mönchsorden waren die sozialen Anliegen allerdings besser gewahrt; hier nahm man die Armenfürsorge sehr ernst, die übrigens auch von manchen Schismen und Häresien der urchristlichen Tradition entsprechend – bei den Donatisten geradezu als Programm – festgehalten wurde.

Trotz der sich immer mehr verstärkenden Krise und trotz der unterschiedlich wirkenden Einflüsse der philosophischen Systeme, der Mysterienreligionen und schließlich auch des Christentums blieb der ganze Bereich der offiziellen Bildung und Kultur von Veränderungen weithin unberührt. Die höhere Bildung, die nach wie vor nur einer relativ dünnen, privilegierten Schicht zuteil wurde, beruhte auf dem alten Kanon der griechisch-hellenistischen Pädagogik, der allerdings von den Römern, die überwiegend praktisch und pragmatisch dachten, modifiziert worden war. Auf den Sprach- und Literaturunterricht in Griechisch und Latein baute oft ein Rhetorik- und Philosophiestudium an den Hochschulen auf, das normalerweise die höchsten Karrieren erschloß. Fast alle geistigen Talente der Spätantike haben sich noch innerhalb dieses Bildungsganges entwickelt und auf eine spätere Wirksamkeit vorbereitet. Die mathematischen Disziplinen standen im Hintergrund, während eine Einführung in die Rechtswissenschaft als wesentlich erachtet wurde. Kennzeichnenderweise verfügten die namhaftesten Theologen der Spätantike neben philosophischer auch über eine umfangreiche juristische Bildung. Fast alle anderen Fächer traten ungebührlich zurück; die körperliche Schulung und Ertüchtigung war meist auf die praktische Ausbildung im Reiten, Fechten und Schwimmen ausgerichtet. Aufs Ganze gesehen muß die geistig-kulturelle Entwicklung vom dritten Jahrhundert ab immerhin als rückläufig betrachtet werden. Neben der Krise des ganzen Systems wirkten bestimmte Einzelfaktoren wie die antiheidnische – und da die gesamte Bildung bisher auf heidnischen Grundlagen beruhte – oft bildungsfeindliche Struktur des Christentums auf eine Verkümmerung hin. Die Völkerwanderung mit ihren Nebenwirkungen tat das Ihre. Denn sie vernichtete oft nicht nur die Schulen, Theater und sonstigen Bildungsstätten in breiten Grenzzonen des Reiches, sondern trug auch zur «Barbarisierung» des Reiches insgesamt bei. Da die Allgemeinbildung, vor allem in den Grenzprovinzen, meist sehr niedrig geblieben war, setzten sich von dort her Erscheinungen wie Analphabetentum und Vulgarisierung der Sprache immer stärker durch, was die zahlreichen Inschriften der Spätzeit verdeutlichen. Das Lateinische nahm nicht nur manche Barbarismen aus dem Germanischen, Slawischen oder aus semitischen Sprachen und Dialekten auf, sondern wurde im grammatischen Gebrauch mehr und mehr aufgelockert. Auch bedeutende Schriftsteller der Spätzeit zeigten neben einer schwindenden Kenntnis der griechischen Sprache oft erhebliche Mängel in ihrem Latein und leiteten damit, was wir hier bereits andeuten können, einen Prozeß ein, der schließlich auf die Entstehung der romanischen Sprachen aus dem sogenannten Vulgärlatein hinführte.

Bei den armen Bevölkerungsschichten, die von Wohlstand und Luxus, aber auch von der höheren geistigen Kultur ausgeschlossen waren, mußte immer wieder das Bedürfnis nach einem Ersatz oder Ausgleich für all das, was ihnen vorenthalten wurde, gestillt werden. Es gab hier wenig Möglichkeiten, obwohl die Plebejer der größeren Städte doch zuweilen eine gewisse Entschädigung erhielten. Nach dem Grundsatz «Brot und Spiele» garantierten ihnen Behörden und private Patroni normalerweise das Existenzminimum und lenkten sie durch Tierhetzen, Gladiatorenspiele oder andere, meist sehr blutrünstige Attraktionen von der Alltagsmisere ab. Wie erwähnt, eröffneten aber auch die Mysterienreligionen und das frühe Christentum manche Möglichkeiten für die Armen und Unterdrückten, die sich ihnen anschlossen: Die gleichberechtigte Teilnahme im Kult und an einem Gemeindeleben, die Sorge für die Armen und Kranken, ebenso aber die Hoffnung auf ein besseres Dasein im Jenseits wurden hier «garantiert». Die Folge war ein starker Zustrom von Sklaven, Freigelassenen und anderen Unterdrückten zu diesen Gemeinschaften, der jahrhundertelang anhielt. Und als sich das Christentum zur hierarchischen Ordnung bekannte und schließlich, aufs Ganze gesehen, zu einer Staatskirche wandelte, wandten sich diese Kreise überwiegend den Schismen und Häresien zu, die auf den urchristlichen Gleichheitsvorstellungen beharrten. Natürlich trugen diese von den Bildungsgütern ausgeschlossenen Menschen oft sehr primitive, ja atavistische Züge in die Häresien hinein. So verbanden sie Naturgottheiten wie Priap, Saturn oder Herakles, von denen sie seit jeher für ihre bescheidenen Opfergaben Hilfe erwarteten, mit dem neuen Gottes- und Christusglauben, dessen dogmatischer Hintergrund ihnen natürlich fremd blieb. Auch Teile der uralten Familien- und Stammeskulte der Sklaven und «kleinen Leute», die oft von Magie, Fetischismus und Totemismus durchsetzt waren, wurden auf diese Weise dem Christentum angepaßt. Viele Feste und Feiertage, aber auch kultische (Marienkult) und liturgische Eigentümlichkeiten gehen auf diesem Wege auf alte Glaubensvorstellungen der niederen Bevölkerungsschichten zurück, die so mehr oder minder aktiv am Leben der Kultgemeinschaft teilnahmen. Diese Teilnahme dürfte sich normalerweise im bescheidenen Rahmen bewegt haben und ließ die wirklichen existentiellen Anliegen der Unterdrückten kaum stärker erkennen. Doch es gab Ausnahmen. Der vielleicht noch ins dritte Jahrhundert – die genauere Lebenszeit ist strittig – zu datierende christliche Dichter Commodian, der aus Syrien stammte, jedoch in vulgärem Latein schrieb, hat den Wünschen und Forderungen der verfolgten Christen aufs lebhafteste Ausdruck verliehen. In zwei Werken, den «Instructiones» sowie einem «Carmen Apologeticum», verdichtet sich bei ihm der ideologische und politische Protest gegen Rom, dessen Christenverfolgungen mit dem Namen Neros verbunden werden. In seiner stark chiliastisch geprägten Schilderung gibt Commodian erschreckende Details vom Kampf der Weltmacht gegen die Vertreter der verfolgten Religion. Aber er verbindet seine Kritik am Imperium mit heftigen Vorwürfen gegen die reichen Christen: Er sieht sie als Kompromißler, die ihren persönlichen Frieden suchen, statt ihre Glaubensgenossen zu unterstützen und ihr Vermögen der guten Sache zu weihen. Die harten und haßerfüllten Töne Commodians lassen zeitweise daran zweifeln, ob er wirklich Christ gewesen ist. Zumindest repräsentiert er eine besonders kämpferische Gruppierung des frühen Christentums, die auf die afrikanischen Sonderentwicklungen hinweist, die wir unter den Namen Donatismus und Circumcellionentum zu betrachten haben. Auffällig und imponierend sind Umfang und Reichweite der Kritik Commodians, der die sozialen mit den politischen und ideologischen Problemen verbindet und in seinen ungewöhnlichen Prophezeiungen die Vernichtung Roms durch die Barbaren, die Versklavung der Befehlshaber und hohen Beamten, ja die Zerstörung der Kolonien und sonstigen Siedlungen verkündet: Erst dann scheint ihm der Weg zu einer gerechten Ordnung, zu einem «Goldenen Zeitalter» frei, den er offenbar durch eine Verbindung der Christen mit den Barbaren garantiert sieht. Die Visionen Commodians, die auf alten Sozialutopien und Apokalypsen der hellenistischen und jüdischen Vergangenheit aufbauen, mögen als Zeugnis der Zeitkritik wie der Ideologie der Unterdrückten ebenso interessant sein wie als Dokumentation der ersten, noch ins dritte Jahrhundert fallenden Vorstöße der Völkerwanderungsstämme (besonders der Goten).

Die theoretischen Forderungen Commodians und einiger anderer Schriftsteller haben vor allem deshalb Gewicht, weil zumindest in einigen Teilen des Reiches praktische Schlußfolgerungen daraus gezogen worden sind. Es dürfte wesentlich sein, die entsprechenden Vorgänge intensiver zu verfolgen, wobei die Schauplätze in Afrika und Gallien sich für eine Betrachtung am ehesten anbieten.

In Nordafrika, einem der reichsten Herrschaftsbezirke Roms – Lieferant von Weizen, Öl, Wein, Tieren und Steinen – führten die sozialökonomischen Widersprüche im vierten und fünften Jahrhundert zu verschiedenen Aufständen und Pronunciamientos, die meist von der Widerstandsbewegung der Circumcellionen mit getragen wurden. Es handelte sich hierbei um eine spezifisch afrikanische, von der eigentümlichen ethnischen und sozialen Struktur geprägte Bewegung, die sich in den Landgebieten Südnumidiens herausbildete und dort auch in Städten wie Bagai Zentren hatte. Sie verbreitete sich aber über große Gebiete des gesamten römischen Afrika und war örtlich sogar mit der Opposition romfeindlicher Stämme verschmolzen. Auffälligerweise war das Circumcellionentum keine Sklavenbewegung; vielmehr setzte es sich überwiegend aus wenig romanisierten freien Landarbeitern, Tagelöhnern und wohl auch kleinen Grundbesitzern zusammen, die für die unterste Klasse der freien Bevölkerung kennzeichnend sind. Ideologisch vom afrikanischen Schisma des Donatismus bestimmt, haben die Circumcellionen, über ihre eigenen Anliegen hinausgehend, sich auch der Nöte der Sklaven und Kolonen angenommen, die gern unter ihr «Patrocinium» flohen. Eine plastische, wenngleich kaum in allem treffende Schilderung der Circumcellionen zwischen 330 und 350 gibt einer ihrer Gegner, der katholische Bischof Optatus von Mileve (Contra Parmenianum Donatistam, III, 4). Begebenheiten des Jahres 347 in Südnumidien faßt er folgendermaßen zusammen: «Es kamen Paulus und Macarius, um sich die Armen überall gesondert vorzunehmen und jeden einzelnen zur Einheit zu ermahnen. Und als sie sich der Stadt Bagai näherten, schickte der andere Donatus, wie schon gesagt, der (donatistische) Bischof der Stadt, um der Einheit Hindernisse in den Weg zu legen, Boten in die umliegenden Ortschaften und auf alle Märkte und forderte die streitbaren Circumcellionen (circumcelliones agonisticos) auf, sich in dieser Stadt zu versammeln; und so wurde damals eine Zusammenrottung gerade der Menschen bewirkt, deren Unvernunft kurz vorher von den Bischöfen selbst in gotteslästerlicher Weise aufgestachelt worden war. Denn als diese fanatischen Menschen vor der Einheit durchs Land vagabundierten und Axido und Fasir als ‹Führer der Heiligen› (sanctorum duces) bezeichneten, konnte sich keiner in seinen Besitzungen sicher fühlen. Die Schuldscheine hatten ihre Gültigkeit verloren, kein Gläubiger hatte die Möglichkeit, seine Außenstände einzutreiben, und alle wurden durch die Briefe derjenigen terrorisiert, die sich rühmten, die ‹Führer der Heiligen› zu sein; und wenn jemand zögerte, ihren Befehlen zu gehorchen, kam sofort ein wilder Haufen angezogen, dem der Schrecken voraus eilte, so daß die, die man eigentlich um Aufschub hätte bitten müssen, unter Todesangst zu erniedrigenden Bitten getrieben wurden. Jeder beeilte sich, sogar die größten Schulden zu streichen, und schätzte sich noch glücklich, ihren Gewalttaten entgangen zu sein. Nicht einmal die Straßen waren sicher, da man die Herren gern aus ihren Wagen riß und vor ihren Sklaven, die den Platz der Herren einnahmen, nach Sklavenart herlaufen ließ. *Nach dem Urteil und Befehl jener* vertauschten Herren und

1 Monumentalbronzestatue von Barletta (bei Bari). Dieser sogenannte Koloß von Barletta stellt nach früherer Anschauung Valentinian I., nach neueren Untersuchungen einen oströmischen Kaiser, am ehesten wohl Marcianus, dar und wurde von den Venezianern im 13. Jahrhundert aus dem Orient verschleppt und wegen eines Schiffbruches in Barletta zurückgelassen. Die im Wachsguß hergestellte Statue zeigt den Herrscher mit zwei Tuniken, Panzer, Schärpe, Chlamys und Diadem auf dem glatt herabhängenden Haar. 1491 wurde die an Armen und Beinen ergänzte Statue bei der Kirche San Sepolcro in Barletta aufgestellt. Als eines der bedeutendsten Werke der Plastik der Völkerwanderungsepoche zeigt der Koloß lineare, expressionistisch übersteigerte Formen.

2 Engelsburg (Moles Hadriani) in Rom. Das in der Tradition orientalischer und antiker Monumentalgräber stehende Bauwerk ließ der Kaiser Hadrian (117–138) für sich und andere Mitglieder seiner durch Adoption entstandenen Dynastie vorsehen. Bis ins 3. Jahrhundert wurden kaiserliche Bestattungen in diesem monumentalen Gebäude vorgenommen, das sich auf einem quadratischen Unterbau von etwa 90 m Seitenlänge als Zylinder von 64 m Durchmesser erhebt. Die Geschichte dieses Bauwerkes ist besonders wechselvoll: Von Aurelian in die gewaltige spätantike Ummauerung Roms einbezogen und von Goten wie Byzantinern umkämpft, diente es vor allem seit Gregor d. Gr., der es mit einer Statue des Erzengels Michael versehen ließ, als wichtiges Bollwerk des Vatikans. Im Laufe der Jahrhunderte gab es zahlreiche bauliche Veränderungen; so wurde in der Renaissancezeit das Große Tor des Antonio di Sangallo angebaut, während Bramante für Julius II. an der Tiberseite eine Loggia anbringen ließ. Die 1378 fast zerstörte Engelsburg, die heute als Museum dient, fand lange Zeit auch als Kerker und Hinrichtungsstätte Verwendung, Grund genug, um sie auch in Literatur und Kunst als wichtigen Schauplatz figurieren zu lassen (Stendhal; Puccini).

3 Reiterstatue Mark Aurels. Rom – seit dem 12. Jahrhundert vor der Laterankirche, von Michelangelo auf dem Kapitolplatz aufgestellt. Dieses einzige aus der Antike erhaltene Reiterstandbild aus Bronze verdankt sein Überleben der Tatsache, daß man den Philosophenkaiser (161–180), der durch seine «Selbstbetrachtungen» bekannter geworden ist als durch seine militärischen und politischen Leistungen, lange Zeit für den christlichen Kaiser Konstantin d. Gr. hielt. Dazu mag die würdige Haltung des Herrschers und seine Gebärde der Milde beigetragen haben. Zu dem Pferd bemerkt bereits Jacob Burckhardt im «Cicerone», daß es «gut gearbeitet und lebendig bewegt, an sich aber ein widerliches Tier, vielleicht einem Streitroß des Kaisers getreu nachgebildet» sei.

4 Tetrarchengruppe – Südwestecke von San Marco in Venedig. Die bekannte Porphyrplastik entstand im 4. Jahrhundert in Konstantinopel und stellt die Einheit der von Diokletian künstlich geschaffenen Tetrarchie (Vierkaiserherrschaft) dar, was vor allem durch den Umarmungsgestus deutlich wird.

5 Caracalla-Thermen. Das Ziegelmauerwerk, das von der gewaltigsten Thermenanlage Roms übriggeblieben ist (Fläche: etwa 120000 m²), vermittelt einen Eindruck von der Großzügigkeit dieser Anlage, die im frühen 3. Jahrhundert errichtet wurde und für die Volksmenge eines dichtbesiedelten Stadtteils «Naherholungszentrum» war. Denn außer den Schwimm- und Baderäumen enthielten diese spätantiken Thermen Wandelhallen, Sportanlagen und sogar Lesehallen.

6 Römischer Reisewagen von Maria Saal bei Klagenfurt (Österreich). Auch in solchen Abbildungen – hier die eines gut ausgestatteten, gedeckten Reisewagens auf dem «Römerstein» von Virunum aus dem 1. oder 2. Jahrhundert – spiegelt sich die Intensität des öffentlichen wie privaten Reiseverkehrs auf den römischen Reichsstraßen.

7 Römischer Meilenstein bei Wengen, Kreis Kempten (Allgäu). Der nach Aussage der Inschrift 11 römische Meilen (ca. 16 km) von Kempten entfernt gesetzte Meilenstein stammt aus der Zeit des Kaisers Septimius Severus (193–211); Name im vollen Wortlaut: Imperator Caesar Septimius Severus Pertinax Augustus.

IMP CAESA
L SEPTIMIVS SEVERV
PERTINAX AVG ARAB
ADIAB PARTHICVS MAX
PONTIF MAX TRIB POT V
IMP XII COS II P P PROCOS
IMP CAESAR MRCVS AVRE
ANTONINVS PIVS AVG
POT IIII PROCOS
VIAS ET PONTES REST
A CAMB M P
XI

8 Römische Wasserleitung bei Arles. Die Bogenreste geben den Verlauf der Wasserleitung an, die das wichtige römische Verwaltungszentrum Arles (Arelate) in Südfrankreich versorgte.

9 Pont du Gard, Aquädukt in Südfrankreich. Dieses Stück der römischen Wasserleitung von Uzès nach Nîmes (Nemausus) aus der 1. Hälfte des 1. Jahrhunderts überquerte in einer Länge von rund 270 m und einer Höhe von 49 m das Tal des Flusses Gard. Die zwei Etagen großer Bogenpfeiler tragen kleine Bögen mit der Wasserrinne.

10 Stadtmauertor von Hissar(ja) vom Ende des 4. bzw. Anfang des 5. Jahrhunderts. An der Stelle des heutigen Kurortes Hissarja, oder auch Hissar genannt, lag in der Antike wahrscheinlich die Stadt Augustae. Die heute sichtbare Festungsanlage hatte einen Vorgängerbau, der nach neueren Grabungsergebnissen beim Goteneinfall 376 bis 378 zerstört wurde. Daraus ergibt sich für die noch jetzt sichtbaren Mauern und Tore ein terminus post quem; in das 4. Jahrhundert bzw. den Beginn des 5. Jahrhunderts weist auch die Mauertechnik.

11 Blick in die großen Thermen von Varna. Im Unterschied zu den spätantiken Thermen am Hafen wurde diese gewaltige Anlage bereits am Ende des 2. Jahrhunderts begonnen. Bis zum 4. Jahrhundert sind die Thermen benutzt worden. Damals wurde fast die gesamte Marmorverkleidung demontiert und für andere Bauten wiederverwandt. Im 5. Jahrhundert zerstörte ein Erdbeben wesentliche Teile dieses großartigen Gebäudekomplexes.

12/13 Kaiserthermen von Trier. Von den Abmessungen her (230× 140 m) sind diese Bäder um 300 den Caracalla- und Diokletiansthermen in Rom vergleichbar, deren Vorbild natürlich auch die Gliederung, die rhythmische Reihung der Baumassen und die Mauertechnik folgt. Erhalten sind nur die Mauern des Caldariums (Warmbad).

Rekonstruktionsversuche der Kaiserthermen von Trier

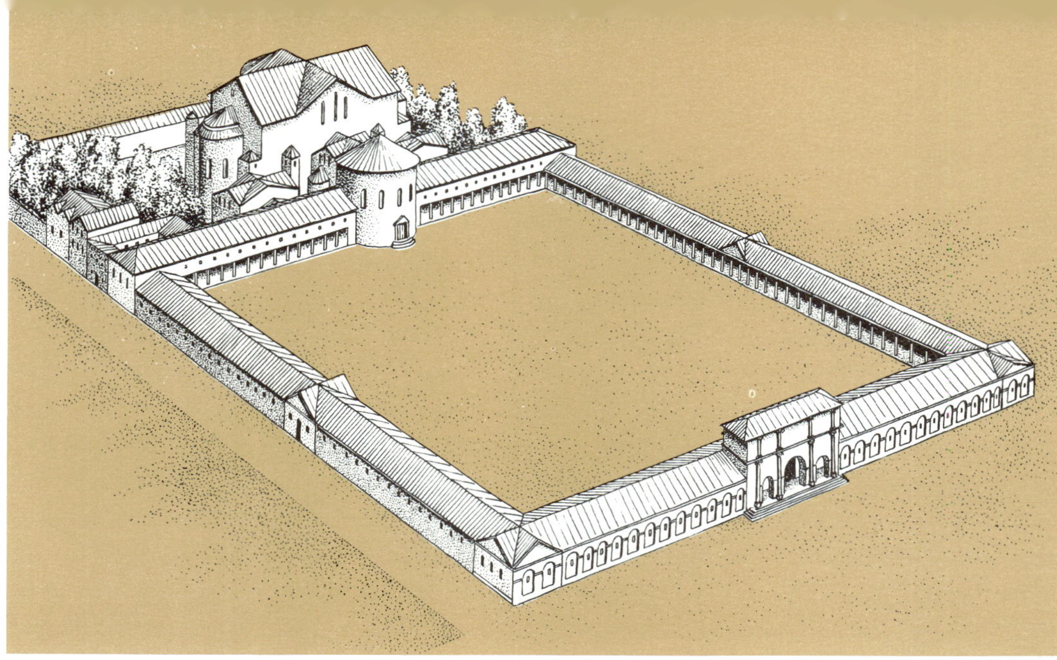

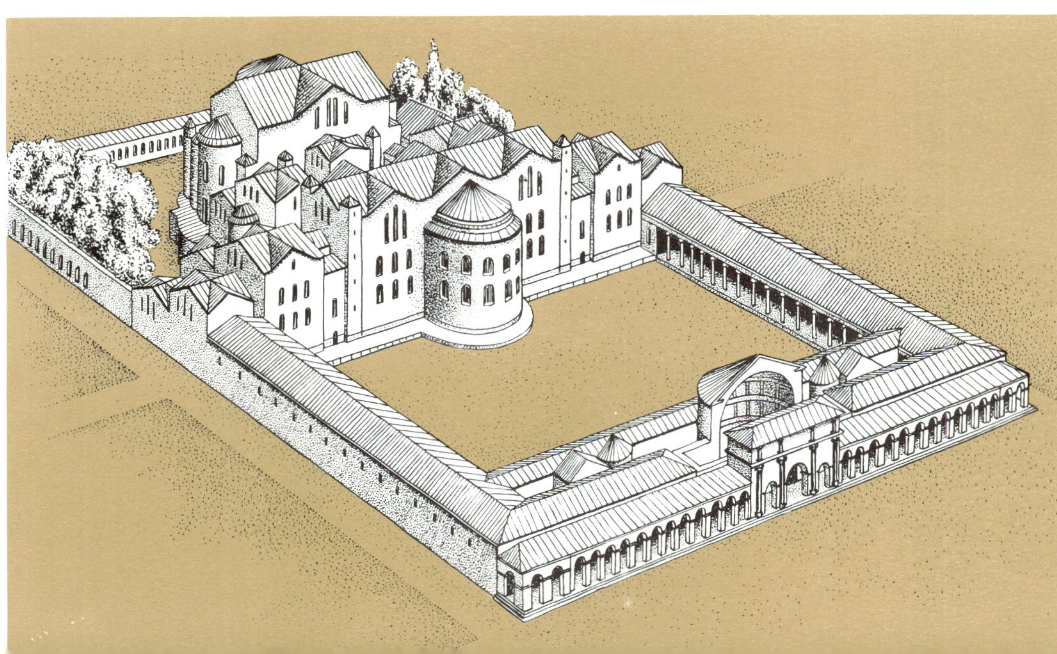

Sklaven ihren Platz. – Aus diesem Grunde entstand damals Feindschaft mit den Bischöfen eurer Partei, die dem Comes Taurinus geschrieben haben sollen, daß solche Menschen in ihrer Kirche nicht gebessert werden könnten und daß ihnen von dem genannten Comes Ordnung beigebracht werden müsse. Als Antwort auf diesen Brief schickte der Comes Soldaten auf jene Märkte, wo die wilden Circumcellionen ihr Unwesen zu treiben pflegten. In dem Ort Octavia wurden sehr viele erschlagen und viele hingerichtet, deren Leichen man bis heute zwischen den weißgetünchten Altären oder Opfertischen zählen kann. Als man damit begann, einige von ihnen in Basiliken beizusetzen, wurde der Presbyter Clarus in Subbula von seinem Bischof gezwungen, die Bestattung wieder rückgängig zu machen ... Die Menge (der Circumcellionen) nahm später zu. So fand Donatus von Bagai genug, um einen wilden Haufen gegen Macarius zusammenzubringen: Leute von der Art, die aus Begierde nach einem falschen Martyrium Verfolger zu ihrem eigenen Verderben auf den Plan brachten. Zu ihnen gehören auch jene, die ihre niedrigen Seelen aufgaben, indem sie sich von den Gipfeln hoher Berge herabstürzten. Das waren die Menschen, aus denen der andere Bischof Donatus seine Kolonnen formiert hatte! Hierdurch erschreckt, faßten jene (= Paulus und Macarius), die Gelder mit sich führten, die an die Armen zu verteilen waren, den Entschluß, vom Comes Silvester Truppen anzufordern – nicht, um jemandem Gewalt anzutun, sondern vielmehr, um den von dem erwähnten Bischof Donatus begangenen Gewalttaten vorzubeugen. So kam es, daß bewaffnete Soldaten erschienen. Was hernach geschah, so seht ihr selbst, wem es zugeschrieben werden muß. Sie hatten dort (in Bagai) eine unübersehbare Menge zusammengeholt und auch für den entsprechenden Proviant gesorgt: Aus der Basilika hatten sie fast einen öffentlichen Speicher gemacht und warteten nun auf die, an denen sie ihre Wut hätten auslassen können ... Als, wie es vor dem Einrücken von Truppen üblich ist, zuerst Quartiermacher geschickt wurden, nahm man diese nicht entsprechend der Lehre des Apostels auf, der da sagt (Röm. 13, 7): ‹Ehre, wem Ehre gebührt, Steuer, wem Steuer gebührt, Tribut, wem Tribut gebührt; bleibt niemandem etwas schuldig!› Die abgesandten Soldaten ... wurden samt ihren Pferden mißhandelt ... Die übel zugerichteten Soldaten kehrten zu ihren Einheiten zurück, und was zweien oder dreien passiert war, bereitete allen Verdruß. Sie gerieten alle in Empörung, und die Vorgesetzten vermochten die empörten Soldaten nicht zurückzuhalten. So geschah das, was, wie du dich erinnerst, die Einheit zur Zielscheibe der Ablehnung gemacht hat.» Optatus deutet dann auf ein großes Blutbad hin, das unter den Circumcellionen angerichtet worden war.

Entschuldung, Kampf gegen die reichen Großgrundbesitzer und Eintreten für Sklaven und andere Bedrückte – das ist das Programm, das auch aus Optatus' Schilderung der «Circumcellionengreuel» deutlich hervorgeht. Der katholische Bischof leuchtet darüber hinaus auch die religiös-ideologische Grundlehre dieser Widerstandsbewegung hinreichend aus. Er zeigt, daß es sich um arme Donatisten handelt, die sich selbst als «Heilige» ansehen und von entsprechenden Führern – deren berberische Namen kennzeichnend sind und die spätere Teilnahme der Berber an der Völkerwanderung bereits andeuten – gelenkt werden. Mit ihrer Armut und ihrem fanatischen Glauben an eine Kirche der Armen und Gerechten verbindet sich ein Kampfeswille, der sie befähigt, sich auch mit Stärkeren auseinanderzusetzen und in höchster Bedrängnis sogar Selbstmord zu begehen. Hierfür sind religiöse und profane Ursachen zugleich verantwortlich zu machen, die offenbar nicht immer getrennt werden können: Die Circumcellionen strebten dem Opfertod Christi nach, um ihre Mitmenschen zu entsühnen; gleichzeitig war ihnen dann das Jenseits und die diesseitige Verehrung als Märtyrer sicher. Die zeitgenössischen Quellen, vor allem die oft etwas obskuren Heiligenviten, quellen über von Schilderungen, die Leben und Tod der Märtyrer aus den Reihen der Donatisten und Circumcellionen spiegeln. Sie konnten und wollten nicht wahrhaben, daß Kirche und Christentum im Diesseits nicht mehr verfolgt würden; sie vertieften und verewigten den alten Gegensatz Kirche-Staat, weil sie sich selbst aus der Gesellschaft ausgestoßen fühlten und keinen Kompromiß mit der herrschenden Klasse einzugehen bereit waren. Das führte zu den erwähnten Kampfaktionen, die an Ausmaß und Intensität beachtlich waren und entsprechende Gegenkräfte auf sich zogen; andererseits eignet diesen Aktionen viel Skurriles und Atavistisches, was sich mit dem ursprünglich afrikanischen Hintergrund der ganzen Bewegung in Verbindung bringen läßt. So erinnern die Selbstmorde an die Menschenopfer der punischen Zeit, die auf dem Tophet als Molchomor (die alte, irrige Bezeichnung Moloch geistert allerdings noch immer umher) dargebracht wurden; anderes gemahnt an alte, volkstümliche Verehrung der Gottheiten Baal-Hammon und Juno Caelestis oder an Züge des Ahnenkultes. Man versteht von hier aus am ehesten, wieso die Circumcellionen die Kraft aufbrachten, immer wieder gegen eine überlegene, vor allem technisch und organisatorisch weit besser verankerte Ordnung anzukämpfen, als es die war, die sie selbst besaßen oder gerade erst durchzusetzen im Begriffe standen. Niederlagen und Rückschläge konnten sie nicht entmutigen; an Strapazen und Entbehrungen gewöhnt, nahmen sie den ideologischen und auch den politisch-militärischen Kampf bei jeder sich bietenden Gelegenheit immer wieder auf. Sogar die Verluste durch Selbstaufopferung und Selbstmord machten nichts aus; an Stelle jedes der tief verehrten und kultisch gefeierten Märtyrer traten mehrere neue Anwärter auf eine solche Auszeichnung.

Immerhin folgten auf die Kämpfe der vierziger Jahre des vierten Jahrhunderts ruhigere Zwischenphasen. Die Verhältnisse in Afrika konsolidierten sich etwas; auch die Grundbesitzer hatten aus der mit Mühe überstandenen Gefahr gelernt. Sie versuchten künftig stärker als bisher, ihre Sklaven und Kolonen durch unterschiedliche Behandlung untereinander zu entzweien und sie andererseits durch eine Domanialpolizei in Schach zu halten. Greuelschilderungen der erwähnten Art treten erst wieder Ende des vierten Jahrhunderts auf; sie entstammen dann überwiegend – und das ist auch kulturgeschichtlich beachtenswert – der Feder Augustins, der als Bischof von Hippo Regius und Berater des karthagischen Metropoliten zahlreiche Auseinandersetzungen mit Donatisten und Circumcellionen zu bestehen hatte.

Er gibt deutliche Hinweise darauf, daß die Circumcellionen an den Aufständen der einheimischen Rebellen Firmus (370 bis 375) und Gildo (397–398) beteiligt gewesen waren, freilich mehr im Hintergrund. Der Aufstand Gildos insbesondere zielte auf eine völlige Verselbständigung Afrikas hin. Dieser Usurpator lehnte die Herrschaft des Westkaisers ab, unterstellte sich dem Ostkaiser und baute seine persönliche Position auf der Grundlage des militärischen Oberkommandos über die römischen Truppen in Nordafrika, das man ihm 386 zugestanden hatte, ständig aus. Er zog zahlreiche afrikanische Stämme oder Stammesteile in seinen Einflußbereich, unterstellte sich die Zivilverwaltung und pflegte enge Kontakte zur donatistischen Kirche – offenbar in der Erkenntnis, daß er durch Förderung der Afrikaner und der romfeindlichen donatistischen Kirche ein festes ideologisches Bollwerk bei dem zu erwartenden Kampf gegen die Zentralregierung zur Verfügung hätte. Ansätze zu einer Besitz- und Agrarreform werden ihm ebenfalls zugeschrieben, die dann freilich nicht zum Tragen gekommen sind. Doch durch einen einzigen Gegenschlag gelang der weströmischen Regierung die Vernichtung Gildos und seines Heeres (Sommer 398). Im Zusammenhang mit der Liquidierung des Aufstandes flammten freilich in vielen Gebieten Nordafrikas erneute Kämpfe auf, wobei neben vielen Stammesrevolten und heidnischen Rebellionen auch manche circumcellionistische Aktionen standen. Wieder wurde gegen den Großgrundbesitz vorgegangen; daneben machten die Kolonnen der Circumcellionen auch gegen die katholische Geistlichkeit Front, die sich unter der Führung Augustins selbst als ihr eigentlicher religiös-ideologischer Gegner erwies. Geistliche wurden mißhandelt oder erschlagen, ihre Häuser verwüstet. Sklaven und Kolonen wurden immer häufiger aufsässig und riefen die Rächerscharen der Circumcellionen auf die Güter, deren Herren als besonders hart galten. Entsprechende Vergeltungsmaßnahmen sprechen eine beredte Sprache: Man zwang die Herren nicht nur zur Freilassung von Sklaven und zur Vernichtung von Schulddokumenten, sondern mutete ihnen auch selbst Sklavenarbeiten zu oder veranlaßte sie, wie Lasttiere Mühlsteine zu drehen. Solche direkten Vergeltungsmaßnahmen sind für antike Aufstände durchaus kennzeichnend und charakterisieren Bewußtheit wie aber auch Begrenztheit des revolutionären Instinktes; von echten revolutionären Zielsetzungen läßt sich kaum sprechen. Im übrigen war auch die Fähigkeit der Circumcellionen zum Zusammenschluß mit allen Gegnern Roms in Nordafrika eingeengt: Sprachlich-ethnische, ideologische und sicherlich verschiedene andere Gründe verhinderten eine engere Kooperation. Wir entnehmen dies u.a. einem Gesetz, das die Circumcellionen als einen «ordo», einen Stand im Staate, anerkennt. Diese Anerkennung ist ohne eine gewisse Kompromißbereitschaft größerer Teile der Circumcellionen gegenüber der herrschenden Ordnung, die diese Landarbeiter wiederum dringend benötigte, undenkbar. Man kann mithin wohl mit Recht von einer Aufspaltung des Circumcellionentums in einer letzten Phase der Entwicklung sprechen: Einem progressiven Flügel, der konsequent gegen die herrschende Ordnung und die prinzipiell mit dieser Ordnung verknüpfte katholische Kirche kämpfte, stand ein gemäßigter Flügel gegenüber, der nur im Ernstfall, bei bestimmten Zuspitzungen der Lage, in die Kämpfe eingriff. Der gemäßigte Flügel umfaßte nur solche Circumcellionen, die als freie Landarbeiter «anerkannt» waren und sich unter ihren Führern, vor allem während der Ernteperioden, auf den großen Gütern verdingten. Der radikale Flügel wurde in seiner Zusammensetzung immer bunter, da sich ihm außer den jüngeren und aktiveren Circumcellionen ständig entlaufene Sklaven, Kolonen und andere Verelendete anschlossen.

Staatliche Verfolgungsmaßnahmen, die mit einigen Gesetzen der Jahre 412–414 den gesamten Donatismus liquidieren sollten, richteten sich in der praktischen Auswirkung vor allem gegen die Circumcellionen. Von strengen Strafen bedroht, kamen die meisten Anhänger dieser bemerkenswerten Widerstandsbewegung in den Kämpfen dieser Jahre um; die sich schließlich fügten, wurden, wie eine Bestimmung des «Codex Theodosianus» (XVI, 5, 54) zu beweisen scheint, als Zwangskolonen auf dem Großgrundbesitz verwendet. Nur wenige Splittergruppen retteten sich bis in die Periode der Vandaleninvasion hinein, die Nordafrika seit 429 erschütterte. Selbstverständlich hat das aktive Vorgehen der Circumcellionen und ähnlicher romfeindlicher Gruppierungen der herrschenden Klasse des römischen Nordafrika großen Schaden zugefügt und damit das Eindringen der Vandalen direkt und indirekt mit vorbereitet – denn das Land war im Jahre 429 nichts weniger als verteidigungsbereit.

In vielem anders geartet, aber doch nicht weniger einschneidend war die auf Gallien konzentrierte, aber auch nach Spanien ausstrahlende Bewegung der Bagauden. Das Wort entstammt dem Keltischen und bedeutet sinngemäß Kämpfer; die Römer bezeichneten diese Widerstandskämpfer ebenso wie die Circumcellionen oft zusammenfassend als «Räuber» (latrones) und füllten diesen Begriff aus der «psychologischen Kriegführung» in entsprechender Paraphrasierung auf. Die Ursprünge der Bagaudenbewegung sind in den achtziger Jahren des dritten Jahrhunderts zu suchen. Durch den Streit um das Kaisertum vor dem Regierungsantritt Diokletians kam es in Gallien zu tur-

Festungsvignette von Argentorate (Straßburg)

bulenten Verhältnissen. Verschiedene Barbareninvasionen lösten einander ab, und die regionalen Behörden wandten sich weniger der Abwehr der Feinde als der verschärften Ausbeutung der Landbevölkerung zu. Daraufhin scharten sich Haufen von erbitterten Kleinbauern, Hirten und Sklaven zusammen, um sich selbst ihr Recht zu verschaffen. Im Gegensatz zu den Circumcellionen gingen die Bagauden sofort zu einer mehr militärischen Organisation über. Am Vorbild der römischen Truppen sowie der germanischen Eindringlinge geschult, übten sie sich im Waffengebrauch und stellten sogar separate Verbände von Reitern und Fußvolk auf. An verschiedenen Stellen legten sie Befestigungen an oder bedienten sich erbeuteter Bollwerke. Die in den Quellen zur damaligen Zeit (Eutrop. IX, 20, 3; Orosius, Historia adversum paganos, VII, 25, 2) genannten Bagaudenführer Aelianus und Amandus dürften in ihren Plänen weitergehende Ziele verfolgt haben als die Circumcellionen. Wahrscheinlich ließen sie eigene Münzen prägen, was darauf schließen läßt, daß sie so etwas wie eine volle staatliche Souveränität erstrebten und von Rom gänzlich unabhängig sein wollten. Leider wissen wir nichts über die ideologische Grundlage der Bagaudenbewegung, weder über eine etwaige Anknüpfung an frühchristliche Ideen, noch über einen Rückgriff auf das Repertoire des sogenannten gallischen Sonderkaisertums, das Aurelian um 274 beseitigt hatte.

Nach Diokletians Regierungsantritt wurde die Bagaudengefahr sehr bald als schwerwiegend eingeschätzt; der Kaiser berief sogar den bisherigen General Maximianus speziell zur Befriedung Galliens als Mitregenten. In den Jahren 285/86 stellte Maximianus nach mehreren Gefechten und Belagerungen, bei denen die Bagauden große Verluste erlitten haben dürften, die «Pax Romana» (den Römischen Frieden) wieder her. Die Volkstradition spricht in diesem Zusammenhang von der langwierigen Eroberung eines castrum Bagaudarum in der Nähe der Marnemündung. Die Quellen zur Bagaudenbewegung sind fast noch lückenhafter als die zum Circumcellionentum. Daher wissen wir über Ausmaß und Weiterbestehen der antirömischen Gruppierung in Gallien aus dem vierten Jahrhundert so gut wie nichts. Für das fünfte Jahrhundert fließt jedoch wieder ein reichlicherer Informationsstrom. Die Einfälle der Vandalen, Alanen und Sueben sowie anderer Stammessplitter und wandernder Kriegergruppen gaben den Unzufriedenen im Lande die Möglichkeit, ihrerseits wieder einmal gegen die römischen Truppen und Beamten Front zu machen. Bauern, Hirten, Sklaven, aber auch Deserteure und Räuber verbanden sich zu bewaffneten Scharen und kämpften unter Ausnutzung der örtlichen Gegebenheiten – vor allem im Zentralplateau und auch in den Alpen – gegen römische Einheiten. Anfang 408 mußte ein unter dem römisch-gotischen General Sarus stehendes Heer der Zentralregierung den Bagauden in den Alpen seine gesamte Kriegsbeute abtreten. Immer weiter griff die Bewegung um sich, so daß auch große Teile des Loire-Gebietes und vor allem die Bretagne der römischen Herrschaft praktisch entzogen wurden. Dabei verband sich hier und da möglicherweise der politische Separatismus der Oberschicht mit den sozialrevolutionären Bestrebungen der Bagauden. Auf die Dauer hielten sich solche Bündnisse jedoch nicht: Ein Beweis dafür ist die Tatsache, daß die Bagaudenbewegung in der Bretagne von dem Augenblick an zurückging, da die wohlhabenden Römer bzw. Romanen Britanniens, dem Druck der Angelsachsen weichend, sich nach Gallien und vor allem nach der Bretagne zurückzogen. Das Interesse der Reicheren war immer wieder im ganzen mit den Anliegen der römischen Zentralgewalt identisch, während die Ziele der Armen und Unterdrückten in dieser Periode im wesentlichen mit denen der eindringenden Barbaren parallel liefen. Das wird durch Meldungen aus den dreißiger Jahren des fünften Jahrhunderts besonders erhärtet: Um 435 schlossen sich fast alle freien Kleinbauern und Sklaven (sowie Kolonen) Galliens der Bagaudenbewegung an. Sie gingen daran, in vielen Gebieten die gesellschaftlichen Verhältnisse grundlegend zu verändern, indem sie die Großgrundbesitzer enteigneten oder verjagten und die Steuerbeamten und Richter vertrieben. Wo ihnen dies nicht gelang, versuchten sie, barbarische Hilfe für diesen Plan zu gewinnen, oder sie unterstellten sich direkt der Herrschaft der Barbaren, vor allem der Westgoten, die damals ihre Macht in Südwestgallien – wenngleich zunächst noch unter formeller Anerkennung der römischen Oberhoheit – zu festigen begannen. Wie uns die anschauliche Schilderung des sozial empfindenden massaliotischen Presbyters Salvianus zeigt, kam es jedenfalls oft zum Einvernehmen zwischen Bagauden und Barbaren, was auf das einstweilige gemeinsame Interesse, auf die Verfechtung primitiver, aber im Vergleich zur römischen Ordnung gerechterer Ziele zurückzuführen ist. Um 445 kämpfte einer der bekanntesten Feldherren der Spätantike, Aetius, erfolgreich gegen die Bagauden. Der Dichter Merobaudes berichtet in einem «Panegyricus», daß Aetius die Aremorica befriedet und die Bevölkerung gezwungen habe, ihr Bündnis mit den Goten abzuschreiben. Wahrscheinlich hat Merobaudes auch selbst Truppen in den Kampf gegen die Bagauden geführt. Auch ein Gedicht des Apollinaris Sidonius (Carm. V, 210–213) geht auf die Bagaudenbewegung dieser Jahre ein, die inzwischen längst nach Spanien übergegriffen hatte. Dort bestanden ähnliche Voraussetzungen wie in Gallien, und die römische Herrschaft war in manchen der spanischen Provinzen bereits durch die Vandalen, dann auch durch die Sueben und Westgoten beseitigt oder doch bis zur Bedeutungslosigkeit reduziert worden. Auch in der auf das Ebrogebiet konzentrierten Tarraconensis wurde die römische Macht, und zwar offenbar durch eine gemeinsame Aktion von Sueben und Bagauden, immer mehr eingeengt. Die weströmische Regierung wollte aber gerade dieses reiche Gebiet unter allen Umständen halten und sandte mehrfach Generale mit bedeutenden Streitkräften nach Spanien. 441 und 443 kam es zu heftigen Kämpfen, 449 – offenkundig durch ein suebisch-bagaudisches Bündnis – zur Eroberung von Ilerda (Lérida) und zur Verwüstung der Gebiete um Saragossa. Die Bagauden hatten sich jetzt wahrscheinlich auch auf die in Spanien einflußreichen Häresien der Manichäer und Priszillianisten stützen können, die der Natur der Sache nach reichsfeindlich waren.

Das Ende der Bagaudenbewegung fiel auf das Jahr 454. Durch ein Bündnis mit den Westgoten gelang es Kaiser Valentinian III. nochmals, in Spanien fester Fuß zu fassen. Auch der Suebenkönig Rechiar schloß mit Ravenna jetzt einen Kompromiß und überließ die Bagauden ihrem Schicksal. Mit ungeheuerer Grausamkeit wurden die Bagauden der Tarraconensis von einem westgotischen Heer vernichtet.

Es ist kennzeichnend, daß die Bewegung in einem Moment erlosch, in dem der weströmische Staat als Ganzes quasi zerfiel und – wenn auch unter unterschiedlichen Rechtstiteln – den Barbarenreichen große Teile seines Territoriums überlassen mußte. Die Bagauden hatten ihre Mission offenkundig erfüllt, als sich die Barbarenstaaten in Gallien und Spanien zu konsolidieren begannen und eine Gesellschaftsstruktur errichteten, die bereits Keime des Feudalismus enthielt. Obgleich ein gewisser Bevölkerungszuwachs erfolgte und viele Germanen auf abgetretenen Dritteln der römischen Güter und Latifundien unterzubringen waren, ließ die Ausbeutung wesentlich nach: In den neuen Staatsgebilden fehlte es zunächst völlig an der Notwendigkeit, ein System der Bürokratie und des Fiskalismus zu errichten. Die so automatisch eintretenden Steuerverminderungen kamen zu einem Teil auch den unteren Schichten zugute, deren Kampf gegen die überholte römische Ordnung somit wenigstens indirekt eine Bestätigung und Legitimierung erhalten hatte.

Natürlich galt und gilt dies nicht nur für die Bagauden oder Circumcellionen, sondern für eine ganze Reihe weiterer Widerstandsbewegungen, über die hier nicht weiter gesprochen werden kann. Denn auch der südöstliche Balkanraum, Kleinasien oder vor allem Ägypten wurden von zahlreichen ähnlichen Kämpfen erschüttert wie die genannten Länder. Doch ist das von weniger ausschlaggebender Bedeutung, weil hier weder die Klassenkämpfe noch die Barbareninvasionen auf eine Vernichtung der römischen Herrschaft hinwirkten. Das Oströmische Reich, dessen Wirtschaftsstruktur kompakter war als die des Westens, vermochte diese äußeren und inneren Feinde, wenn auch mit Mühe, zu überwinden. Teilweise lenkte es drohende Einfälle (Hunnen) sogar nach dem Westen ab und konsolidierte sich dann im Windschatten der generationenlangen Kämpfe, die jenseits seiner engeren Grenzen tobten.

Vorbereitung auf den Barbarenansturm

DAS THEMA DIESES KAPITELS IST ABSICHTLICH unkonventionell gewählt. Natürlich haben sich weder die Barbaren auf ihre Wanderungen noch die Römer auf eine langanhaltende Abwehr fremder Vorstöße und Invasionen eingestellt und sich entsprechende Programme gesetzt. Immerhin erscheint das römische Reformwerk, das sich seit 284 mit dem Regierungsantritt Diokletians anbahnte, zumindest dem heutigen Betrachter als die Vorbereitung des römischen Reiches auf den letzten Waffengang mit den äußeren und inneren Feinden, in dem es erst nach etwa 200 Jahren erlag. Die Frist für eine Überwindung der inneren Krise und eine Abwehr des Reichsfeindes war mithin von der Geschichte nicht kleinlich bemessen worden, sondern eher mit einer Großzügigkeit, die den Kenner schnellerer Entwicklungsphasen, moderner Revolutionen und technisch bestimmter Umwälzungsprozesse, wegen ihres Zeitlupentempos in Erstaunen setzt.

Wie haben die römischen Kaiser, die eigentlichen Repräsentanten der herrschenden Klasse, diese Frist genutzt? Gelang es ihnen wenigstens vorübergehend, den Niedergang aufzuhalten und den alten Glanz des römischen Namens aufzufrischen? Die Antwort fällt relativ positiv aus, was nach den Ergebnissen des ersten Kapitels möglicherweise Erstaunen hervorruft. Gesetzmäßige Vorgänge verlaufen innerhalb der historischen Entwicklung aber anders, oft unregelmäßiger, als der heute überwiegend an technischen oder naturwissenschaftlichen Sachverhalten geschulte Betrachter vermutet.

Eine Skizze der äußeren Ereignisse, die der Völkerwanderung vorausgehen oder parallellaufen, verdeutlicht dies wohl am ehesten. 284 beendete Diokletian, der Sohn eines illyrischen Freigelassenen, der von den Truppen als Befehlshaber der kaiserlichen Leibwache zum Kaiser ausgerufen wurde, die Periode der «Soldatenkaiser», mit deren Gruppierung das Odium einer permanenten inneren wie äußeren Reichskrise förmlich zusammenschmolz.

Diokletian führte teils selbst, teils mit Hilfe seiner Kommandeure, von denen einige bald kaiserlichen Rang erhielten, erfolgreiche Abwehrkämpfe gegen Perser, eindringende Barbarenstämme und innere Feinde wie die gallischen Bagauden. Seit den Anfangsjahren Diokletians kristallisierte sich nach ersten Versuchen einer militärischen und administrativen Reform ein neues Herrschaftssystem heraus, das als absolute Monarchie (Dominat) zu kennzeichnen ist: Dabei wird vorübergehend ein System mit zwei Oberkaisern und zwei Unterkaisern (Vierkaiserherrschaft oder Tetrarchie) ausschlaggebend, das die Notwendigkeit einer territorial bestimmten Gewaltenteilung verdeutlicht. Diokletian selbst regierte von Nicomedia aus, sein Kollege Maximian herrschte in Mailand, und die beiden Unterkaiser (Caesares) hatten ihre Sitze in Sirmium bzw. Trier. Rom und sein Senat verloren in dieser Neuordnung weithin ihre privilegierte Stellung. Denn auch Italien wurde in die abgestufte Verwaltung einbezogen, die das gesamte Reichsgebiet in vier Präfekturen mit zwölf Diözesen und über 100 Provinzen einteilte, wobei fortan zivile und militärische Administration streng getrennt wurden. Diokletian teilte auch das Heer endgültig in Grenzarmee (Limitanei) und mobile Armee (Comitatenses) auf, wobei letztere Neuerungen, wie die aus dem Orient kommende Panzerreiterei (Kataphrakten), aufnahm. Die katastrophale sozial-ökonomische Lage versuchte Diokletian mit Hilfe einschneidender Reformen zu verbessern oder zu steuern. Im Zusammenhang mit einer Münz- und einer Steuerreform, die verminderte Staatseinnahmen durch Verbesserung der Prägungen und vor allem durch ein genau durchkonzipiertes, die unmittelbaren Produzenten aber stark belastendes Grundkopfsteuersystem (Capitatio-Iugatio) zu heben versuchte, wurden seit Diokletian die Kolonen immer lückenloser an den Boden gebunden und die Handwerker in Zwangskollegien organisiert. Zwar war von jetzt ab eine vollwertige Goldmünze, der Aureus, im Umlauf, die neben den Silber- und Weißkupfermünzen den Geldverkehr verbesserte. Da die Wertverhältnisse der Metalle zueinander willkürlich festgelegt waren und die unteren Schichten kaum Geld in die Hand bekamen – außer solchem, das sofort wieder von der Steuer vereinnahmt wurde –, waren die Erfolge der Reform jedoch sehr begrenzt. Daran konnte auch ein 301 erlassenes Preis- und Lohnedikt (Maximaltarif), das von dem an sich richtigen Gedanken der Abstoppung inflationistischer Tendenzen ausging, kaum etwas ändern. Fragmentarisch aus Inschriften rekonstruiert, stellt dieses

Edikt die bedeutsamste Urkunde der antiken Wirtschaftsgeschichte dar, ist aber auch kulturgeschichtlich interessant. Der erste Teil gibt – mit rhetorischem Überschwang – die Begründung für die Regulierungsmaßnahmen, beklagt die Habsucht der Reichen und die zahlreichen «Bilder äußerster Armut». Eine konkrete Kritik bricht immerhin in folgender Partie durch: «Wer ist so abgestumpft und so bar menschlichen Empfindens, daß er nicht wissen könnte, nein, daß er es nicht längst gemerkt hätte, daß bei den Waren, die im Großhandel vertrieben oder im täglichen Handelsverkehr der Städte umgesetzt werden, die Willkür der Preisbildung so groß geworden ist, daß die entfesselte Leidenschaft, Geld zu raffen, weder durch reiche Warenvorräte noch durch den Erntesegen fruchtbarer Jahre gedämpft wird; so daß zweifelsohne gerade solche Leute, die in diesen Geschäften tätig sind, ständig darauf bedacht bleiben, sogar Wind und Wetter nach der Bewegung der Gestirne zu ermitteln, und es in ihrer Bösartigkeit nicht ertragen können, wenn die reichen Fluren durch den vom Himmel herabströmenden Regen, der Hoffnung auf künftige Ernten weckte, bewässert werden, so daß sie es als persönlichen Schaden betrachten, wenn durch eine günstige Witterung Überfluß an Waren entsteht. Stets denken sie daran, sogar aus den Geschenken der Götter ein Geschäft zu machen sowie die Entwicklung des öffentlichen Wohlstandes zu hemmen und wiederum in einem Jahr der Mißernte um Verluste und Verpflichtungen der Agenten zu markten, und obwohl jeder einzelne von ihnen an größten Reichtümern Überfluß hat, die ganze Völker hinreichend versorgen könnten, trachten sie doch danach, kleinere Vermögen an sich zu reißen, und jagen hinter ruinösen Wucherzinsen her. Ihrer Habsucht Grenzen zu setzen, Bewohner unserer Provinzen, bestimmt uns der Gedanke an die Menschlichkeit im allgemeinen.»

Der hier spürbare Ansatz der Kritik ist immerhin beachtlich, obwohl die Hintergründe der Wirtschaftskrise nicht im ganzen Umfang erfaßt waren und der damaligen Entwicklung entsprechend auch nicht erfaßt werden konnten. Rationalist und Pragmatiker, vertraute Diokletian offenbar den Möglichkeiten, seinen Maximaltarif durch strenge Maßnahmen – bis zur Todesstrafe hin – und durch die Weiterentwicklung der Verwaltungs- und Justizbürokratie durchzusetzen. Das sollte sich bald als Irrtum erweisen. Denn obwohl die Lohnsätze im Vergleich zu den Lebensmittelpreisen hoch waren, mußten sie doch im Verhältnis zum Endpreis für Dienstleistungen und handwerklich erzeugte Produkte als zu niedrig erscheinen. Es kommt hinzu, daß dieses Preisedikt offenkundig nur Löhne tarifierte, die der Auftraggeber dem Hersteller zahlte, so daß die Grundlöhne, die die Besitzer der Produktionsmittel und -stätten ihren Arbeitern wirklich auszahlten, nicht erfaßt waren. Soweit die Beschäftigten nicht vom Staat direkt bezahlt wurden, dürfte ihr Reallohn erheblich unter dem Niveau gelegen haben, das im Edikt aufgeführt ist. Damit aber wird sich die Preisschere für die Masse der arbeitenden Konsumenten nach der Regulierung Diokletians noch negativer ausgewirkt haben als zuvor. Das Edikt blieb denn auch nur für wenige Jahre in Kraft.

Diokletians letzte Jahre waren von den Unzulänglichkeiten der Wirtschaftsreform, von einer neuen Christenverfolgung und von Zwistigkeiten innerhalb der Tetrarchie selbst überschattet. Als er sich 305 auf seinen Alterssitz, den berühmten Palast in Spalato (Split), zurückzog, setzten bürgerkriegsartige Wirren ein, aus denen schließlich Konstantin der Große als neuer Alleinherrscher hervorging. Er wurde bereits 306, nach dem Tode seines Vaters Constantius Chlorus, in Eburacum (York) von den Truppen zum Kaiser ausgerufen und bewährte sich zunächst in Abwehrkämpfen gegen Franken und Alamannen. Nach dem Tode mehrerer Rivalen setzte er sich endgültig mit seinem Sieg über Maxentius in der Schlacht an der Milvischen Brücke bei Rom (312) durch. Das denkwürdige Ereignis garantierte gleichzeitig das Ende der Christenverfolgungen und die stufenweise Anerkennung des Christentums (Mailänder Toleranzedikt oder Konstitution von 313), da Konstantin seinen Sieg der Hilfe des Christengottes zu verdanken glaubte. Die Rätsel um Konstantins Einstellung zur Religion und speziell zum Christentum, die weithin auf die zeitgenössische Überlieferung zurückgehen (Lactantius, Eusebius von Cäsarea), können hier nur, soweit für den Zusammenhang unumgänglich, gestreift werden. Zweifellos hat Konstantin eine starke religiöse Disposition besessen, was bei einem Mann, der doch als Offizier und mithin als «Soldatenkaiser» begonnen hat, erstaunlich sein mag. Wie viele Krieger, bekannte er sich anfangs zum unbesiegbaren Sonnengott (Sol Invictus), wechselte dann aber zu einem mit dem Apollonkult verbundenen Monotheismus über, um sich schließlich zu Christus zu bekennen. Getauft wurde er erst kurz vor seinem Tode (337), was die Frage, ob er denn aus Kalkül oder aus Überzeugung Christ gewesen sei, bereits seit Jacob Burckhardt zum Problem gemacht hat. Wahrscheinlich schließt das eine das andere hier nicht aus. Konstantin förderte das Christentum in seiner sich langsam ausprägenden katholischen Form sowohl aus Neigung als auch aus Zweckmäßigkeit, zumal er erkannte, daß die hierarchische Bischofskirche mit dem bald auf einen Primat hinzielenden römischen Bischof an der Spitze dem weltlichen Alleinherrscher in keiner Weise entgegenstand, seiner monarchischen Stellung vielmehr eine religiöse Weihe besonderer Art zu verleihen imstande war. Infolgedessen auch ergänzen sich Förderungsmaßnahmen für die Kirche (Privilegien für Kleriker, Sonntagsfeier, Kirchenbauten) mit erheblichen Eingriffen in die noch ungeklärte kirchliche Rechtssphäre, was Konstantin durch seine Anteilnahme am Donatistenstreit (ab 312) wie durch sein persönliches Auftreten auf dem Konzil von Nicäa (325) deutlich machte. In solchen Maßnahmen scheint sich denn sowohl die Sorge des Kaisers um die neuentstehende Glaubens- und Kultgemeinschaft wie sein Anspruch auf eine Art ideeller Leitung der Christenheit kundzutun. Im übrigen trat der Kaiser den Christen wie den noch anerkannten heidnischen Kulten als Herrscher gegenüber: Abweichungen wie die des Donatismus oder des Arianismus unterdrückte er mit scharfen Mitteln, wobei seine Juristen auf alte Vorstellungen vom Koerzitionsrecht (Zwangsrecht) des Staatslenkers zurückgriffen.

Dieser juristische Aspekt gewinnt auch für die sonstige Innenpolitik Konstantins und seiner Nachfolger Gewicht. Das zeigt sich sowohl in der lebhaften, in alle Lebensbereiche eingreifenden Gesetzgebung wie in der verstärkten Ausbildung von Juristen und Verwaltungsjuristen für die sich immer weiter aufblähende Bürokratie. Verwaltungskarrieren wurden entwickelt, und die Stäbe der zivilen und militärischen Würdenträger bildeten oft Büros, in denen Hunderte von Beamten und Unterbeamten, durch Kontrollorgane überwacht und durch ein bestimmtes Beförderungssystem an ihrer Arbeit interessiert, über die Leistungen der Untertanen wachten und mit Hilfe des ständig verfeinerten Steuersystems den Hof, die Armee und die Bürokratie selbst mit allem Notwendigen versorgten. Hier drängt sich fast das Bild eines Oktopus auf, denn gleich diesem erfaßte die jetzt reibungslos arbeitende bürokratische Organisation das gesamte Reichsgebiet und ließ auch nicht die kleinsten Produktionsstätten und die letzten Grenzposten außer acht. An der Spitze dieser Pyramide stand, wenn man vom Kaiser, seinem unmittelbaren Hof und seinem Staatsrat (Consistorium), der letztlich alle Fragen an sich ziehen konnte, absieht, der Magister Officiorum: eine Art Staats- und Hausminister, dem sämtliche Kanzleien und insbesondere die Geheimpolizei (Agentes in rebus, Curiosi) unterstellt waren. Fachministerien gab es im übrigen kennzeichnenderweise damals nur für den Steuer- bzw. den Finanzbereich. Die übrige zentrale Verwaltung lief über den Magister Officiorum oder über die Prätorianerpräfekten, die aus ehemaligen Leibwachkommandeuren im spätrömischen System zu den Spitzen der überregionalen Verwaltung der einzelnen Reichsteile «avanciert» waren.

Natürlich hatte Konstantin, durch seine Reformen und Kriege und nicht zuletzt durch den Bau der neuen (zweiten) Hauptstadt Konstantinopel zu großem Aufwand gezwungen, ebenso wie seine Vorgänger mit Manipulationen im Geldwesen und im Steuersystem zu tun. Der neue Standard der Goldwährung, der sogenannte Solidus, hat zumindest dahin gewirkt, ein schnelleres Absinken in die Naturalwirtschaft zu verhindern. Es gelang auch vorübergehend, die reichen Senatoren mit einer Sonderabgabe wirksam zu besteuern und die Handel- und Gewerbetreibenden lückenlos zu erfassen. Dafür stieg der Verbrauch vor allem für Armee und sonstige Rüstungszwecke, wobei sich defensive und offensive Aufgaben wohl noch die Waage hielten. Die monumentale Ummauerung Konstantinopels, die ihrerseits die Aurelianmauer Roms zum Vorbild hatte, fand ihre kleinen Widerspiegelungen allenthalben im Reich, vor allem an den Limes- und Flußgrenzen, wo große Lagerfestungen sowie kleinere Kastelle oder Wachtürme, für die die entwicklungsschwangere Bezeichnung «burgus» aufkam, abwechselten. Die Flotten auf den Flüssen, die Einheiten an den Grenzen und im Inneren mußten immer wieder verstärkt oder nach verlustreichen Kriegen, so gegen die Alamannen (332) und gegen die Perser (334), ergänzt werden. Das geschah mangels ausreichender einheimischer Rekruten in verstärktem Maße durch Anwerbung barbarischer Söldner, ja häufig durch Einbeziehung solcher Gruppen von Gegnern, die gerade erst unterworfen worden waren (Föderaten, Läten). Hiermit ergaben sich über die schwierige Finanzierung hinaus Probleme, die das Sozialgefüge des Reiches stark beeinflußten. Denn die Barbaren waren oft bessere Soldaten als die spätantiken Römer, sie mußten daher wohl oder übel häufig in die Eliteformationen und Leibwacheneinheiten (Protectores Domestici) eingegliedert, hoch besoldet und beim Avancement besonders berücksichtigt werden. Bis zu dem Zeitpunkt, wo Männer barbarischer Herkunft wie Stilicho, Sarus oder Aspar höchste Kommandohöhen erklimmen oder als Kaisermacher auftreten konnten, war nur noch ein Schritt zu gehen. Andererseits stellten auch diejenigen Barbarenformationen ein Problem dar, die, in Grenznähe stationiert, starke sozialökonomische Umschichtungen zur Folge hatten: Sie bildeten entweder bereits eine Elite gegenüber der Provinzialbevölkerung, oder sie verbanden sich in kritischen Momenten mit aufständischen Reichsuntertanen und nahmen dann eine Gegenposition zu der ihnen zugedachten Funktion ein. Unter Konstantins Nachfolgern, seinen Söhnen Konstantin II., Konstans und Constantius II. (gest. 361) und seinem Neffen Julian Apostata (gest. 363), die seine Dynastie fortsetzten, waren solche Mängel des militärischen Apparates bereits deutlich spürbar. Andererseits gelang es auch ihnen noch, wenigstens vorübergehend neue barbarische Gruppierungen hörig zu machen oder Randgebiete, wie Armenien, als Klientelstaaten dem Reich anzuschließen. Allerdings hatte es bereits Constantius II., der in den fünfziger Jahren Alleinherrscher über das gesamte Reichsgebiet wurde, schwer, die kräftigen Vorstöße der unter der Sassanidendynastie erstarkten Perser abzuwehren. Stufenweise kam es an der Ostgrenze genauso wie im Rhein-Donauraum zu einer langsamen Zurücknahme der römischen Positionen. Gewiß trugen daran auch innenpolitische Kämpfe Schuld, die nach dem Tode Konstantins des Großen zwischen seinen Söhnen, zuletzt zwischen Constantius und verschiedenen Usurpatoren (Magnentius, Vetranio), ausgebrochen waren. Die gerade im Entstehen begriffene Dynastie erwies sich eigentlich von Anfang an als morsch und variierte in mehrfachen Ansätzen vergeblich die Regierungsformen des Doppel- und Dreikaisertums sowie der Monarchie, die Constantius christlich-theokratisch – statt mit katholischer zur Abwechslung mit einer arianischen Blickrichtung – neu zu begründen versuchte. Er ging dabei gegen Anhänger wie ideologische Gegner rigoros vor und eröffnete mit dem Verbot heidnischer Opfer und der Schließung zahlreicher Tempel vor allem einen energischen Feldzug gegen die heidnischen Bastionen.

Anläßlich seines einzigen Besuches in Rom (357), wo er einen Triumph über die Perser feierte, ließ er auch den berühmten Altar der Victoria aus der Senatskurie entfernen: Die auch psychologisch unverständliche Maßnahme führte neben der damals scharfen Besteuerung des Senatsadels dazu, daß sich die einflußreichsten Kreise dieser Nobilität dem Christentum gegenüber verschlossen und die Regierung im Kampf gegen Usurpatoren oder Reichsfeinde kaum noch unterstützten. Es zeigte sich fortan immer deutlicher, daß sich zwei nur gelegentlich noch zusammenwirkende «Flügel» gebildet hatten: Auf der einen Seite standen Kaiser, Hof, Armee und zentrale Bürokratie, auf der anderen die senatorischen Großgrundbesitzer mit ihrem immensen Anhang von Sklaven, Kolonen, Freigelassenen, Leibwachen und Klienten verschiedener Kategorien. Natürlich gab es Verbindungsglieder zwischen beiden Flügeln, und manchmal wirkten sie bei entsprechender Konstellation auch eng zusammen. Aber ein Interessengegensatz war doch unverkennbar.

Nun wäre das Ausscheren des senatorischen Flügels aus dem kaiserlichen Interessenverband für die Regierung tragbar gewesen, wenn man dafür die Masse der Untertanen, die zunehmend Christen wurden, an sich hätte binden können. Aber auch das war nicht möglich, denn der Gegensatz der Volksmassen zur regierenden Schicht blieb nach wie vor bestehen und erhielt durch Constantius' anspruchsvolle Regierung und großen Aufwand neue Nahrung. Zudem brachte die Verfolgung der oft sehr populären Kirchenführer (Athanasius) städtische Bevölkerungsmassen wie Teile des auf dem flachen Land rasch verbreiteten Asketentums und Mönchtums gegen den Kaiser auf, der sich am Ende seiner Regierung außerdem Kämpfen gegen die Quaden, Sarmaten und Perser ausgesetzt sah. Noch dazu bedrohte ihn die Usurpation seines Vetters Julian (Apostata), der 355 zur Entlastung des von Konstantinopel aus regierenden Augustus zum Caesar für den gallischen Reichsteil ernannt worden war. Julian, der durch Jamblichos und andere Lehrer der späthellenistisch-gnostischen Philosophie geprägt war und selbst literarisch tätig wurde, wobei er von vornherein eine antichristliche Tendenz erkennen ließ, wandte sich seinem Auftrag anfangs mit großem Elan zu. Von Constantius' Spitzeln umgeben, gelang es ihm trotz erheblicher Gegensätze im eigenen Lager, die von Franken und Alamannen bedrohte Rheingrenze wiederherzustellen. Er eroberte Köln für das Imperium zurück und stellte sich nach der Abwehr eines feindlichen Angriffs auf sein Winterlager bei Sens einer entscheidenden Schlacht im Raum von Straßburg (357).

Die Kämpfe dieser Jahre können bereits als Auftakt zur Völkerwanderung angesehen werden. Während vorherige Barbareninvasionen immer noch mehr den Charakter von Plünderungszügen als von Versuchen einer endgültigen Landnahme gehabt hatten, änderte sich auch diese «Zielsetzung» sehr bald. Die Germanen begnügten sich nicht mehr mit der bereits im dritten Jahrhundert erreichten Rhein- und Oberdonaugrenze, sondern gingen Zug um Zug zur Eroberung von Teilen Galliens und anderer für Rom zentraler Gebiete über. Bei Straßburg gelang es Julian jedoch, dieses Vorhaben ein letztes Mal energisch abzustoppen, wobei sein strategisches und taktisches Vorgehen beispielhaft war. Nachdem er Tabernae (Zabern) zu einem festen Stützpunkt ausgebaut und seine Marschkolonne von rund 15 000 Mann gegen den wohl doppelt so starken Gegner hatte vorrücken lassen, wollte er dem Alamannenfürsten Chnodomar in einem neu befestigten Lager die Stirn bieten. Es war taktisch klug, dem Feind in einer so bedrohlichen Situation die Initiative zu überlassen und zugleich nach dem Prinzip der Zermürbungstaktik vorzugehen. Der junge Caesar wurde jedoch von den Soldaten, besonders von den höheren Kommandeuren, gedrängt, die Schlacht sofort anzunehmen. So rückte er, die günstige Kampfmoral der Truppen ausnützend, sofort in einer phalanxartigen Schlachtordnung gegen den in geschlossenen Keilen längs des Rheins aufgestellten Feind vor. Julians Vorteil bestand darin, daß er drei tiefe Treffen aufstellen und außerdem eine Elitetruppe und eine Reiterformation in gedeckter Position als strategische Reserve bereithalten konnte. Er schloß mit dieser Aufstellung übrigens an bewährte Vorbilder (Hannibal, Cäsar) an, während die Alamannen ebenfalls die ihnen vertraute Kampfaufstellung nahmen. Im Schlachtverlauf ergab sich bald ein Vorteil für die zahlenmäßig überlegene alamannische Reiterei, von der der rechten römischen Flanke ein Aufrollungsmanöver drohte. Entscheidend wurde jedoch die von Julian klug zurückgehaltene Reserve, die den germanischen Angriff ins Wanken brachte und auch die Gefangennahme Chnodomars und seiner zahlreichen Gefolgschaft bewirkte. Die zersplitterten Barbarenscharen suchten sich jenseits des Rheines in Sicherheit zu bringen, während Julian seinen Erfolg ausweitete, indem er ebenfalls den Rhein überschritt und alamannische Siedlungen zerstörte. Dieser siegreiche Rheinübergang Julians war zugleich eine der letzten Offensiven gegen barbarisches Gebiet, bei der Land zwar nicht erobert, aber die strategische Initiative doch eindeutig behauptet bzw. wiedererlangt wurde. Julian erscheint in dieser Situation als einer der letzten großen Feldherren der Antike, als den ihn übrigens auch seine späteren Erfolge gegen die Perser ausweisen. Da sein Vetter Constantius in gleichzeitigen Kämpfen im Osten starke Verluste hinnehmen mußte und eine Stärkung des jüngeren Mitregenten zu befürchten schien, versuchte er, Julians Position im Westen auf indirekte Weise zu untergraben. Der Jüngere sollte Truppen für das zu schwache Ostheer abgeben. Diese in Paris überbrachte Forderung wurde von den Soldaten über Julians Kopf hinweg abgelehnt. Damit war aber zugleich eine Entscheidung gegen Constantius selbst gefällt, an dessen Stelle die im ständigen Kampf gegen die wandernden Stämme trainierte Westarmee Julian zum Augustus proklamierte. Da Constantius die neue Konstellation nicht anerkennen wollte, war ein Bruch unvermeidlich. Ein Kampf des römischen Ostheeres gegen das Westheer schien unumgänglich, wurde jedoch durch Constantius' plötzlichen Tod in Kilikien verhindert.

Julian hielt im Dezember 361 als anerkannter Alleinherrscher seinen Einzug in Konstantinopel und setzte alsbald eine großangelegte Reform in Gang. Subjektiv vom ehrlichen Willen um eine innenpolitische Entspannung bestimmt, die angesichts der bleibenden außenpolitischen Bedrohung auch dringend erforderlich schien, reformierte Julian das Rechtswesen und die Verwaltung, den Hofhalt und nicht zuletzt die Religionspolitik. Fast als ob er um die Kürze der ihm gesetzten Frist gewußt hätte, brachte er seine Maßnahmen jedoch allzu hastig in Gang und versuchte – außer den Christen – möglichst breiten Gruppierungen der Bevölkerung entgegenzukommen. Er warb um die Reicheren, indem er das beim Regierungswechsel zu spendende Kranzgold (aurum coronarium) zur freiwilligen Spende machte, erleichterte aber auch die Lage der Kurialen und anderer Schichten durch Verminderung der offiziellen Lasten. Es wirkt wie eine Wiederaufnahme der von Diokletian im Preisedikt proklamierten Politik, wenn Julian seinerseits den antiochenischen Getreidespekulanten, deren Habsucht besonders eklatant war, Einhalt zu gebieten versuchte. Von der Intensität seiner fast allzu ängstlich um Gewissenhaftigkeit und auch Gerechtigkeit bemühten Gesetzgebung zeugen zahlreiche Bestimmungen des «Codex Theodosianus». Aber auch Schriftsteller dieser Zeit, wie Ammianus Marcellinus, Libanios oder Themistios, die in die nähere Umgebung des Kaisers gehören, spiegeln seine Reformgesetzgebung vielfältig und berichten zuweilen mit einer liebenswürdigen Ironie von den drastischen Veränderungen, die in der Verwaltung und in der Hofhaltung vorgenommen wurden. Als der Kaiser eines Tages einen Friseur zum Haarschneiden kommen ließ und daraufhin eine prachtvoll herausstaffierte Person bei ihm erschien, soll er nach Ammianus (XXII, 4, 9) erklärt haben: «Ich habe einen Barbier bestellt, keinen Schatzmeister.» Auf Grund solcher Erfahrungen beschnitt Julian, der sich als Nachfolger des Philosophenkaisers Mark Aurel fühlte, seinen eigenen Hofhalt drastisch, womit er einerseits das seit seinem Vorgänger üppig wuchernde Pfründen- und Eunuchenunwesen einschränkte und andererseits eine Verminderung des Steuerdruckes erreichen konnte. Die vor allem den Kurialen lästige Steuerschraube konnte zurückgedreht werden, und wo die städtischen Kurien – Abbilder des römischen Senates im kleinen – fast zum Erliegen gekommen waren, erlebten sie jetzt noch einmal eine Nachblüte. Und sicher atmeten viele Untertanen auf, als sie die Menschlichkeit, ja Schlichtheit Julians zu spüren bekamen, der im Gegensatz zu Constantius die Titulatur «Herr und Gott» sowie die damit verbundenen würdevollen Audienzen und Umzüge im Purpur ablehnte. Ganz sichtbar blendete Julian auf das alte stoische Herrscherideal zurück, das er sogar durch republikanische Züge – denn wenn er der beste Herrscher war, mußte er sich auch ständig darum bemühen, sich als Bester zu bewähren – auflockerte. Hiervon kündet wiederum eine von Ammianus erwähnte Episode besonders eindrucksvoll: «An den Kalenden des Januar (362), beim feierlichen Amtsantritt der Konsuln Mamertinus und Nevitta, sah man den Kaiser zu Fuß zwischen Vornehmen, die der Zeremonie beiwohnten. Den einen gefiel diese Haltung, die anderen tadelten sie, da sie ihnen affektiert und übertrieben herablassend erschien. Im Anschluß an den Staatsakt ließ Mamertinus Zirkusspiele veranstalten. Als die Sklaven, die nach altem Brauch bei diesem Anlaß die Freiheit erhalten sollten, von Dienern herbeigeführt wurden, sprach Julian selbst die Freilassungsformel. Als man ihn darauf aufmerksam machte, daß das Vorrecht, von dem er Gebrauch mache, an diesem Tage einem anderen zustehe, verurteilte er sich sofort selbst für seinen Fehler zu einer Strafe von zehn Pfund Gold.» Solch Edelmut, der auf viele gewiß manieriert wirkte, konnte natürlich unterschiedliche Folgen haben. Er mochte bei manchen, die Julians ehrlichen Reformwillen und seine persönlichen Leistungen – nicht zuletzt in den Abwehrkämpfen gegen die Barbaren – als Vorbild nahmen, Anerkennung, ja eine gewisse Begeisterung für das unter neuen Zeichen scheinbar wieder aufblühende römische Imperium hervorrufen. Sicher haben sich viele heidnische Senatoren von der Toleranz und den Bemühungen des Kaisers um eine Bildungsreform, die dem Versuch, eine «heidnische Staatskirche» nach christlichem Muster zu errichten, parallel liefen, beeindrucken lassen. Breite Kreise der städtischen Mittelschichten waren andererseits vom Wohlstandsprogramm Julians angesprochen, und die Soldaten standen, obwohl er viel von ihnen verlangte, hinter ihm. Sie begannen wieder, sich an strenge Disziplin und eine geregelte Dienstordnung zu gewöhnen. Neben dem «spartanischen» Vorbild, das der Kaiser gab, trug vor allem die regelmäßige Sorge um die militärische Ausrüstung und um eine sinnvolle Besetzung der Kommandeursposten zur Wiederherstellung einer Kampfkraft bei, die sich bis zur katastrophalen Niederlage von Adrianopel (378) erhalten hat. Wir können das vor allem den Bemühungen entnehmen, die Julian dem Leibwachenkorps der sogenannten Protectores Domestici angedeihen ließ. Diese aus 4 Scholen von je 50 Mann bestehende Formation war Garde und «Offiziersschule» zugleich. Die einzelnen Protektoren waren im allmählichen Avancement durch Übertragung vielfältiger Aufgaben geschult und rückten später meist in höhere Truppenkommandos auf. Viele der berühmt gewordenen spätrömischen Heermeister («kommandierenden Generäle», Armeeführer) sind gerade in der Periode Julians durch die Schule des Protektorates gegangen, nicht zuletzt sein Nachfolger Jovian.

Vor allem die in der modernen Forschung häufig diskutierten philosophisch-ideologischen und religionspolitischen Leistungen und Maßnahmen des Kaisers verdeutlichen uns, daß an einen Burgfrieden, den Julian gleich seinem Vorbild Mark Aurel im Auge gehabt haben dürfte, doch nicht zu denken war. Sogar um das ihm subjektiv als reales Ziel Vorschwebende zu erreichen, zeigte der Kaiser zu wenig Geduld, so daß sich schließlich viele Gruppierungen von ihm zurückgestoßen fühlten: die Vertreter der katholischen Kirche, weil er die Häretiker und die Heiden bevorzugte, die Reichen, weil er die Wuchergeschäfte unterband, die Armen und Ungebildeten, weil sie jenseits der sozialökonomischen Unvereinbarkeit den Humanismus und den Bildungsenthusiasmus des Kaisers nicht verstehen konnten. Zudem waren viele der Armen, besonders im Osten, bereits Anhänger des Christentums. Von den Klerikern und Bischöfen angestachelt, deren Privilegien aufgehoben waren und die sich durch neue Opferdienste und Wiedererrichtung von Tempeln bedroht fühlten, ließen sich die Volksmassen in Antiochia, Alexandria und anderen Städten zur Vernichtung heidnischer Kultstätten hinreißen. Es kam zu Tumulten, in deren Verlauf auch Märtyrergräber geschändet wurden und beide Parteien den Kaiser anriefen. Er entschied sich fast ausnahmslos gegen die Christen und verbannte Männer wie den standhaften Athanasius, der bereits vorher immer wieder mit der Staatsgewalt in Konflikt geraten war. Um keine christliche Front gegen sich entstehen zu lassen, begünstigte Julian jedoch außer den Juden in auffälliger Weise Sekten wie die Donatisten, was ein neues Aufflammen der religiös bedingten Kämpfe in Nordafrika zur Folge hatte. Schließlich fügte er den kirchlich-theologischen Kreisen durch sein Schulgesetz von 362 einen fast vernichtenden Schlag zu: Fortan sollten Christen nicht mehr Rhetoren und Grammatiker sein dürfen, also vom offiziellen Bildungsbereich ausgeschlossen werden. Die gebildeten Christen glaubten sich in doppelter Weise getroffen. Viele waren ihrer Existenz beraubt, andere fühlten sich zumindest diskriminiert und überdies in der Zwangslage, auf eine entsprechende Ausbildung ihrer Kinder zu verzichten oder sie heidnischen Lehrern zu überlassen. Julians Begründung dieses harten Ediktes war teilweise einsichtig: Er nahm die scharfe christliche Kritik an weiten Bereichen der moralisch oft sehr freien und am antiken Götterkult orientierten Bildung zum Anlaß, um den Zugang zu dieser Bildung zu versperren, die man «innerlich verwirft». Indem er der Jugend die Entscheidung überließ, ob sie die heidnischen Lehrer besuchen wollte, warb er natürlich für sein eigenes Anliegen und trieb einen Keil zwischen die ältere und die jüngere Generation der christlichen Oberschicht. Am Ende seiner kurzen Regierung versuchte er, die christliche Ideologie vollends damit abzuwürgen, daß er ihr eine Art von heidnischer Staatsreligion entgegenstellte. Auf der Grundlage des alten, von allen Kaisern beibehaltenen Pontifex-Maximus-Amtes empfand Julian sich wirklich als Reichsoberpriester und setzte Oberpriester für die einzelnen Provinzen ein, denen das gesamte Kultwesen und die Aufsicht über das Kultpersonal oblag. Wo es anging, machte Julian sich bei der praktischen Durchführung dieser freilich in den Anfängen steckenbleibenden Neuerung christliche Erfahrungen zunutze. Er forderte die Reinheit und Würde des Priesterstandes und verlangte von ihm eine fundierte Bildung. Eine entsprechende

Rekonstruktion des germanischen und rätischen Limes

karitative Tätigkeit wurde ebenfalls in den Mittelpunkt gestellt: Julian ging hierbei mit gutem Beispiel voran, indem er Getreide und Wein für Bettler und Pilger bereitstellen ließ, die künftig in staatlichen bzw. städtischen Herbergen versorgt werden sollten. Weitere Maßnahmen kamen kaum zur Durchführung, so die Förderung des Judentums, dem Julian wegen des jüdisch-christlichen Gegensatzes und des imponierend strengen und einheitlichen Rituals wohlgesonnen war: Sogar der Wiederaufbau des Tempels in Jerusalem wurde mit kaiserlicher Unterstützung begonnen; doch ohne Ergebnis, denn ein Erdbeben zerstörte die bereits gelegten Fundamente.

Sich auf eine göttliche Vorsehung stützend, brach Julian, der sich jetzt auch als Nachfolger Alexanders des Großen ansah, im März 363 zu einem Feldzug gegen die Perser auf. Seinem Feldherrntalent entsprechend, hatte der Kaiser diesen Zug gründlich vorbereitet und zahlreiche Eliteeinheiten um sich geschart. Nach Abschirmung durch eine als Flankenschutz gedachte Armee stieß Julian bis zur feindlichen Hauptstadt Ktesiphon vor, die jedoch nicht genommen werden konnte. Auf dem Rückmarsch wurden die Römer stark von den Persern behelligt, die in günstigem Gelände ihre Bogenschützen sowie eine überlegene Reiterei und Elefanten einsetzten. Bei einem dieser Scharmützel wurde Julian, der sich mitten ins Kampfgetümmel stürzte, tödlich verwundet. Noch auf dem Kampfplatz rief man den Leibwachenkommandeur (Primicerius Domesticorum) Jovianus zum Kaiser aus, einen Durchschnittstyp, der sofort mit den Persern einen ungünstigen Frieden schloß: Freilich war es Julians mangelndem Erfolg zuzuschreiben, daß Grenzgebiete am Oberlauf des Tigris jetzt in persischer Hand blieben und Armenien der Willkür der Sassaniden preisgegeben wurde.

Ein verstärktes Wirken im Sinne der Konsolidierung der römischen Herrschaft war erst wieder unter Valentinian I. (364–375) zu spüren, der zugleich der Begründer einer letzten Dynastie gewesen ist, die man irgendwie noch als gesamtrömisch bezeichnen kann (bis 455). Sohn eines Offiziers und selbst bis zum Tribunen aufgerückt, erhob Valentinian bald darauf seinen Bruder Valens zum Mitregenten, der bis 378 den östlichen Reichsteil leitete. Beide Kaiser waren Christen und förderten, wenn auch mit Zurückhaltung, ihre Glaubensgenossen, wobei Valens entschieden für die arianische Richtung eintrat. Das hatte gewisse Auswirkungen auf bestimmte barbarische, vor allem gotische Gruppierungen, die seit Mitte des vierten Jahrhunderts durch den Missionsbischof Wulfila (Ulfilas) bekehrt worden waren, dem wir die berühmte Übersetzung der Bibel ins Gotische verdanken. Seit Valentinian und Valens zeichnen sich damit bestimmte religiöse und ideologische Gegensätze zwischen dem Ost- und Westreich ab, die zu der politisch und militärisch bedingten Reichsteilung von 395 schließlich mit beigetragen haben. Der Westen wurde – mit Ausnahme des zunächst weithin donatistischen Nordafrika – katholisch, während der Osten zunächst mit dem Arianismus, dann mit monophysitischen und anderen Richtungen konfrontiert wurde. Und spätestens gegen Ende des vierten Jahrhunderts erhielten diese Fragen für die Allgemeinheit so große Bedeutung, daß Bischof Gregor von Nyssa (382) die Atmosphäre in Konstantinopel mit folgenden Worten glossieren konnte: «Die Stadt ist voller Leute, die unbegreifliche und unverständliche Dinge reden – auf allen Straßen, Markthallen, Plätzen und Kreuzungen. Kaufe ich in einem Laden und frage, wieviel ich zu zahlen habe, so bekomme ich einen philosophischen Vortrag über den gezeugten oder nicht gezeugten Sohn des Vaters zu hören. Erkundige ich mich in einer Bäckerei nach dem Brotpreis, so antwortet mir der Bäcker: ‹Der Vater ist ohne Zweifel größer als der Sohn› (Grundlehre des Arianismus, H.-J. D.). Und frage ich in den Thermen, ob ich ein Bad nehmen kann, dann versucht der Bademeister mir zu beweisen, daß der Sohn zweifellos aus dem Nichts hervorgegangen sei.» Die rhetorisch bis zur Komik übertreibende Bemerkung beweist immerhin ein starkes Engagement für religiöse, ja sogar spitzfindige theologische Fragen bei der Bevölkerung, das dem Theologen selbst – wie es sich hier widerspiegelt – zuviel wurde und ihn sogar die Nutzlosigkeit jeglicher Indoktrination erkennen lassen konnte. Natürlich kann man gerade in solcher Spekulation auch einen Erfolg politisch führender Kreise sehen, die auf diese Weise den kleinen Mann von seinen Existenznöten ablenkten, wobei maßgebliche Kirchenmänner Hilfe leisteten. Das Heidentum war, wie Julians Reformversuche zur Genüge gezeigt hatten, nicht mehr imstande, eine solche ideologische Funktion – und sei es auch nur als Ablenkungsmanöver – zu erfüllen, so daß die christliche Großkirche immer ausschließlicher damit betraut werden mußte. Sinngemäß beschränkte sich eine geschlossene, immer mehr in die Defensive gedrängte heidnische Opposition denn auch überwiegend auf vornehmere, meist stadtrömische Senatorenkreise, die – wirtschaftlich unabhängig und im Gegensatz zu fast jeder Regierung stehend – im engsten Kreis Bildung und Kultur traditionellen Gepräges pflegten. Bereits Valentinians Hofschranzen gingen auch gegen diese Kreise rigoros vor, die immerhin – um Männer wie Symmachus geschart – noch jahrzehntelang Einfluß wahrten. Indirekt mag dieses antiaristokratische Vorgehen der Regierung Valentinians mit einer wieder einmal fällig gewordenen Verwaltungsreform zusammenhängen, die vor allem untergeordneten Offizieren und Beamten zugute kam. Sie erlangten jetzt leicht die senatorische Würde – was zugleich als Diskriminierung der älteren und «vornehmeren» Senatorenkreise wirken mußte. Es zielte in dieselbe Richtung, wenn Valentinian das zum Schutz der städtischen Kurie und Bevölkerung bestehende Amt der Defensores (Civitatis) stärkte und scharf gegen die sogenannte Patroziniumsbewegung vorging, durch die bisher freie Bauern in Abhängigkeit von Großgrundbesitzern gerieten. Dieses dem Kolonat entfernt vergleichbare Instrument hat in der gesellschaftlichen Praxis trotzdem seine Bedeutung behalten und findet sich wenig verändert in einigen Völkerwanderungsstaaten wieder. In der Bekämpfung des Patroziniumswesens allein eine Fürsorge der Kaiser für die bedrohte freie Landbevölkerung zu sehen, wäre natürlich verfehlt: Es ging auch hier hauptsächlich um das staatliche Interesse am steuerpflichtigen Untertanen – denn viele Bauern begaben sich, um vor den Übergriffen der Behörden geschützt zu sein, freiwillig in irgendein Patrozinium und erhielten ihre Besitztümer bei Vereinbarung bestimmter Rechte und Pflichten leihweise vom neuen Grundherren zurück, wodurch sie wenigstens ihrer direkten Verpflichtungen dem Staat gegenüber ledig waren.

Auch die Regierung Valentinians, seines Bruders Valens und seines bereits mit acht Jahren zum Augustus erhobenen Sohnes Gratian war von zahlreichen Kriegen und Vorstößen wandernder Barbarengruppierungen überschattet. Britannien wurde von Norden und Westen her durch Pikten und Skoten, aus dem Gebiet der Nordsee von Sachsen bedroht. Der Comes Theodosius, ein spanischer Großgrundbesitzer und Vater des späteren Kaisers Theodosius I., sicherte die Insel erneut bis zum

14 Kolossalkopf Konstantins d. Gr., im Hof des Konservatorenpalastes von Rom. Der Kopf gehörte zu einer etwa 18 m hohen Statue, die ursprünglich die Konstantinsbasilika schmückte. Ikonographisch gibt der kühn und monumental konzipierte Kopf, der realistische Einzelzüge tragen dürfte, manches Rätsel auf. Daß er geeignet war, der Glorifizierung des Kaisers zu dienen, der eine neue Epoche einleitete, ergibt sich dem Betrachter von selbst, auch wenn ihm die Entstehungsgeschichte unbekannt ist.

CAPVT·EX·COLLO
MODI·ANT·AVG·ALT·
CVBITVM·INTER·
PLI·PACIS·IN·MVLTA·
TERTO·CONSPICIENDVM
VATORES·VRB·RO·
EVANGELISTA·DE
GEN·D

15 Konstantinsbasilika auf dem Forum Romanum in Rom. Die von Maxentius begonnene, von Konstantin d. Gr. vollendete «Kaiserhalle» präsentiert sich bereits von den Ausmaßen her als eines der monumentalsten Gebäude des späten Rom. Der Bau bedeckte eine Fläche von 6000 m², die von 25 m hohen Tonnengewölben der Seitenschiffe und etwa 10 m höherem Kreuzgewölbe des Mittelschiffes überdacht war. Das Mittelschiff wurde von vier gewaltigen Säulen getragen. Konstantin fügte dem Bau, dessen Fußboden Platten farbigen Marmors bildeten, an der südlichen Langseite einen viersäuligen Portikus und im nördlichen Seitenschiff eine neue Apsis hinzu, wo er auf dem Thronsessel mit den Magistraten amtierte. In der Westapsis des Bauwerkes wurde die etwa 18 m hohe Kolossalstatue des Kaisers aufgestellt, deren Kopf sich heute im Konservatorenpalast befindet. Nach Ausmessungen wie architektonischer Struktur ist das Bauwerk typisch spätantik. Auf die Einwirkung des basilikalen Typus auf den Kirchenbau kann hier nur hingewiesen werden.

16 Der Konstantinsbogen in Rom – einer der monumentalsten und spätesten Triumphbögen – ist vom Senat nach Konstantins d. Gr. (312–337) Sieg an der Milvischen Brücke (Ponte Molle) errichtet worden. Der Skulpturenschmuck wurde großenteils aus Bauten Trajans, Hadrians und Mark Aurels geraubt, wobei man die Köpfe häufig im Stil der Spätzeit umarbeitete und ikonographisch veränderte. Neu angefertigt sind die Langreliefs über den seitlichen Bögen, die eindeutig spätantiken Stil zeigen. Mit einer Höhe von 12 m wirkt der Bogen jedenfalls monumental und als organisches Ganzes.

Q POMPEI
VS Q ANIEN
SIS FORO IVLI
BVRRVS MLEX
LEG XV ANN L
STIP XX H S E H F C

17 Klassische römische Kapitale auf dem Grabstein eines Soldaten aus dem 1. Jahrhundert (Römisch-Germanisches Museum Köln)

18 Sogenannte Römerbrücke in Trier. Fünf von den sieben Pfeilern der heutigen Brücke gehen auf das 4. Jahrhundert zurück, in dem Trier noch eine der Residenzen der (west-)römischen Kaiser war.

19 Porta San Sebastiano in Rom, eine der festungsartigen Torbauten der Aureliansmauer, die nach 270 fertiggestellt wurde. Im Kleineren zeigen die Mauern von Provinzstädten ähnliche Tore (siehe Abb. 10, Hissar). Die Anlage, früher nach der in sie einmündenden Straße Porta Appia genannt, zeigt einen mächtigen, dreigeschossigen Aufbau. Unten vierkantig, tragen die Türme als Bekrönung einen zinnenbesetzten, runden Aufsatz. Bei vielen «Kämpfen um Rom» nahmen diese Mauertore einen hervorragenden Platz ein.

20/21 Porta Nigra in Trier. Es handelt sich bei der Porta Nigra (gegen 300 errichtet) um das Nordtor des 6,5 km langen spätrömischen Mauerringes. Der bis zu 30 m Höhe aufragende Bau, der die Abwehrkraft der von vielen Völkerwanderungsstämmen bestürmten Stadt stärkte, wurde nach der Patina der schweren, ohne Mörtel gefügten Sandsteinquader «Schwarzes Tor» genannt.

Vorangegangene Doppelseite:

22 Ludovisischer Schlachtensarkophag mit Kampf zwischen Römern und Barbaren (Thermenmuseum in Rom). Die hinsichtlich ihrer Entstehungszeit und ihrer Einzelaussage umstrittene Darstellung führt eine Szenerie der anhaltenden heftigen Kämpfe zwischen Römern und Barbaren vor, wie sie im 3. Jahrhundert schon jedem vor Augen stand. Das bekannte Kunstwerk, das in manchem an die Mark-Aurel-Säule anknüpft, in vielem aber expressionistischer darstellt, zeigt einen über die Barbaren siegreichen Feldherrn, zweifellos einen Kaiser, inmitten seiner tapfer kämpfenden Truppen (man möchte sie für die Leibgarde, die damals aufkommenden Protectores halten). Bis in den Gesichtsausdruck werden die Römer als die Überlegenen und Höherstehenden gezeichnet – fast schon ein Beweis dafür, daß man sich dieser Überlegenheit eben gerade nicht mehr sicher war. Das kunstvoll komponierte Relief arbeitet mit allen Mitteln klassischer Kunst, läßt aber die Perspektive vermissen und verwirrt den Betrachter durch Anhäufung einzelner Episoden, womit es selbst «barbarische» Züge annimmt.

23 Komplex der St. Georgsrotunde in Sofia – wahrscheinlich aus einem frühchristlichen Martyrium vom Anfang des 4. Jahrhunderts hervorgegangen. Von der gesamten Anlage ist heute nicht alles sichtbar, da ein großer Teil unter den Mauern des Hotels Balkantourist liegt. Die ursprüngliche Annahme, daß es sich hierbei um Thermen handele, konnte nach den neueren Ausgrabungen nicht mehr aufrechterhalten werden. Von den Ausgräbern wird dieser Komplex als Martyrium gedeutet. Gegen Ende des 4. Jahrhunderts wurde das Bauwerk in eine Taufkirche umgewandelt. Nach den verheerenden Verwüstungen der Hunneneinfälle im 5. Jahrhundert hatte man die Anlage wiederhergestellt und benutzte den Zentralteil fortan als Kirche, die dem hl. Georg geweiht war. Während der Türkenherrschaft diente das Gebäude als Moschee.

24 Osttor der konstantinischen Stadtmauer von Serdica (Sofia). Neuere Grabungen auf dem Leninplatz vor dem Parteihaus: Die Datierung in konstantinische Zeit ist im Verlaufe der Grabungen durch Mauertechnik und Funde gesichert.

25 Amphitheater (Arena) von Verona – um 290 unter Diokletian errichtet. Die ursprünglich dreistöckige Außenmauer umschloß eine der größten Arenen für Gladiatoren- und Tierkämpfe. Die mittelalterliche Heldensage sah in dem Gebäude die Burg Dietrichs von Bern (= Theoderichs d. Gr.).

26 Kaiserliche Villa in Piazza Armerina bei Enna (Sizilien). Die berühmte, vielräumige Villa in Zentralsizilien entstand im letzten Jahrzehnt des 3. Jahrhunderts im Auftrage des Kaisers Maximianus (286–305). Noch heute zeugen mächtige Mauern, Marmorsäulen und prächtige Mosaikfußböden vom Prunk dieses spätantiken Jagdschlosses, das teilweise noch von den Normannen bewohnt wurde. Unser Ausschnitt gehört einem der zahlreichen Jagdmosaiken an, die hier gefunden wurden, der «Diaeta der kleinen Jagd». Zwar wird hier keine Jagd auf afrikanische Wildtiere wiedergegeben wie in anderen Mosaiken dieser Villa, aber die in fünf Zonen dargestellten Episoden (unser Bild zeigt 5 rechts) sind doch aufschlußreich: Die Jagd läuft in einer bewachsenen Ebene, zum anderen auch im gebirgigen Gelände und in einem aus Zypressen, Eichen und Lorbeer bestehenden Wald ab. Die Jäger mit ihren Hunden jagen Kleinwild wie Hasen und Füchse, aber auch Wildschweine. Die Falknerei symbolisiert ein Jäger, der Drosseln nachstellt (3. Zone). Unser Bild zeigt recht realistisch einen liegenden, vom Wildschwein angefallenen Jäger sowie zwei seiner Kameraden, die mit dem Speer (Spieß) und mit einem Steinbrocken gegen die Bestie kämpfen. Die teilweise berittenen Jäger tragen gegürtete Tuniken, ihre Beine sind bis zum Knie umwickelt.

27 Langhausmosaik (um 432–440) aus Santa Maria Maggiore in Rom. Diese berühmte römische Basilika steht an der Stelle eines früheren heidnischen Kultbaus und wurde 352 begonnen; Papst Sixtus III. hat sie erneuern und mit Mosaiken nach biblischen Motiven ausschmücken lassen. Natürlich zeigen gerade Kampfszenen, wie die hier abgebildete Eroberung von Jericho, weithin spätantikes Gepräge. Im Ganzen verdeutlichen Bewaffnung und Befestigungen Verhältnisse der Völkerwanderungszeit.

28 Barbario-Inschrift aus Trier. Diese frühchristliche Inschrift, die nicht genau datierbar ist, befindet sich auf einer weißen Marmorplatte, die nordöstlich der Kirche St. Paulin gefunden wurde (heute: Landesmuseum Trier). Sie ist einem Knaben namens Barbario gewidmet, der nur acht Monate und 24 Tage alt wurde.

29 Grabmal der Familie der Longidieni in Ravenna (Museo Nazionale d'Antichità, früher Kloster San Vitale). Interessant ist die im Hochrelief hervorgehobene Inschrift, die zur Darstellung des Schiffszimmermanns gehört. Sie lautet: «Publius Longidienus, Sohn des Publius, eilt zu seiner Arbeit» (P. LONGIDIENUS, P. F., AD ONUS PROPERAT).

P·LONGIDIENVS·P·F·RVFIO
P·LONGIDIENVS·P·L·PILADESPOTVS
INPENSAM PATRONO·DEDERVNT
P·LONGIDIENVS
P·F·AD·ONVS
PROPERAT

Hadrianswall. Inzwischen wandte sich der Kaiser von Paris und Trier aus gegen Sachsen und Franken, die Nordgallien überschwemmt hatten. Städte, die, wie Mainz (Mogontiacum), von Alamannen eingenommen worden waren, wurden bald wieder unter römische Verwaltung zurückgeführt. Valentinian unternahm nach umfangreichen Rüstungen, die von Trier aus geleitet worden waren, auch noch verschiedene Offensivstöße ins rechtsrheinische Gebiet. Seine Bemühungen, über Julians Abschreckungsmanöver hinauszugehen und die alte Limesgrenze wiederherzustellen, scheiterten zwar, aber die Rheingrenze wurde doch gehalten, wobei manche Neuerungen an Befestigungsanlagen Verwendung fanden (Brückenköpfe als zusätzliche Sicherung schon seit Konstantin dem Großen, so Köln-Deutz).

Auch Nordafrika, das durch eine mit donatistischer Hilfe um sich greifende Usurpation des Berberfürsten Firmus wieder einmal in eine Krise geraten war, befand sich bei Valentinians I. Tod wieder fest in römischer Hand.

Eine militärische Bedrohung für den Reichsbestand ergab sich vorerst mehr vom Osten her. Zwar gelang es dem noch beachtlich starken römischen Ostheer unter Valens und seinen Generälen, in Armenien bis etwa 378 Einfluß zu wahren, wobei es mehrfach zu siegreichen Auseinandersetzungen mit persischen Heeren kam. Dann jedoch fielen im Gebiet der unteren Donau Entscheidungen, die das Reich an verschiedenen Stellen zum Verzicht zwangen. Vor der Übermacht der Hunnen zurückweichend, hatten Westgoten seit 376 südlich der Donau um Aufnahme im Reichsgebiet gebeten. Gegen die Verpflichtung zur Grenzverteidigung wurde ihnen wirklich ein Ansiedlungsvertrag zugestanden, durch den sie in ein Föderatenverhältnis zu Rom traten. Bald wurden die über die Provinz Mösien verteilten Goten jedoch von der römischen Bürokratie bedrängt, die die schlechte Versorgungslage ausnutzte. Viele der Barbaren mußten sich oder ihre Angehörigen gegen Lebensmittel als Sklaven verkaufen. Die Erregung wuchs immer mehr, und es kam zu einem Aufstand, dem sich Scharen weiterer Goten, aber auch unterdrückte Sklaven, Kolonen und Bergwerksarbeiter anschlossen. Ansätze zu einer Verschmelzung innerer und äußerer Feinde Roms hat es gerade in dieser Situation am Vorabend der Schlacht von Adrianopel gegeben. Nach einem größeren Erfolg Fritigerns über ein oströmisches Heer rüstete Valens, unter Hintanstellung eines Perserfeldzuges, ein Heer aus und bat außerdem seinen Neffen Gratian um militärische Unterstützung. Die Gefahr, von möglicherweise überlegenen römischen Kräften in die Zange genommen zu werden, wurde Fritigern, einem Anführer von beachtlichen Qualitäten, bald bewußt. Er bemühte sich daher um Verhandlungen und versprach Valens, jede Feindseligkeit aufzugeben, wenn man ihm die Provinz Thrakien als Besitz zusicherte. Offenbar wollte er unter diesen Bedingungen ein festes Bündnis mit Valens eingehen und die militärische Sicherheit der Donaulinie garantieren. Gleichzeitig hatte der gotische Anführer aber eine sichere Stellung, die durch eine Wagenburg und andere Befestigungen abgeschirmt war, bei Jamboli nördlich von Adrianopel bezogen, und von hier aus glaubte er auch, mit Hilfe verschiedener Detachements gegebenenfalls eine Vereinigung der ost- und der weströmischen Streitkräfte verhindern zu können. Valens lehnte zwar jede weitere Verhandlung ab, verzichtete aber auch, wegen kriegerischer Erfolge seines Neffen Gratian über die Alamannen eifersüchtig, auf die Vereinigung mit dem Entsatzheer. Am 9. August 378, einem sehr heißen Tag, ließ er seine Armee aus Adrianopel aufbrechen. Erst gegen Mittag sichteten die römischen Vorausabteilungen die gotischen Stellungen. Es bereitete Valens Mühe, in aller Eile aus der Marschordnung heraus die Kampfaufstellung zu formieren. Trotzdem griff er, noch ehe sämtliche Truppen auf dem Schlachtfeld eingetroffen waren, an. Anfangserfolge rissen die römische Schlachtordnung noch mehr auseinander, und die letzten Formationen der Marschordnung dürften gar nicht am Kampfplatz eingetroffen sein. Denn es gelang gotischen Reitertruppen, die linke Flanke der römischen Kavallerie aufzureißen und das römische Fußvolk auf ungünstigem Terrain zusammenzuschlagen. Valens war nicht imstande, seine Kräfte rechtzeitig umzugruppieren oder in eine Auffangstellung zurückzuführen. Von seiner Leibwache im Stich gelassen, fiel er als einfacher Kämpfer am Ende des Schlachttages. Die Goten behaupteten nicht nur als Sieger das Schlachtfeld, sondern gingen sofort zur Verfolgung der Trümmer des römischen Heeres über

30 Elfenbeindiptychon des Stilicho und seiner Gemahlin Serena (um 400; Höhe 32,2 cm, Breite 16,2 cm; Domschatz in Monza). Der berühmte germanische Heermeister und Schwiegersohn Theodosius' d. Gr. wird hier frontal in Chlamystracht mit Lanze und Schild dargestellt, neben ihm seine Gemahlin mit dem Sohn Honorius. Aus der Fläche des Schildes tritt das Doppelbildnis von Honorius und Arcadius, der Söhne des Theodosius, des damaligen Kaisers des West- und Ostreiches, plastisch hervor; die Anspielung auf Stilichos Loyalität gegenüber der herrschenden Dynastie ist unverkennbar.

und versuchten, aus der Bewegung heraus Adrianopel einzunehmen. Gegen die mächtigen Befestigungen konnten die fast nur auf den Reiterkampf eingestellten schnellen Truppen allerdings nichts ausrichten. Immerhin war dieser Erfolg Fritigerns nicht nur von großer taktischer, sondern auch von strategischer, ja operativer Bedeutung. Ohne ein so weitgespanntes Ziel ins Auge zu fassen, hatte der gotische Anführer, der nicht einmal das geschlossene Kontingent eines großen Stammes oder einer Völkerschaft hinter sich wußte, eine völlig intakte römische Armee geschlagen und – wie sich in der nächsten Zeit herausstellte – ein militärisches Vakuum im Oströmischen Reich entstehen lassen. Nur infolge der Schwäche und der Unerfahrenheit der Goten, vor allem im Belagerungswesen, waren diesem Erfolg der Barbaren Grenzen gesetzt und gelang es den Römern, hinter den mächtigen Bollwerken ihrer Stadtfestungen allmählich wieder Kräfte zu sammeln. Auf Jahrzehnte hinaus waren römische Angriffe gegen die Barbaren jedoch nicht mehr möglich, und oft ließen sich auch Abwehrkämpfe nur noch mit größter Mühe führen. Mit Recht hat die moderne Forschung geltend gemacht, daß außerdem die fortan im Ost- wie im Westreich rekrutierten Armeen überwiegend aus Barbaren bestanden. Stieg auch schon vor Adrianopel der Prozentsatz der Barbaren im Heer und sogar im Offizierskorps langsam, aber stetig an, so muß man die von jetzt an neu aufgestellten und ergänzten Truppeneinheiten als überwiegend – häufig sogar ausschließlich – barbarisch bezeichnen: Nach der Herkunft der Mannschaften und Offiziere, aber auch nach manchen Besonderheiten der Bewaffnung und der Kampftechnik handelte es sich schlechterdings um barbarische Armeen, die lediglich den Namen Roms trugen, selbstverständlich unter dem Kommando der Kaiser oder ihrer Heermeister standen und nach bewährtem Reglement ausgebildet und geführt wurden. Im Grunde kann man von einem Mischtyp sprechen, und der immer noch mühsam gewahrte Mythos der römischen Unbesiegbarkeit war künftighin eher den barbarischen als den römischen Elementen zu verdanken. So gelang es auch dem neuen, von Gratian berufenen Kaiser Theodosius nur mit Hilfe neuangeworbener gotischer Söldner und mehrerer fränkischer Heermeister (Bauto, Arbogast) in noch dazu verlustreichen Kämpfen, Fritigern allmählich über den Balkan zurückzutreiben. Erst 380/81 kam es zu einem offiziellen Friedensschluß, wonach den Westgoten Fritigerns als Föderaten mit der Verpflichtung zur Grenzverteidigung Teile der römischen Balkanprovinzen überlassen wurden. Gewiß lag hierin für beide Seiten ein Kompromiß, aber das römische Zugeständnis war doch größer als das gotische und lockte allmählich andere Stämme zu einem ähnlichen Vorgehen. Schon damals waren die Bedingungen für größere Föderatengruppierungen der geschilderten Art recht günstig, denn sie verblieben unter ihren gewohnten Kommandeuren, die natürlich neben militärischen auch zivile, vor allem richterliche Funktionen übernahmen, und erhielten außer der Steuerfreiheit auch gewisse Soldzahlungen. Gruppierungen, die sich im römischen Sinne besonders bewährten, wurden bei Bedarf sogar in die offizielle Feldarmee übernommen; vor allem kleinere Elitegruppen hatten die Chance, als Buccellarier (Satellites; Comites) unter besonders günstigen Bedingungen in die Leibwachen der Feldherren eingereiht zu werden. Diese Leibwachen oder Gefolgschaften aber stellten schließlich wieder den Kern jeder Armee, und aus ihrer Mitte ergänzte sich im steigenden Maße auch das höhere Offizierskorps.

Die Entwicklungslinie muß aus Gründen der Anschaulichkeit zumindest bis etwa 455 weiterverfolgt werden. Bis 395 stehen die immerhin noch energischen Abwehrkämpfe Theodosius' des Großen, der für kurze Zeit noch einmal das gesamte Reichsgebiet in einer Hand vereinigt hatte, im Vordergrund, zumal er auch gefährliche innere Gegner, wie den von maßgeblichen heidnischen Senatorenkreisen gestützten Gegenkaiser Eugenius, im Kampf zu überwinden wußte (394).

Die Schlacht am Frigidus, durch die Eugenius samt seinem fränkischen, noch heidnisch eingestellten Heermeister Arbogastes zu Fall kam, ist nicht nur militärgeschichtlich, sondern vor allem politisch-kulturell als besonderer Kulminationspunkt herauszuheben. Siegte hier die vom Papsttum und vom Mailänder Bischof Ambrosius unterstützte Partei des Theodosius – übrigens großenteils noch mit heidnischen und arianischen Truppen barbarischer Herkunft –, so waren von jetzt ab die Weichen der römischen Politik eindeutig zugunsten der katholisch-orthodoxen Richtung gestellt. Eine lange Periode geistig-ideologischer Auseinandersetzung ging damit ihrem Ende entgegen. Denn Gratian und Theodosius hatten zunächst eine Art Zwangseinigung des christlichen Lagers herstellen müssen, bevor letzterer auch dem Heidentum energisch entgegentreten konnte. Schon 380 verlangten beide Kaiser von ihren Untertanen, sich zur Lehre des Nicänum (von 325) zu bekennen. Das zweite ökumenische Konzil von 381 hatte diese Position gefestigt. Bischöfe, die jetzt noch darauf beharrten, daß Christus dem Vater nur «wesensähnlich» und nicht «wesensgleich» sei – denn darauf beruhte hauptsächlich der Unterschied zwischen Arianern und Katholiken –, mußten von ihrer Kathedra weichen. Übrigens wurde sogar Gregor von Nazianz, einer der glänzendsten, auch literarisch überzeugenden Verfechter des Nicänum gezwungen, auf den ihm zugesprochenen Bischofsstuhl von Konstantinopel zu verzichten und in seine abgelegene Provinzstadt zurückzugehen. Nicht zufällig schildert gerade Gregor, den man als «fruchtbarsten und merkwürdigsten Poet dieser Periode» (Wilamowitz) eingeordnet hat, die Ereignisse von Konstantinopel mit beißender Kritik. Im Westen koppelten sich unter andersgearteten Bedingungen häufig antiarianische und antiheidnische Politik. Gratian legte den Pontifex-Maximus-Titel, den er als letzter Herrscher geführt hatte und der fortan zur Kennzeichnung der päpstlichen Würde frei wurde, ab und ließ den Victoria-Altar, den Julian hatte wiederaufstellen lassen, erneut aus der Senatskurie entfernen. Sein antiheidnisches Programm richtete sich aber auch gegen die materielle Basis der heidnischen Kulte: Den Priesterkollegien wurden nicht nur Steuerfreiheit und staatliche Zuschüsse entzogen, sondern man konfiszierte auch ihre Liegenschaften. Noch vor Gratians Tod (25.8.383) kam es jedoch zu neuen innen- und kirchenpolitischen Auseinandersetzungen. Nachdem – vor allem durch den Usurpator Magnus Maximus, der jahrelang in Gallien residierte – die Sonderkirche der Priszillianisten vernichtet worden war, flammten vor allem in der Residenz Mailand neue arianisch-katholische Gegensätze auf. Valentinians I. Witwe Justina, die für ihren minderjährigen Sohn Valentinian II. regierte, setzte sich, durch heidnische und arianische Offiziere beeinflußt, entschieden für den Arianismus ein, der bei den germanischen und sonstigen barbarischen Truppen starken Rückhalt hatte. Offenbar neigten auch heidnische Kommandeure, sei es aus ideologischen, sei es aus politischen Gründen, eher dem Arianismus als dem Katholizismus zu, und es lag nahe, daß vor allem eine schwache Regierung solchen Wünschen Rechnung trug. Besonders durch das Eingreifen des Mailänder Bischofs Ambrosius, einer der markantesten Gestalten der damaligen Kirche, wurde der Arianismus jedoch im sogenannten Basilikenstreit, der die Überführung einiger katholischer Kirchen in arianische Hand zum Ziel hatte, zurückgedrängt. Ambrosius' geschickter Menschenbehandlung, die nicht frei von Demagogie war, gelang es sogar, die Truppen des «Kinderkaisers» Valentinian II. teilweise auf seine Seite hinüberzuziehen. War der Arianismus damit fast schlagartig zur Bedeutungslosigkeit verurteilt – sein späteres Wiederaufleben in den Barbarenstaaten ist einer gesonderten Betrachtung wert –, so hielten sich heidnische Strömungen vor allem durch das hartnäckige Engagement stadtrömischer Senatskreise. Zunächst mußte sogar Theodosius I. Männern wie Praetextatus, Symmachus und Flavianus gewisse Zugeständnisse machen. Er verlieh ihnen hohe Ämter, besonders das einflußarm gewordene, aber noch immer als besonders ehrenvoll geltende Konsulat. Die Senatoren gaben sich dafür als kaisertreu aus und zeichneten auch offen als die eigentlichen Patrioten Roms, die den Ruhm der «Ewigen Stadt» überschwenglich priesen und Männer wie Ammianus Marcellinus, den maßgeblichen Historiker der Epoche, förderten. Etwas rätselhaft bleiben die Beziehungen der heidnischen Senatoren zur Sammlung der sogenannten Kaisergeschichtsschreiber (Scriptores Historiae Augustae), einer Reihe von Biographien der Kaiser zwischen Hadrian und Carinus. In der antichristlichen und sozialkonservativen Einstellung decken sich der (oder die) Verfasser des biographischen Werkes so eindeutig mit der Tendenz des Symmachuskreises, daß moderne Forscher enge sachliche wie persönliche Kontakte voraussetzen konnten. Aus überlieferungsgeschichtlichen Gründen läßt sich ein endgültiger Beweis jedoch nicht geben.

Die Männer um Symmachus hüteten liebevoll das Erbe einer großen Vergangenheit, indem sie vor allem Werke klassischer Schriftsteller wie Vergil und Livius neu herausgaben oder kommentieren ließen. Gewiß war die Philologie hier nur Mittel zu dem Zweck, Rom im Sinne der großen heidnischen Traditionen wieder zu erwecken, denn am ehesten hätte man die schmachvolle Gegenwart durch bedeutende politische und militärische Leistungen vergessen lassen können. Darauf zielte der Symmachuskreis natürlich auch hin und unterstützte schließlich, so gut es ging, die Usurpation des ehemaligen Rhetors Eugenius, quasi eines der Ihren, beim Endkampf gegen Theodosius. Das Wirken dieses Kreises, das vor allem auch bildungsgeschichtlich wichtig ist, denn ohne ihn wären manche klassischen Schriften verlorengegangen und der Schul- und Bildungsbetrieb dieser Periode wohl noch mehr eingeengt worden, konzentrierte sich aber darauf, Gegenpositionen zu dem allmächtig werdenden Christentum zu setzen und die römische Sache möglichst untrennbar mit stoischen und neuplatonischen Gedanken zu verbinden, die neben der Einbeziehung des Romideals auch die Berücksichtigung humaner Ideen ermöglichte: Man vergaß auch nicht, für die Menschenrechte der Sklaven einzutreten. Hierbei ergaben sich natürlich Anknüpfungspunkte an die Julianische Reform, freilich auch an deren teilweise undurchsichtige demagogische Zielsetzungen. Wie liebenswürdig und menschlich wirken allerdings die meisten Briefe des Symmachus, der mit einer großen Zahl wichtiger Persönlichkeiten dieser Zeit korrespondierte. Heiter und fast ausgeglichen steht diese Persönlichkeit vor dem Leser, denn ernste Probleme werden zwar nicht verschwiegen, aber im allgemeinen doch nur sacht angedeutet, so, als handle es sich um Bagatellen. Dieser Eindruck läßt sich kaum verwischen, und aus ihm erklärt sich zumindest teilweise der mangelnde Erfolg der geistigen und kulturellen Bemühungen des ganzen Kreises. In eine ausweglose Situation gedrängt, nahm man die anderen, aber auch sich selbst nicht mehr ganz ernst, versuchte höchstens zu retten, was mit den zur Verfügung stehenden Mitteln eben zu retten war. Und das hieß im geistigen Bereich: mit den Mitteln der Ironie, oft sogar nur eines sanften Spottes, der die Stelle der meist scharfen Polemik bei den zeitgenössischen christlichen Gegnern (Ambrosius, Hieronymus, Augustin) einnahm. Für diese Spätphase des Heidentums ist Toleranz sogar zu einem Hauptcharakteristikum geworden, während das Christentum dieser Zeit sich meist sehr intolerant gebärdete.

Freilich gab es unter Eugenius, der vor der Schlacht am Frigidus siegessicher gewesen sein dürfte, auch heidnische Ausschreitungen, die sich an Julians seinerzeitigen Maßnahmen orientierten. Nach der Schlacht am Frigidus waren die Weichen endgültig gestellt. Viele vornehme Heiden folgten jetzt aber auch dem herrschenden Trend und söhnten sich mit der Regierung aus, die ihrerseits daran interessiert war, zahlreiche Vertreter berühmter Familien zu halten. Theodosius und der dann an Stelle des unmündigen Kaisers Honorius für das Westreich maßgebliche Stilicho, selbst ein Mann halbbarbarischer Herkunft, haben natürlich keinen Ausgleich zwischen Heidentum und Christentum herbeiführen können, wollten jedoch dem von der neuen Staatskirche mit getragenen, von den Barbaren ständig bedrohten Reich das Potential möglichst weitgehend erschließen, das bisher auf heidnischer Seite zur Verfügung gestanden hatte. So bröckelte das auch innerlich morsche Heidentum immer mehr ab und beschränkte sich schließlich auf wenige senatorische Geschlechter, kleine Kreise neuplatonischer Philosophen und eine Minderheit unter der bäuerlichen Bevölkerung besonders der Grenzprovinzen. Jeder, der im Vordergrund stehen wollte, mußte jetzt wenigstens formell Christ sein. Starke heidnische Relikte hat man jedoch bei vielen Schriftstellern dieser Umbruchsepoche, auch bei Bischöfen wie dem bekannten Synesius von Kyrene (gest. etwa 413), nachweisen können.

Die nächsten Jahre sind durch Unruhen in Afrika, wo der Militärbefehlshaber Gildo vergeblich versuchte, eine unabhängige Herrschaft mit donatistischer Hilfe und Unterstützung berberischer Stämme zu errichten, und durch neue Barbarenvorstöße an den Nordgrenzen des Reiches gekennzeichnet. Da das Reich nach Theodosius' Tod unter der Herrschaft seiner Söhne Arcadius und Honorius endgültig in seine beiden quasi natürlichen Hälften auseinanderzufallen begann, wurde eine einheitliche Verteidigung, wie sie bis Adrianopel zumindest noch als

Grundkonzeption bestanden hatte, immer schwieriger, ja oft unmöglich. Der Westen versuchte, Barbarenvorstöße nach dem Osten abzulenken, und umgekehrt. Unter diesen Umständen gelang es einem großen, hauptsächlich aus Ostgoten bestehenden Heerhaufen, im Jahre 405 nach Italien einzubrechen. Stilicho konnte den Hauptteil dieser Streitmacht zwar im August 406 bei Fiesole vernichtend schlagen, hatte vorher aber die Grenztruppen stark reduzieren müssen. Silvester 406 gelang es daher einer heterogenen, aber sehr starken Gruppierung von Alanen, Vandalen und Sueben, den Oberrhein zu überschreiten und Gallien sowie später die Pyrenäenhalbinsel heimzusuchen. Mit diesem Vorstoß wird zugleich eine neue Etappe der Völkerwanderung eingeleitet, die bis zur Errichtung des Vandalen-, des Sueben- und des Westgotenreiches in Nordafrika und Spanien reicht und damit die beginnende Desintegration des Weströmischen Reiches auch äußerlich markiert.

Vielleicht wäre solch Eindringen starker, aber heterogener und auch von der Führungsspitze her meist uneinheitlicher Barbarenhaufen in zentrale Gebiete des Reiches noch verhindert worden, wenn die jeweilige Regierung sich zu einer einheitlichen Abwehr aufgerafft hätte. Aber auch davon kann nicht gesprochen werden. Man verstand es indes immer wieder, gewisse Gruppierungen dieser Barbaren – entweder durch das Medium der Gefangenschaft oder auch durch direkte Anwerbung – zu sich herüberzuziehen und sie als Föderaten oder sogar als Buccellariergefolgschaften gegen ihre eigenen Stammesgenossen kämpfen zu lassen. Dem alten «Divide et impera» entsprechend, konnte der Feind mit Hilfe desselben oder doch eines nahe «verwandten» Feindes zeitweise abgewehrt werden, aber dieser rein defensive Erfolg genügte den Herrschenden. Vielleicht glaubte die Regierung auch, aus der Not eine Tugend zu machen, wenn die nicht mehr benötigten Barbaren rechtzeitig liquidiert und jeweils durch Römer ersetzt wurden. Das geschah etwa nach der Beseitigung Stilichos (408), die, für die Regierung wahrscheinlich unerwartet, zu einem Machtvakuum führte und damit den Westgotenkönig Alarich nach Italien lockte: Am 24. August 410 fiel ihm das entnervte und ausgehungerte Rom in die Hand, das er mit großer Beute und der kaiserlichen Schwester Galla Placidia als Geisel verließ. Die Bewohner Roms und Italiens konnten von Glück sagen, daß die Westgoten Italien überhaupt wieder freigaben, um zunächst in Südgallien ein formell noch vom Kaiser abhängiges Staatswesen zu errichten (Tolosanisches Reich).

Die politischen und geistigen Auswirkungen dieser Einnahme Roms waren ungeheuer und gingen durchaus über die nüchterne Tatsache hinaus, daß die Hauptstadt eben einmal für kurze Zeit vom Feind besetzt und geplündert worden war. Flüchtlinge verbreiteten die Nachricht von den Greueln dieser Eroberung über das ganze Reichsgebiet hinweg, und überall wurde jetzt von Christen und Heiden, von Apologeten einer ewigen Herrschaft Roms und von Gegnern leidenschaftlich über die Folgen dieses Ereignisses diskutiert. Am meisten zeigten sich die vornehmen Heiden betroffen, die in der Demütigung Roms eine von den alten Göttern zu Recht verhängte Strafe sahen. Hierüber reflektieren christliche Autoren wie Hieronymus, Augustin (354–430) und Orosius, letztere mit einer engagierten Verteidigung ihrer neuen, christlichen Geschichtsauffassung. Unter dem Eindruck der auch ihnen nahegehenden Niederlage versuchen sie einerseits, den damit parallel laufenden Niedergang zu verschleiern und zu bagatellisieren, während sie andererseits Roms Rolle in der Weltgeschichte verkleinern: Das Römische Reich, das damals in der öffentlichen Meinung als das letzte der vier Weltreiche galt, wird in Augustins Argumentation zugunsten des Gottesstaates (der Civitas Dei) zurückgesetzt und fast schon aus seiner Rolle als letzter Weltmacht herausgelöst. Damit war der Weg für eine neue Geschichtsbetrachtung frei, die vor allem metaphysisch vorging und die Geschichte der Menschheit als göttliche Lenkung ansah. Natürlich kreuzten sich dabei verschiedene Linien, und eine weitere Einengung des historischen Blickfeldes war nicht unbedingt zu befürchten. Denn Augustin wie der etwas jüngere Orosius, der den «Gottesstaat», das monumentale geschichtstheologische Werk seines Meisters, mit einer «Geschichte gegen die Heiden» (Historia adversum paganos) ergänzte, erweiterten stufenweise den historischen Stoff, indem sie die Barbaren entsprechend der Matth. 28, 19f. gegebenen Prophezeihung als aktive Mitgestalter eines innerweltlichen Geschichtsprozesses «anerkannten». Diese Linie wurde von bedeutenden Literaten der folgenden Zeit – so Salvian, Prosper Tiro, Cassiodor, Jordanes und Isidor von Sevilla – weitergeführt, wobei es natürlich ständig zu Spannungen zwischen der metaphysisch-chiliastischen Grundkonzeption des christlichen Geschichtsgerüstes und der chronologischen und chronistischen Darstellung des wirklichen Geschehensablaufes kam. Die Rolle Roms, das für Augustin und Orosius zwar zurücktrat – das ergab sich gleichzeitig aus der Frontstellung gegen die in einem fanatischen Rom-Patriotismus schwelgenden Heiden –, aber doch noch anerkannt wurde, ist im Verlauf dieser Wissenschaftsentwicklung immer belangloser geworden. Klangen zuweilen, auch bei Augustin, noch Töne an, die dem offiziell gern und oft verkündeten Programm einer «Erneuerung des Reiches» (Renovatio imperii) nahekamen, so verflüchtigten sich solche Stimmen bald immer mehr. Und wo später von Rom die Rede war, da meinte man oft gar nicht mehr den Kaiser oder das Reich, sondern das Papsttum, das weithin römische Elemente aufgenommen hatte und bald sogar römisches Machtdenken in großem Umfang für sich in Anspruch nahm (päpstlicher Primat; Kirchenstaat). Für den Beginn des fünften Jahrhunderts boten die Werke Augustins und seiner Anhänger allerdings zahlreiche Positionen, die nochmals zu einer Stabilisierung des Reiches beitrugen. Denn die Barbaren wurden keineswegs glorifiziert, sondern ebenso kritisch betrachtet wie die Repräsentanten Roms. Und gleich anderen Kirchenvätern empfahl auch Augustin die militärische und ökonomische Verwendung der Barbaren im Sinne der bisherigen «römischen Friedensordnung» – Widerspiegelung eines stark konservativ geprägten Denkens, das auch die Soziallehre dieses Mannes bestimmte, der uns durch seine umfangreiche literarische Hinterlassenschaft besser bekannt ist als jeder andere antike Autor (wichtige Werke: Neben zahlreichen Briefen, Predigten und dem «Gottesstaat» stehen die «Bekenntnisse», ferner zahlreiche ethische, exegetische, dogmatische und polemische Schriften, in denen Heidentum und Häresien scharf bekämpft wurden).

Augustin ist gleichsam – trotz eines völlig eigenständigen und auf den kirchlichen Raum eingeengten Standpunktes, dessen einzelne Positionen in der heutigen Forschung noch lebhaft umstritten sind – der letzte bedeutende ideologische Repräsentant des Römertums und muß bis zur Vandaleninvasion von 429 sogar als der Vorkämpfer römischen Wesens gegen Barbaren und

Konstruktion von Bohlenwegen aus nordwestdeutschen Mooren

Häretiker in Nordafrika gelten. In seiner Einstellung und in ähnlichen Stellungnahmen seiner Anhänger spiegelt sich auch sehr deutlich der bescheidene Aufschwung, den der westliche Reichsteil bald nach 410 wieder gefunden hat. Man stabilisierte die sozialökonomische Basis – weithin auf den Schultern der Kolonen und der Patroziniumspflichtigen – und baute auch die bürokratischen und militärischen Defensivpositionen weiter aus. Für die wenig befähigten Kaiser (Honorius, Valentinian III.; Galla Placidia), die in dem kleinen, aber als uneinnehmbar geltenden Ravenna residierten, regierten in Wirklichkeit die höheren Hofchargen und die Militärbefehlshaber. Männer wie Flavius Constantius und später Aetius versuchten, den Zustrom weiterer Barbaren in das Reichsgebiet zu verhindern und die bereits ansässigen Föderaten (Westgoten, Vandalen, Sueben) zu überwachen und von Fall zu Fall zur Verteidigung der Grenzen heranzuziehen. Verwaltungs- und Steuerreformen, die sich vor allem in dem 438 publizierten, auch für das Westreich geltenden «Codex Theodosianus» spiegeln, zeigen mit ihren jeweiligen Novellen, wie sehr man jetzt darum ringen mußte, das zusammenschrumpfende Territorium des Reiches noch nach innen wie außen abzuschirmen. Auch die sogenannte Notitia Dignitatum, eine etwa zwischen 400 und 425 erfolgte Zusammenstellung aller militärischen und zivilen Ämter, deutet auf solche intensiven Maßnahmen hin.

Dieses Staatshandbuch ist übrigens unter den verschiedensten Gesichtspunkten aufschlußreich. Es gibt uns, stärker noch als die Gesetze dieser Zeit, Einblick auch in die kleinsten Details der spätrömischen, bereits mit «byzantinischen» Zügen versehenen Bürokratie und verdeutlicht in seiner Weise die hierarchische Gliederung des Staates und der Gesellschaft. Hier und da könnte man von einer kastenartigen Erstarrung des Systems sprechen, das beispielsweise den unteren Beamten kaum Aufstiegsmöglichkeiten gab, während es für die einfachen Soldaten besser sorgte. Auch Beamte mit Hochschulbildung waren normalerweise froh, wenn sie sich den angesehenen, hochdotierten Posten eines Kanzleivorstandes oder eines Provinzgouverneurs im Laufe von Jahrzehnten ersitzen konnten. Die militärische Karriere bot wegen der stärkeren Gefährdung größere Möglichkeiten. Auch die Notitia weist im Zusammenhang mit anderen Quellen nach, daß einfache Barbaren, zumindest aber Anführer von barbarischen Hilfstruppen oder von Räuberbanden oft in erstaunlich kurzer Zeit den Rang eines Stabsoffiziers (Praefectus, Praepositus) oder gar eines Generals (Dux, Comes, Magister Militum) erlangen konnten. Besonders interessant ist die Tatsache, daß die Notitia, wie sie uns vorliegt, heterogene Bestandteile aufweist: So ist an manchen Stellen und für manche Grenzgebiete das Verteidigungssystem vom Ende des vierten Jahrhunderts skizziert, während streckenweise Verhältnisse des fünften Jahrhunderts nachgezeichnet werden.

Kulturgeschichtliches Interesse kann auch der reiche Bildschmuck dieses Handbuches beanspruchen. Den betreffenden Kapiteln werden Beamteninsignien, Festungsvignetten, Schildzeichen der Truppenteile und ähnliche Abbildungen vorangestellt, die sogar Ansätze einer Landschaftsschilderung enthalten. Durch Verbindung von Bild und Wort kommt es mitunter zu einer plastischen kartographischen Darstellung.

Die genannten Kodifikationen und die darin sich vielfältig spiegelnden Maßnahmen der Kaiser zeigen zur Genüge, daß man nicht daran dachte, den Barbaren das Feld zu räumen oder auch nur dauernd die militärische und politische Initiative zu überlassen. Weit über 410 hinaus, ja mindestens bis zum Erlöschen der valentinianischen Dynastie (455) wahrte auch das Westreich seine Herrschaftsansprüche. Freilich wurden sie herabgesetzt und in dem Maße weniger spürbar, in dem die Föderatenstaaten sich de facto verselbständigten. 442 war mit der Anerkennung des souveränen Vandalenstaates durch Ravenna ein Stadium erreicht, das nach einem freiwilligen Machtverzicht des Westreiches über die Kerngebiete Nordafrikas aussah. Da auch das Westgotenreich de facto bereits souverän war und Ravenna, von Italien abgesehen, nur noch über wenige Gebiete in Spanien, Gallien und im Alpenraum direkt verfügte, kann man von jetzt ab eine Art Koexistenz zwischen dem Westreich und den neuen Völkerwanderungsstaaten feststellen. Dabei wechselten natürlich die Schwerpunkte ständig, und in den vierziger Jahren sah es so aus, als würden West- und Ostrom durch eine mögliche Koalition zwischen dem Hunnenreich, dem vandalischen Staat und anderen neu entstandenen Staaten erdrückt. Sogar Byzanz hatte dem sich in Pannonien etablierenden Machtgebilde Attilas Tribute zu zahlen. Persönliche Bindungen zwischen den Herrschenden und dynastische Bestrebungen ermöglichten es jedoch dem weströmischen Heermeister Aetius, 451 ein starkes Bündnis gegen den nach Gallien vorstoßenden Hunnenkönig Attila zusammenzubringen. In der Schlacht auf den Katalaunischen Feldern wurde der Hunnenkönig zum Rückzug gezwungen, und bald nach seinem Tod (453) zerfiel das machtvolle Staatsgebilde schnell. Unterworfene Stämme und Völkerschaften wie die Ostgoten, Gepiden und Alanen befreiten sich von der hunnischen Despotie und wandten sich in der Folgezeit wieder gegen weströmische und oströmische Gebietsteile.

Für die Entwicklung der folgenden Phase (die man bis mindestens 500 ansetzen muß) sind vor allem zwei Tatsachen hervorzuheben: Die endgültige Ablösung der weströmischen Herrschaft durch die Germanen (Odoaker setzt den Kaiser Romulus Augustulus 476 ab und übernimmt die Macht in Italien) und die langsame Stabilisierung des Oströmisch-Byzantinischen Reiches.

Für die zunächst befremdende Tatsache, daß Byzanz sich während des Unterganges des weströmischen «Partnerstaates» – so kann man trotz des damaligen Postulates eines einheitlichen Imperium Romanum Christianum formulieren – neu festigte, sind verschiedene Gründe geltend zu machen. Es fällt zunächst auf, daß die Barbarenvorstöße, vor allem nach dem Zerfall des Hunnenreiches, sich mehr und mehr nach dem Westen wanden – teils wie von selbst, teils auch von dem ruhebedürftigen Byzanz so gelenkt –, so daß nur noch periphere Gebiete des Byzantinischen Reiches, wie der südliche Balkanraum oder die orientalischen Grenzzonen, von wandernden Völkern in Mitleidenschaft gezogen wurden. Es gelang den byzantinischen Regierungen auch, die im Zentrum Kleinasiens siedelnden Barbaren, so die Isaurier, dem Staatsinteresse unterzuordnen. Die Hauptursache für das Überleben des Oströmisch-Byzantinischen Reiches wird man allerdings in bestimmten sozialökonomischen Gegebenheiten sehen müssen. Im byzantinischen Gebiet hatte sich die alte Dorfgemeinschaft besser halten können als im Westen des Reiches, hier siedelten aber auch mehr freie Kolonen, die intensiv und gleichbleibend an einer hohen Produktivität interessiert waren. Für die Stabilität scheint die Tatsache wesentlich, daß es im Osten weniger exemten Großgrundbesitz gab als im Westen, wo die Massierung von Latifundien (so in Nordafrika und Gallien) die staatliche Verwaltung und das Steuerwesen weithin lahmlegte und auf eine immer stärkere Beschneidung der Rechte und der Arbeitsproduktivität der Kolonen hinwirkte. Ein anderer, für die Stabilisierung des Ostreiches wichtiger Faktor ist in der großen Zahl der Städte mit entwickeltem Handwerk und intensivem Handelsverkehr zu sehen. Neben großen Produktionszentren wie Konstantinopel, Thessalonike, Smyrna, Antiochia, Damaskus und Alexandria gab es eine Vielzahl kleiner wirtschaftsintensiver Städte, in denen die üblichen Handwerke, aber oft auch Luxusgewerbe (Woll-, Seidengewebeherstellung, Metallbearbeitung: Damaszener Klingen) produzierten. Das aus Handel und Handwerk gewonnene Mehrprodukt kam nicht nur den städtischen Oberschichten, sondern auch dem Staat zugute. Hier gewinnen wir einen Ansatzpunkt zur Beantwortung der Frage, wieso Byzanz im Gegensatz zu Ravenna die Völkerwanderungsstürme an seinen Grenzen aufhalten, ja allmählich dazu übergehen konnte, neben einer repressiven Innen- auch eine aktive und aggressive Außenpolitik zu betreiben. Bereits unter Kaiser Anastasios I. (491–517), besonders aber unter Justinian I. (527–565), hatte Byzanz die durch die Völkerwanderung entstandene Krise weitestgehend überwunden; es ging seinerseits jetzt zur Offensive gegen die neuentstandenen Staaten vor und erzielte dabei in freilich langwierigen Kämpfen gegen Vandalen-, Westgoten- und Ostgotenreich beachtliche Erfolge.

Die Träger der Völker-wanderung und ihre Ziele

Die Ursachen und Anlässe der Völkerwanderung sind sehr vielgestaltig, was auch im gegenwärtigen Forschungsstand deutlich wird. Die Kenntnis von der Krise und der zunehmenden Schwäche des römischen Imperiums hatte sich fast überall im Umkreis der damals bewohnten oder dichter besiedelten Erdgebiete verbreitet und zahllose abenteuerlustige Gruppen von jüngeren Kriegern (Gefolgschaften) wie auch ganze Stammesaufgebote und Völkerschaften angelockt, auf römischem Boden Gewinn und Beute oder auch dauerhafte Sitze zu erringen. Zumindest seit der Zeit der Kimbern und Teutonen hatte sich im Norden und Osten Europas die Kunde von reichen und sonnigen Gebieten im Süden, in denen man leicht und sicher leben konnte, verbreitet. In manchen Legenden und Erzählungen mögen die Annehmlichkeiten des Lebens im Gebiet des Mittelmeeres so übertrieben hervorgehoben worden sein, daß sich die Augen der Barbaren immer neidvoller auf diese fruchtbaren Regionen richteten, vor allem dann, wenn die ohnehin kargen Ernten des Nordens wegen Wetter- oder Klimaverschlechterung für eine steigende Zahl von Stammesgenossen nicht ausreichten. Auch die schlechte Bodenqualität und die mangelnde Bearbeitung des Ackers hat mancherorts zur Abwanderung geführt. Man wich vor Hungersnöten und ähnlichen Krisenerscheinungen aus und suchte sich günstigere Sitze, wobei es oft zu langen Umwegen und Wanderungen kam, in die wie durch eine Kettenreaktion verschiedene benachbarte oder entferntere Stämme mit hineingerissen wurden.

Aus mehreren Gründen ist die Betrachtung der Völkerwanderung vom Standpunkt ihrer Träger aus nicht mit den germanischen Stämmen zu beginnen, sondern mit den Alanen und den Hunnen.

Die Alanen

Die Alanen, ein Stammesverband skythisch-sarmatischer Herkunft, der zunächst in Zentralasien und Osteuropa nomadisierend lebte und ab 350 teils von den Hunnen unterworfen wurde, teils sich mit den westwärts ziehenden Vandalen und Sueben vereinigte, wird von Ammianus Marcellinus (XXXI, 2, 17–25) den römischen Lesern mit folgenden Worten ins Blickfeld gerückt: «Die Alanen, deren verschiedene Stämme aufzuzählen unnötig ist, sind über beide Erdteile verstreut. Aber wenn sie auch durch weite Räume voneinander getrennt sind und als Nomaden durch unermeßliche Gebiete ziehen, so haben sie doch allmählich *einen* Namen angenommen und heißen wegen ihrer Sitten, ihrer wilden Lebensweise und ihrer gleichen Bewaffnung sämtlich Alanen. Hütten oder Pflugschar kennen sie nicht, vielmehr leben sie von Fleisch und reichlich vorhandener Milch. Sie setzen sich auf ihre Wagen, die sie mit gewölbter Baumrinde decken, und fahren so durch grenzenlose Einöden. Wenn sie Weideplätze finden, stellen sie die Wagen kreisförmig auf und ernähren sich wie wilde Tiere. Sobald das Futter verbraucht ist, setzen sie ihre Städte auf die Wagen und ziehen weiter. Dort paaren sich die Männer mit den Frauen, und dort werden auch die Kinder geboren und erzogen. Die Wagen sind ihre ständige Wohnung, und deshalb fühlen sie sich überall, wohin sie auch kommen, wie zu Hause. Das Großvieh treiben sie ohne Absonderung von den Herden des Kleinviehs vor sich her. Be-

Zikadenfibeln aus der Völkerwanderungszeit

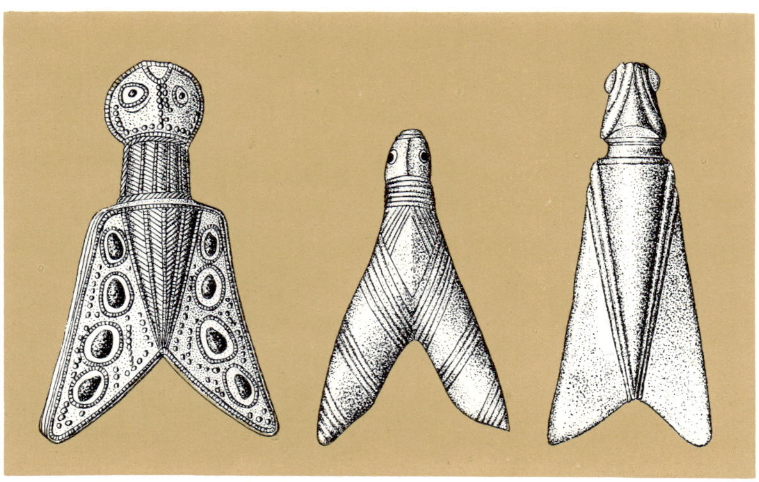

sondere Vorliebe haben sie für die Pferdezucht. Die Ebenen sind dort immer grün, und es gibt auch obstreiche Gegenden. Deshalb leiden sie nirgends Mangel an Nahrung oder Viehfutter, das der feuchte Boden und die zahlreichen Flüsse wachsen lassen. Alle, die wegen ihres Alters oder Geschlechtes nicht wehrfähig sind, bleiben bei den Wagen und verrichten leichte Arbeiten. Die Jungen werden von klein auf im Reiten geübt und halten es sogar für verächtlich, zu Fuß zu gehen. Alle sind durch vielfältige Ausbildung geschulte Krieger. (Deshalb sind die Perser, ihrer Herkunft nach auch Skythen, sehr erfahrene Krieger.) Fast alle Alanen sind schlanke und schöne Menschen mit mittelblondem Haar und recht wild blickenden Augen. Schnell sind sie im Gebrauch ihrer leichten Waffen. In allem sind sie den Hunnen sehr ähnlich, aber maßvoller in der ganzen Lebensweise. Raubend und jagend streifen sie bis an den Mäotischen See und an den Kimmerischen Bosporus (Straße von Kertsch), ebenso aber nach Armenien und Medien. Während ruhige und friedfertige Menschen sich Muße wünschen, so finden sie Freude an Krieg und Gefahr. Nur den hält man für glücklich, der sein Leben in der Schlacht aushaucht. Wer alt wird und dann durch natürlichen Tod aus der Welt scheidet, den schmähen sie als entartet und feige. Als besonders rühmlich preisen sie, einen Menschen zu töten, ihm den Kopf abzuschlagen und die Haut abzuziehen, die sie ihren Pferden als Brustschmuck umhängen. Es gibt bei ihnen keinen Tempel und kein Heiligtum; nicht einmal eine schilfgedeckte Hütte ist irgendwo zu erblicken. Nach barbarischer Sitte stoßen sie vielmehr ein entblößtes Schwert in den Boden, das sie als Kriegsgott und Beschützer ihrer Wohnsitze verehren. Auf merkwürdige Weise versuchen sie, die Zukunft zu erforschen. Sie sammeln nämlich gerade gewachsene Weidenzweige und sortieren diese unter geheimen Zauberformeln zu festgesetzter Zeit: Dann wissen sie genau, was ihnen geweissagt wird. Sklaven kennen sie nicht, da alle aus edlem Geschlecht stammen. Zu Anführern (Häuptlingen) wählen sie noch jetzt Männer, die durch lange Kriegserfahrung Ansehen genießen.»

So zeichnet Ammianus ein im ganzen zutreffendes und anschauliches Bild eines noch unter urgesellschaftlichen Verhältnissen lebenden Nomadenstammes, bei dem keine Klassenschichtung zu finden war. Die Hinweise auf die «edle Herkunft» aller und auf das Fehlen von Sklaven dürften eine egalitäre Struktur tatsächlich beweisen, die erst allmählich durch Züge einer militärischen Demokratie verändert worden ist. Natürlich haben hunnische Unterwerfung und die Wanderungsbewegung nach dem Westen die gesellschaftliche Entwicklung schnell vorangetrieben, so daß der Zweig der Alanen, der sich in Spanien mit den Vandalen verband und dann in Nordafrika an der Staatenbildung teilnahm, im Laufe weniger Jahrzehnte einen Stand erreichte, der bereits Charakteristika einer Sklavenhaltergesellschaft mit denen einer frühfeudalen Ordnung verband. Ein sehr beschleunigter Prozeß, der ohne engere Berührung und Auseinandersetzung mit den im Imperium Romanum entstandenen gesellschaftlichen Formen, mit der mediterranen Produktionsweise und Kulturentfaltung kaum denkbar gewesen wäre! Es ist diesem Teil der alanischen Geschichte bereits zu entnehmen, wie stark auch von außen wirkende Faktoren die gesellschaftliche Entwicklung vorantreiben oder hemmen können. Denn eine ganze Reihe von Völkerwanderungsstämmen, die bereits über dem Entwicklungsniveau der von Ammianus geschilderten Alanen standen, aber später oder nur sukzessive in den Sog der Völkerwanderung hineingezogen wurden, haben den Übergang zur Klassengesellschaft und zur Staatenbildung wesentlich später vollzogen: Das gilt etwa für Stämme und Völkerschaften auf deutschem Boden wie die Sachsen oder Thüringer. Daß solche Stämme in ihrem langsameren Wandlungsprozeß meist eine eigenständigere und fester gefügte Kultur schaffen konnten, steht auf einem anderen Blatt und wird uns hier und da noch zu beschäftigen haben.

Die Hunnen

Die Problematik der für den Beginn und die ersten Stadien der Völkerwanderung noch weit wichtigeren Hunnen muß uns sinnvollerweise ausführlicher beschäftigen. Es handelt sich dabei um eine lockere, nur für die antiken Schriftsteller unter gewissen äußeren Kriterien einheitliche Gruppierung von Nomadenstämmen, die gleich den Mongolen Dschingis-Khans im östlichen Zentralasien beheimatet gewesen sein dürften. In den chinesischen Quellen tauchen sie spätestens Ende des dritten Jahrhunderts v. u. Z. auf, und zwar unter der Bezeichnung Hung-no (oder Hsiungnu). Gegen sie errichtete man seit 214 v. u. Z. die Große Mauer, später gelang es chinesischen Armeen, Teile des hunnischen Gebietes zu annektieren. Der heftige Widerstand, den sie im Osten fanden, mag die Hunnen, deren Struktur lange Zeit hindurch urgesellschaftlich gewesen sein muß, jedoch auch Züge der militärischen Demokratie annahm, bald zu Vorstößen nach dem Westen veranlaßt haben. Inwieweit sie zeitweilig bereits das Nomadendasein aufgegeben und sich der chinesischen Lebensweise angeglichen haben, ist hier nicht zu erörtern. Nach der Mitte des vierten Jahrhunderts u. Z. tauchten große Gruppierungen der von nun ab endgültig als Hunnen in die Geschichte eingehenden Stämme im Gebiet des Kaspischen Meeres und am Asowschen Meer auf: Von hier aus bot sich sowohl ein südlicher Vorstoß über den Kaukasus als auch eine Offensive in westlicher Richtung an. Vorstöße wurden tatsächlich in beiden Richtungen unternommen, jedoch hat nur der allmählich (seit 370) massiver werdende Vormarsch über Südrußland ins mitteleuropäische Gebiet und in die Balkanregionen epochemachend gewirkt. Von dem Moment an, als die Hunnen am Asowschen Meer auftauchten und Teile der Alanen wie Goten unterwarfen, traten sie natürlich auch in den Gesichtskreis der spätantiken Schriftsteller, die die ihnen fremde, besonders abstoßend erscheinende Stammesgruppierung entsprechend charakterisiert haben. Aus den verschiedenen, eindringlichen Berichten über die Hunnen, die sich bei Jordanes, Zosimus, Hieronymus, Ammianus Marcellinus und anderen finden, gibt der des Ammianus die zweifellos deutlichsten Aufschlüsse. XXXI, 2 bringt folgende Schilderung: «Das aus den älteren Quellen so gut wie unbekannte Volk der Hunnen wohnt jenseits der Mäotischen Sümpfe nahe dem Eismeer und ist von unglaublicher Wildheit. Da gleich nach der Geburt mit dem Messer tiefe Furchen in die Wangen der Kinder geschnitten werden, damit der zu bestimmter Zeit einsetzende Bartwuchs durch runzlige Narben gehemmt wird, altern sie ohne Bart und müssen wie die Eunuchen auf diese Zierde verzichten. Alle besitzen sie gedrungene, starke Glieder und einen muskulösen Nacken, sind aber so entstellt und gekrümmt, daß man sie für zweibeinige Bestien oder roh behauene Figuren, wie sie sich rechts und links von Brücken finden, halten könnte. Obwohl sie Menschengestalt haben, sind sie durch ihre Lebensweise so abgehärtet, daß sie kein Feuer und keine gewürzten Speisen benötigen, sondern von den Wurzeln wilder Kräuter und dem halbrohen Fleisch beliebiger Tiere leben, das sie zwischen Schenkel und Pferderücken legen und so kurz anwärmen. Niemals halten sie sich unter einem festen Dach auf, sondern sie meiden Häuser wie Gräber, die vom Leben getrennt sind. Nicht einmal eine rohrgedeckte Hütte haben sie, sondern durchstreifen ziellos Berge und Wälder, von Jugend auf daran gewöhnt, Kälte, Hunger und Durst zu ertragen. Nur im äußersten Notfall begeben sie sich unter ein schützendes Dach, so wenig sicher fühlen sie sich darunter. Sie kleiden sich in Leinen oder Felle aus Mäusen. Es gibt keine besondere Kleidung für den Hausgebrauch und für außerhalb: Wenn sie einmal den Kopf in ein solches Hemd von schmutziger Farbe gesteckt haben, legen sie es erst ab oder wechseln es, wenn es durch langen Verschleiß in Stücke zerfällt. Den Kopf bedecken sie mit einer runden Kappe, die haarigen Beine mit Ziegenfellen. Ihre Schuhe sind nicht auf Leisten gearbeitet und hindern sie daran, frei auszuschreiten. So eignen sie sich in keiner Weise für Fußkämpfe; aber auf ihren abgehärteten, häßlichen Pferden sitzen sie wie angegossen und reiten auf ihnen manchmal im Frauensitz, wenn sie ihre natürlichen Bedürfnisse erledigen. Vom Pferd aus kauft und verkauft jeder in diesem Volk, hier nimmt er Speise und Trank zu sich und gibt sich auch, auf den schmalen Hals des Tieres gebeugt, einem tiefen, von bunten Träumen bewegten Schlaf hin. In dieser Haltung beraten sie auch gemeinsam über öffentliche Angelegenheiten. Sie lassen sich nicht durch strenge Könige leiten, sondern begnügen sich mit improvisierter Führung durch Häuptlinge und überwinden so jedes Hindernis. Manchmal fordern sie den Gegner zum Kampf heraus und kämpfen in keilförmiger

Typ des Przewalski-Pferdes

Schlachtordnung, wobei sie ein durchdringendes Geschrei erheben. Da sie leicht bewaffnet sind und schnell unvorhergesehene Bewegungen ausführen können, schwärmen sie manchmal fächerförmig aus und greifen an, ohne eine bestimmte Aufstellung einzuhalten. Ein furchtbares Blutbad anrichtend, galoppieren sie hin und her, und wegen ihres großen Tempos sieht man kaum, wenn sie in eine Befestigung eindringen oder ein feindliches Lager plündern. Man möchte sie die furchtbarsten aller Krieger nennen, weil sie aus der Ferne mit Wurfgeschossen kämpfen, die statt der üblichen Metallspitzen scharfe, kunstvoll angebrachte Knochen tragen ... im Nahkampf aber ohne Rücksicht auf sich selbst fechten. Und während sie gefährlichen Schwerthieben ausweichen, fangen sie ihre Feinde mit geflochtenen Lassos, umschnüren die Glieder der Widerstand Leistenden und hindern sie am Reiten oder Laufen. Niemand pflügt bei ihnen oder berührt jemals einen Pflug. Denn sie kennen keine festen Wohnsitze, sondern schweifen ohne Haus, Gesetz und feste Lebensweise umher, gleichsam mit ihren Wohnwagen auf der Flucht. Hier nähen ihre Frauen die schmutzigen Kleidungsstücke, hier schlafen sie auch bei ihren Männern, bringen ihre Kinder zur Welt und ziehen die Knaben bis zur beginnenden Reife auf. Keiner kann auf die Frage, woher er stamme, antworten, da er an einem Ort gezeugt, an einem anderen geboren und an einem dritten, noch entfernteren aufgezogen worden ist. – Bei Verträgen treulos, drehen sie sich nach dem Wind, sind leicht erregbar und geben jeder leidenschaftlichen Aufwallung nach. Gleich Tieren, die nicht vernunftbegabt sind, kennen sie weder Ehre noch Ehrlosigkeit, sind zweideutig und haben weder vor einer Religion noch auch nur vor einem Aberglauben Ehrfurcht. Doch brennen sie vor maßloser Begierde nach Gold. Sie sind so wankelmütig und erregbar, daß sie sich oft an ein und demselben Tage ohne Ursache von ihren Bundesgenossen trennen und sich ebenso schnell wieder versöhnen, ohne daß jemand sie besänftigt.»

Die vielseitige völkerkundliche Schilderung der Hunnen, die Ammianus seiner Geschichte der ersten Jahre der Völkerwanderung eingliederte, gibt in vielfacher Hinsicht zu denken. Der bekannte Historiker fußte – ebenso wie bei seiner Alanen-Charakteristik – auf zeitgenössischen Quellen, die teils gut, teils etwas unzuverlässig waren. Es lag ja nahe, daß Soldaten und Beamte, die irgendwie mit den Hunnen in Berührung gekommen waren oder von ihnen gar Niederlagen hatten hinnehmen müssen, die zügellose Wildheit und Unüberwindbarkeit dieser im römischen Gesichtskreis neu auftauchenden Feinde entsprechend übertrieben. Ammianus selbst aber schmückte, dem Zeitgeschmack vor allem stadtrömischer Leserkreise entgegenkommend, dieses «Barbarenbild» noch zusätzlich aus, wobei ihm die Schilderungen früherer Quellen zugute kamen. Teilweise knüpfte die Darstellung an die erste klassische Schilderung der Skythen und Sarmaten bei Herodot (4. Buch) an, was bereits dadurch berechtigt schien, daß es sich in jedem Fall um Stammesgruppierungen handelte, die die eigene Kulturwelt vom Nordosten her bedrohten. So ordnet sich das Bild der bei Ammianus und anderen spätantiken Historikern geschilderten Hunnen in eine allgemeinere Barbarentypologie ein, die viele gemeinsame Züge aufweist. Das Primitive, Barbarisch-Wilde, vom Aspekt der antiken Bildung aus auch das Unverständliche, weil naturhaft Unverbildete, haben all diese Stämme eigentlich gemeinsam. Die Besonderheiten bestehen im Fall der Hunnen – und sie sind historisch meist authentisch – in folgendem: Die Lebensweise, vor allem Tracht (Männer auch mit Beinkleidern!), Ernährung, Bewaffnung (vor allem mit dem gefürchteten hohen Kompositbogen), Jagd und Kriegführung sind auch für urtümliche Stammesverhältnisse extrem, sie entsprechen den Möglichkeiten eines Reiternomadentums, das sich tatsächlich den Bedingungen des dauernden Umherstreifens und der fortwährenden Auseinandersetzung mit den verschiedensten ansässigen Bevölkerungen angepaßt hat. Ammianus und auch andere Quellen schildern die Alanen und andere Reiternomadenstämme typischerweise mit mehr Verständnis und mit mehr Einfühlungsvermögen als die Hunnen, was durch die seit etwa 375 im großen geschaffene Lage bedingt ist. Sofern man, durch die permanente Krisensituation bedingt, nicht den ideologischen Gegner – normalerweise aufständische Sklaven und Kolonen oder letzte Vertreter des Heidentums – verunglimpft, häuft man alle Schuld an dem gegenwärtigen Ungemach, an der Vernichtung materieller und ideeller Werte auf die sogenannten Barbaren und hier in erster Linie auf die Hunnen. Einige Verse des Hofdichters Claudius Claudianus (Ende des vierten Jahrhunderts) vermögen dies noch deutlicher zu zeigen als Ammianus, an den sie jedoch anschließen. In dem ersten Gedicht «In Rufinum» I, 323 ff. heißt es: «Fern im äußersten Osten, in Skythien, hauset ein Volksstamm, jenseits der eisigen Tanais; es lebte niemals im Norden ein berüchtigterer; grausig sind seine Gebräuche, gräßlich sein Anblick. An Arbeit hat er sich nie gewöhnt. Beute wird seine Nahrung. Er kennt weder Saat noch Ernte. Grausam Wangen und Stirn zu verwunden und Eide zu leisten bei den ermordeten Eltern, gilt ihnen rühmlich und schön. Nicht sind die wolkengebornen Kentauren den Pferdeleibern enger vermählt als sie. An Schnelligkeit unübertroffen, jagen sie einher, jäh aus dem Hinterhalt.»

Der schwerwiegendste Fehlansatz der antiken Beurteilung der Barbaren im allgemeinen und der Hunnen im speziellen bestand natürlich darin, daß man diese Gruppierungen als entwicklungsunfähig ansah. Der öfters gezogene Vergleich mit Tieren, der für den religionsgeschichtlichen Bereich eine spezielle Bedeutung hat, zeigt besonders drastisch, in welch folgenschwerer Weise man sich über die Gefahren, die von solchen «Barbaren» drohten, selbst zu täuschen versuchte: Man schob äußerliche Charakteristika, wie die Wildheit, die Schnelligkeit im Kampf, bestenfalls auch noch die Treulosigkeit, in den Vordergrund der Betrachtung und verkannte darüber die Fähigkeiten, die solche Stämme in der gesellschaftlichen, politischen und kulturellen Entwicklung meist sehr schnell zeigten. So haben Teile der Hunnen das Vollnomadenstadium bald überwunden. Unter alanischem und germanischem Einfluß festigten sich die sicher schon aus der Zeit der Berührung mit dem chinesischen Reich bekannten sozialen Unterschiede, und sehr bald finden wir bei den Hunnen zahlreiche «adlige Familien», Häuptlinge mit großen Gefolgschaften und Viehherden und – beim

Übergang zu einer frühen Staatenbildung mit manchen feudalen Zügen – sogar Könige. Besondere Eigenarten – wie ein Doppelkönigtum zweier Brüder – schälten sich heraus (Bleda und Attila), und die gesellschaftliche Entwicklung beschleunigte sich in dem Maße, wie von außen römische Einflüsse und mehr von innen – über die teilweise unterworfenen germanischen und iranischen Stämme – andere differenzierende Faktoren bemerkbar wurden. Viele der kleineren hunnischen Horden, die das pannonische Reich Attilas mitbegründen halfen, mögen sich nur langsam über die Stufe des Nomadenlebens mit seiner festen Verbindung zum Tier, vor allem zum Pferd – vielfältig in der Ornamentik, dem sogenannten Tierstil widergespiegelt – hinaus entwickelt haben. Andere durchliefen den Prozeß schneller, da sie vor allem Offiziere, Verwaltungsbeamte oder Gesandte stellten, die die unterworfenen Stämme zu kontrollieren und Verhandlungen mit den Römern zu führen hatten. Dabei dürften sich gewisse Züge einer Kriegerkaste weiterentwickelt haben, sowohl im hunnischen Gebiet selbst als auch beim Übergang in römischen Dienst: Hunnische Häuptlinge und Buccellarier sind in Westrom wie in Byzanz immer wieder zu finden, ja sie stellen dort neben den Goten zunächst das Hauptkontingent der Söldner, die das stark angeschlagene Imperium auf diese oder jene Weise noch stützen sollten. Die Entwicklung des Hunnentums in unterschiedlicher Richtung ist das Ergebnis eines bis Mitte des fünften Jahrhunderts sehr schnellen, sich quasi ständig beschleunigenden Prozesses, in den übrigens andere türkisch-mongolische Stämme, aber auch Germanen, wie die Gepiden, Ostgoten und Burgunder, mit hineingezogen wurden.

Im Zentrum des entstehenden pannonischen Hunnenreiches stellt sich diese Entwicklung in den Grundzügen folgendermaßen dar. Die gesellschaftliche Basis des früheren Hunnentums, die Sippen- und Stammesgliederung, tritt allmählich zurück. Sie wird durch Aufnahme Fremdstämmiger, aber auch durch den starken Zustrom von Sklaven zumindest sehr verändert. Unter Attila jedenfalls, dessen am ehesten einer Barakkenstadt vergleichbare Residenz an der Theiß errichtet wurde, lagert sich neben und über die alte Struktur eine neue Schicht, die man, durch den byzantinischen Historiker Priskos als logádes charakterisiert, als eine Art Beamtenadel auffassen kann. Diese teils hunnischen, teils fremdstämmigen Dienstleute des Königs – denen übrigens in den anderen Völkerwanderungsstaaten entsprechende Gruppierungen nahekommen – hatten

Pferdepanzer aus Doura-Europos

alle maßgebenden Funktionen auszuüben, die in dem schnell entstehenden, großräumigen, zeitweise sich zwischen Ostsee und unterer Donau dehnenden Reich versehen werden mußten. Sie waren Heerführer und Offiziere, Steuereintreiber, Gesandte und Mitglieder der königlichen Kanzlei. Mit Recht hat man in diesem Zusammenhang (F. Altheim) auf die Bedeutung verwiesen, die Schreiberstand und sich bildende Bürokratie in dem an sich so kurzlebigen Hunnenreich gehabt haben. Die schriftlosen Hunnen – man erinnere sich der Bemerkungen Ammians – hatten die Schreibkunst wohl zunächst von ihren iranischen Nachbarn übernommen. Für die offiziellen Bedürfnisse, daneben vielleicht auch für literarische und wirtschaftliche Zwecke, stieg der Bedarf an schreibkundigen und möglichst mehrsprachigen Kräften sprunghaft an. Priskus berichtet, daß hunnische Schreiber dem König aus ihren Aufzeichnungen in einheimischer Schrift vorlasen; daneben gab es aber Kanzlisten, die Gotisch, Latein und wohl auch Griechisch beherrschen mußten. Denn Attila stand mit den Regierungen fast aller erreichbaren Staaten und Stämme in Verbindung und mußte darum besorgt sein, einen reibungslosen Schriftverkehr und eine nicht abreißende Informationskette herzustellen, die Voraussetzung für alle politischen und diplomatischen Schachzüge war, mit deren Hilfe er eine gewichtige Rolle im «Konzert» der damaligen Großmächte spielte. Natürlich ermöglichte das schriftliche Verfahren auch erst eine reibungslose Herrschaft über die Hunnen sowie die zahlreichen verbündeten und unterworfenen Stämme. Mit Hilfe dieser Bürokratie sowie der ständig verbesserten militärischen Organisation – die Bogenschützentaktik veränderte sich stark, und Teile der Berittenen wurden als Panzerreiterei ausgerüstet – gelang es Attila, seinen neuen Staat nach innen und außen zu festigen. Eine möglichst allseitige Kontrolle übte er selbst mit Hilfe seiner Verwandten aus, denen auch Sekundogenituren gegeben worden sind. Im übrigen war das System der logádes wesentlich, da diese Gefolgsleute im Gegensatz zu Lehnsleuten eines weiterentwickelten Feudalismus vom König unbedingt abhängig blieben. Wenn sie auch selbst über Hörige und Sklaven sowie ausgedehnte Grundherrschaften verfügten, waren sie doch ständig auf weitere Zuwendungen angewiesen. Sie mußten also dem König «gewärtig» bleiben, der seinerseits – durch Auspressung der Grenzgebiete sowie beider römischer Staaten, die ihm in wenig verschleierter Form Tribute zahlten – den Teilhabern an seiner Herrschaft laufend Gold und Beute zukommen ließ. Das parasitäre Vorgehen Attilas führte natürlich zu einer weiteren starken Aussaugung der römischen Wirtschaftskraft. Andererseits hemmte es die wirtschaftliche Entwicklung in den von den Hunnen selbst beherrschten Gebieten. Gewiß gingen die meisten der eindringenden Nomaden, allmählich an Seßhaftigkeit gewöhnt, zu intensiver Viehwirtschaft oder gar zum Ackerbau über. Die häufigen Kriege mit ihren umfangreichen militärischen Verpflichtungen für die männlichen Untertanen Attilas haben diesen Prozeß jedoch wieder verzögert, und der baldige Zerfall des Reiches führte zumindest Teile der Hunnen und der sich befreienden Stämme wieder zum Nomadentum oder Halbnomadentum zurück.

Es deutete sich schon an, daß die Behauptung der spätantiken Quellen, die Hunnen seien kultur- und religionslos gewesen, aus der Luft gegriffen war. Freilich berichteten diese Historiker im guten Glauben. Und man muß betonen, daß sie in einem Punkte annähernd recht hatten: Die hunnische Kultur und Religion gründete – von den im Dämmer verschwimmenden Anfängen an, die sich in der Auseinandersetzung mit China abzeichnen – weitgehend auf Fremdem, auf der Übernahme, Assimilation und Weitervermittlung von Errungenschaften aus aller Welt. Natürlich hat es völlig eigenständige Elemente gegeben, die herauszuschälen heute Anliegen der Turkologie und benachbarter Wissenschaften, nicht zuletzt der Archäologie und der vergleichenden Religionswissenschaft, ist. Stabreimende Sprüche und Ursprungssagen der Hunnen, die bis in die schriftlose Epoche zurückweisen, sind sicher urtümlich, meist wohl gemeinsames Erbe vieler Turkstämme. Der nomadische Stil hat zumindest eine lange Tradition. Die spätantiken Literaten kennen so gut wie kein ethisches und religiöses Fundament der Hunnen: Wiederum ist gerade das in seiner freilich fremden, der antiken Humanität sehr widersprechenden Weise leicht zu erkennen. In erster Linie ist es als der eigentümliche, stark magisch bestimmte Glaube asiatischer Jäger- und Reitervölker zu fassen,

31 Sattelknopf in Pferdekopfform (Jankovich-Sammlung, Ungarisches Nationalmuseum Budapest). Das Stück entstammt dem 7. Jahrhundert und ist im «zweiten germanischen Tierstil» gestaltet. Interessant sind die Almandin- oder Karneoleinlagen, die Auge und Ohr markieren.

32 Goldkelch aus dem awarischen «Fürstenfund» von Bócsa (Ungarisches Nationalmuseum Budapest). Das prachtvolle Gefäß stammt aus einem Fundensemble, dem außerdem ein Goldgürtel, ein goldbeschlagener Köcher, ein Schwert, ein Trinkhorn und 25 Pfeilspitzen angehörten, woraus sich Rückschlüsse auf die Lebensweise und Kulturstufe des Besitzers ergeben.

33 Bronzekessel von Törtel (Ungarisches Nationalmuseum Budapest). Der Rand ist durch halbkreisförmige, pseudofibelartige und hängende Verzierungen bestimmt. Solche, bis zum Rhein verbreitete Kessel standen in naher Beziehung zur hunnischen Wanderung.

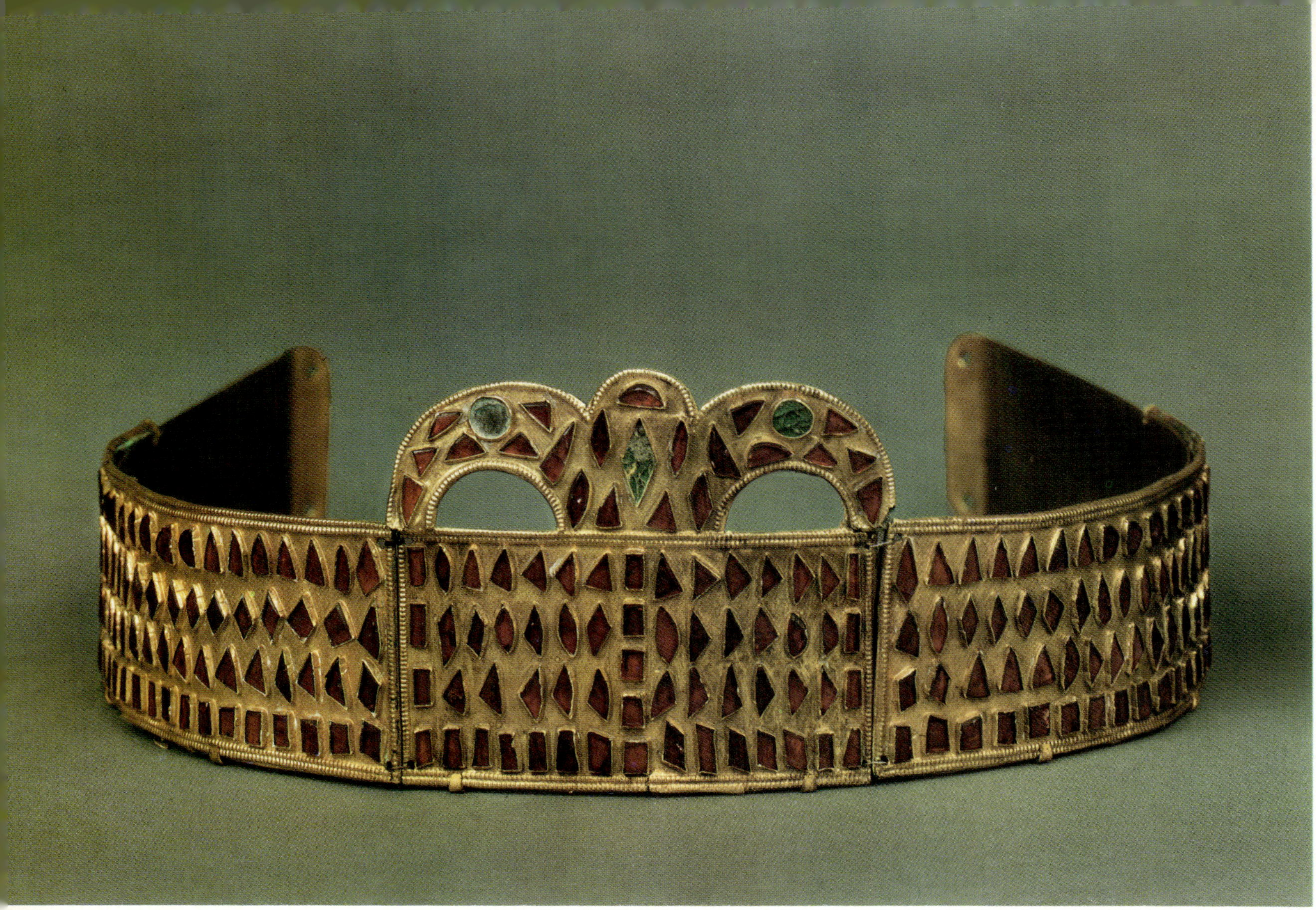

34 Krone (Diadem) von Kertsch (Römisch-Germanisches Museum in Köln). Das prachtvolle Stück gehört der Kultur der Krimgoten an. Der auf beiden Seiten bogenförmig ausladende Aufsatz über dem Mittelteil der Krone soll offenbar zwei Adlerköpfe darstellen, deren Augen durch grünlich schillernde Einlagen markiert sind.

35 Schwert (Spatha) mit Scheidenfragment (Badisches Landesmuseum Karlsruhe). Die 56,9 cm lange Waffe stammt aus einem Grabfund von Altlussheim/Mannheim und ist auf die Mitte des 5. Jahrhunderts zu datieren. Griff und Scheidenfragment zeigen kunstvolle Arbeit (Goldblech und Goldzellenwerk mit Almandineinlage). Die Schnalle mit Almandinzellenwerk aus dem 5./6. Jahrhundert ist unbekannter Herkunft und befindet sich heute im Römisch-Germanischen Zentralmuseum in Mainz.

36/37 Thorsberg-Fund: Bronzene Zierscheibe mit vergoldetem Silberblech (Museum Schleswig). Dem seit Mitte des 19. Jahrhunderts bearbeiteten Thorsberg-Fund, der Gegenstände von etwa 100 v. u. Z. bis 400 u. Z. umfaßt, gehört auch die Zierscheibe an, die hier gezeigt wird. Die sitzende Männergestalt stellt vielleicht den Gott Ziu (Tyr) dar, der sich auf eine Lanze stützt. Die Arbeit eines römischen Meisters aus dem Kölner Gebiet wurde offenbar in einer germanischen Werkstatt durch roh aufgenietete Tierfiguren ergänzt.

38 Thorsberg-Fund: Bronzene Zierscheibe mit vergoldetem Silberblech (Fragm.) (Museum Schleswig). Die der unteren ähnelnde und aus dem gleichen Kulturkreis stammende Platte hat ihre Besonderheit in dem nach germanischem Geschmack stilisierten Tierfries.

der am besten noch als Schamanismus bezeichnet wird. Die schamanistischen Ekstatiker zeigen aber auch totemistische Züge. Durchgängig ist eine enge Beziehung zum Tier, und zwar sowohl zum Jagdtier (Bär, Elch, Hirsch, verschiedene Vögel) als auch zum Reittier (Pferd) festzustellen. Die Grenze zwischen Mensch und Tier ist in dieser Vorstellungswelt verwischt oder verschoben. Der Schamane vermag es, sich durch langes Training und Anwendung bestimmter psycho-physischer Techniken wie Rauschmittel und Tanz in einen ekstatischen Zustand zu versetzen, in dem er seine Wesenheit verliert, mit Geistern in Verbindung tritt oder sich mit diesen sogar identifiziert. Hauptsächlich bezieht sich diese Identifikation auf Tiere, die als tierisch-göttliche Ahnen angesehen wurden. Noch Dschingis-Khan galt ein grauer Wolf als Urahn, seiner Gattin eine weiße Hirschkuh. Solch Glauben verflacht und veräußerlicht sich oft, und es ist schwer zu sagen, ob goldene Wolfsköpfe, die bestimmte hunnische Gruppierungen chinesischen Berichten zufolge an der Spitze ihrer Fahnen hatten, noch ein Credo bedeuteten oder ob hier nur noch von einem Symbol oder gar von einem Etikett gesprochen werden kann. Natürlich ist es auch unter dem Gesichtspunkt der handwerklichen Produktion wichtig, daß man den Tierstil, vor allem auf Waffen und Geräten, weithin anwandte. Fremde Schmiede und sonstige Metallhandwerker, vor allem Chinesen, Iranier und Germanen, haben den Hunnen dabei zur Seite gestanden, die als Anreger und Auftraggeber für diese weitverbreitete Darstellung von Tieren jedoch nicht zu übersehen sind. Die Tiersymbolik auf Waffen, Fibeln, Gürtelschließen, Filzapplikationen oder Wollstickereien zeigt meist starke Bewegtheit, vor allem, wenn kämpfende oder verfolgte Tiere friesartig, gelegentlich in ganzen Gruppen, dargestellt werden. Sehr kunstvoll sind die zumeist späteren, also germanischen oder awarischen Tierdarstellungen auf Kesseln und Trinkgefäßen, die auf denselben Ursprung zurückgehen.

Noch die Zeit Attilas bezeugt, daß der schamanistische Tierglaube keineswegs ganz abgestorben war. Gewiß werden die Hunnen inzwischen mit zahlreichen fremden Religionen und Glaubensvorstellungen in Berührung gekommen sein; Stammesgenossen, die sich den Römern anschlossen – was der König übrigens mit drakonischen Strafen und mit politischem Druck zu hintertreiben suchte –, wurden Christen, andere mögen sich iranischen Religionen wie dem damals noch jugendlichen Manichäismus angeschlossen haben. Daß der kluge Politiker und Diplomat Attila den älteren Vorstellungen verhaftet blieb, mag erstaunlich klingen, kann aber weitgehend belegt werden. Er ließ bei seinen Stammesgenossen hervorheben, daß eine Kuh zur Wiederauffindung eines göttlichen Schwertes geführt habe, durch dessen Besitznahme er sich zum Herrn der Welt berufen fühlte. Vor der Schlacht auf den Katalaunischen Feldern befahl Attila, die Orakel zu befragen, und zwar auf eine noch bis in die Neuzeit bei manchen Mongolen verbreitete Art: Die hunnischen Priester deuteten die Zukunft aus den Eingeweiden der Opfertiere sowie aus dem Geäder der vom Fleisch gelösten Knochen. Vor allem aus den Kaldaunen wurden Besonderheiten herausgelesen. Im konkreten Fall prophezeiten sie Attila den feindlichen Sieg, gleichzeitig aber den Tod des gegnerischen Feldherrn, worauf er die Auseinandersetzung begann. Auch bei seinem letzten Zug gegen Italien hat Attila sich offenbar von einem Tierorakel beeinflussen lassen. Unter seinen Feldherren war es strittig, ob man die Stadt Aquileia unter Hinnahme starker Verluste belagern sollte. Bei einem Erkundungsritt beobachtete der König, wie Störche, die auf den Dächern Aquileias nisteten, ihre Jungen landeinwärts in Sicherheit brachten. Er teilte seinem Heer die Beobachtung als Prophezeiung des bevorstehenden Unterganges der belagerten Stadt mit und bemächtigte sich bald darauf auch der Festung. Vorausgesetzt, daß bei Attila viel politisches Kalkül und bestimmt auch demagogische Überzeugungskraft im Spiel waren, so konnte er sicherlich nur überzeugen, weil er sich seiner Sendung bewußt war, die in so eigentümlicher Weise an alte Opfergewohnheiten und Praktiken der Tierbeobachtung anknüpfte. Zumindest war die damalige Vorstellungswelt der Hunnen noch weitgehend theriomorph, und man war insofern nur konsequent, wenn man das Tier eben als Leittier ansah, das den richtigen Weg fand oder dem Menschen die Zukunft wies. So spiegelt sich im scheinbar primitiven Vorgehen der Hunnen eine urtümliche Tradition von Jäger- und Nomadenhorden, die vom Tier lebten und es daher in den Mittelpunkt ihrer gesamten

39 Bügelfibel aus dem Grab der Alamannenfürstin von Wittislingen (Bayerisches Nationalmuseum München). Unter den Bügelfibeln der Merowingerzeit stellt dieses Stück aus der ersten Hälfte des 7. Jahrhunderts etwas Besonderes dar. Das vergoldete Silber mit Zelleinlagen, Niello und Filigranverzierung weist Flechtbänder und Tierornamentik im germanisch-pontischen Tierstil auf. Die Rückseite zeigt neben der Inschrift «UFFILA VIVAT IN DEO FELIX ...» (Uffila möge in Gott selig leben) die Gravur des Goldschmiedes Wigerig.

Existenz gestellt hatten, andererseits aber auch eine konsequent weiterentwickelte Kulturstufe, auf der man die Beherrschung des Tieres mit der Herrschaft über eine möglichst große Anzahl unterworfener Menschen zu verbinden suchte.

Die Spannweite dessen, was wir hier als «das Hunnische» fassen, ist, so gesehen, erstaunlich und führt fast auf die Frage hin, ob nicht für die Zeit Attilas von einer neuen Weltreichsbildung mit einem auch kulturell bedeutenden Niveau gesprochen werden muß. Die Frage ist jedoch nicht eindeutig zu bejahen, zumal kulturell allzu vieles nur übernommenes Gut war, während der politische Höhepunkt wiederum allzu kurzfristig und labil gewesen ist. Das Hunnenreich war ungleich lockerer gefügt als das Imperium Romanum, das sich ja am ehesten zum Vergleich anbietet, und trotz seiner Bürokratie und seiner lehnsrechtlichen Ansätze noch viel offenkundiger auf Gewalt und parasitäre Aneignung fremden Sozialproduktes angelegt als die römische Herrschaft. Und – um mit diesem Bild die Betrachtung über die Hunnen abzuschließen – die riesige, teils aus großen Holzpalästen, teils aus Zelten oder Wagen bestehende Lagerstadt, von der aus Attila sein Reich regierte, war schlechterdings kein Zentrum für eine stabile Staatengründung, wie sie denn auch archäologisch keine nennenswerten Spuren hinterlassen hat.

Die germanischen Stämme

Hauptträger der Völkerwanderung sind – wenn wir von der überwiegend den Vorderen Orient und Nordafrika betreffenden arabischen Invasion absehen – die germanischen Stämme gewesen, denen freilich auch frühslawische Gruppierungen folgten. So wird der Blick zunächst auf das frühe Germanentum und auf die größere Gruppierung der Indogermanen gelenkt. Herkunft und Urheimat der Indogermanen sind lebhaft umstritten. Neben den Schnurkeramikern Mitteldeutschlands sind vielleicht auch die Gruppierungen der Bandkeramiker des Donauraumes als frühe Indogermanen zu bezeichnen. Kriterien der vergleichenden Sprachwissenschaft, daneben auch der Archäologie verweisen auf eine frühzeitige Trennung der Indogermanen. Die sprachliche wie archäologische Abgrenzung der Germanen von den benachbarten Kelten, Illyriern und auch Venetern ist schwierig, ja beim heutigen Forschungsstand oft unmöglich. Die erste germanische Lautverschiebung aus dem ersten Jahrhundert v. u. Z. zeigt beispielsweise, daß die Trennung vom Keltischen gerade erst erfolgt ist und daß man zahlreiche Lehnworte aus dem Keltischen benötigt (Helm von Negau). Auch der Name Germanen ist wahrscheinlich, wie schon Tacitus in seiner «Germania» bezeugt, keltisch oder doch durch keltischen Einfluß von einem Einzelstamm auf die Gesamtheit übertragen worden. Allerdings bereitet die keltische wie die germanische

Markomannisches Rundhaus

Interpretation des Namens selbst als «Die Grimmigen», «Die Schreier», «Die Dinggenossen» (nordgem. Thing –) oder «Die Hervorragenden» Schwierigkeiten, so daß auch an die Herkunft des Namens aus dem Venetischen oder Illyrischen gedacht werden muß. Aus ältester gemeinsamer Vergangenheit weist das Germanische enge Beziehungen zu allen verwandten indogermanischen Sprachbereichen, vor allem innerhalb der Kentumgruppe, auf; im einzelnen ist das hier nicht genauer zu verfolgen, da wir das Hauptaugenmerk auf die kulturellen Wechselwirkungen in der Zeit der Völkerwanderung selbst lenken müssen.

Als «Urheimat» der Germanen (Prägermanen) sind nach Abwägung der archäologischen und sprachgeschichtlichen Kriterien in erster Linie Südskandinavien und Jütland anzusehen, obwohl Teile Norddeutschlands im Prozeß der Entwicklung der germanischen Stämme auch eine Rolle gespielt haben.

Ein viele Jahrhunderte umfassender Prozeß der Ethnogenese mündete bei den meisten Stämmen in die Stufe der militärischen Demokratie ein, die bis zur Periode der Völkerwanderung beibehalten wurde. Die Ausprägung ist unterschiedlich gewesen, denn die nach Osten wandernden Stämme (meist sogenannte Ostgermanen) führten bereits ein an bestimmte Geschlechter gebundenes Königtum ein, während sich bei den westlichen Stämmen lediglich ein Kriegeradel aus der breiten Schicht der Gemeinfreien heraushob. Allerdings ließ schon Tacitus in seiner «Germania» erkennen, daß dieser Adel sich durch Berührung mit den Römern und durch «dynastische» Familienbeziehungen schnell weiter differenzierte. Besonderes Kennzeichen des höheren Kriegeradels war die Gefolgschaft, eine auch bei den Kelten verbreitete Institution, in der Jüngere, durch einen Eid gebunden, im Dienst eines bewährten Anführers kriegerische Qualitäten erwarben. Die oft untergliederten Gefolgschaften zählten in der beginnenden Völkerwanderungszeit oft Hunderte von Menschen und erhöhten natürlich Macht und Ansehen des Gefolgsherren, der in vielen Fällen gleichzeitig Führer eines Stammesaufgebotes (dux) war oder bei der Herausbildung größerer Stämme sogar König (rex) wurde. Die Gefolgschaft lebte schließlich in dem bereits genannten Buccellariertum weiter.

Die gesellschaftliche Pyramide umfaßte jetzt auch eine allmählich breiter werdende Schicht von Unfreien und Freigelassenen, die – dem Charakter der Entwicklungsstufe gemäß – in einer bestimmten Form der patriarchalischen Sklaverei lebten. Sie mögen zunächst von den patriarchalischen Sippen abhängig gewesen sein, die sich jetzt indessen immer mehr in Einzelfamilien auflösten. Und die kleineren Familienverbände gewannen dann ökonomische Selbständigkeit, ihnen fielen je nach Rang und Bedeutung des Familienvaters Land und Vieh zu. Trotz der patriarchalischen Gesellschaftsstruktur spielte auch die Frau eine wichtige Rolle. Normalerweise herrschte Monogamie. Obwohl in Gentiladel und Priesterschaft nur Männer tonangebend waren, schätzte man doch den Rat von Frauen, vor allem von sogenannten Seherinnen, hoch ein.

Zum persönlichen Besitz im Hause gehörten also auch Sklaven oder Freigelassene, die in vielen Fällen jedoch auf eigenen Hofstätten saßen und lediglich einen Teil ihres Mehrproduktes abzuliefern hatten. Vom Stimmrecht in der Volksversammlung blieben die Unfreien natürlich ausgeschlossen.

Je mehr die Macht des Gentiladels oder gewisser Gruppierungen innerhalb dieses Adels zunahm, desto unwichtiger wurde aber auch die Volksversammlung (das Thing). Die Wahl des Stammesoberhauptes, die Entscheidung über Krieg und Frieden und ähnliche wichtige Kompetenzen gingen mehr und mehr in die Verfügungsgewalt des Gentiladels über, der auch in stärkerem Maße an den Produktionsmitteln und an den Konsumgütern Anteil hatte als die Masse der Gemeinfreien. Nicht zuletzt unter dem Einfluß der durch ihren Kriegsdienst seit dem Beginn der Völkerwanderung wichtiger werdenden Gefolgsleute, die als Dienstadel jede produktive Arbeit geringschätzten, verschärften sich die Widersprüche in den einzelnen germanischen Gesellschaften. Zwischen dem Sklaven und dem wohlhabenden Pflugbauern, der über Vieh verfügte und neben Getreide auch Gemüse anbaute, klaffte ein weiter Abstand; erst recht bestanden aber große Unterschiede zwischen den Anführern mächtiger Gefolgschaften und den kleineren Bauern, Händlern oder freien Handwerkern, die oft nur noch im Schutz der Mächtigeren eine gewisse soziale und ökonomische Sicherheit fanden. Die Wanderungen selbst haben diese Unterschiede eher zugespitzt als eingeebnet, da auch die parasitäre Aneignung römischen Besitzes überwiegend dem Adel und seinen Gefolgschaften zugute kam.

Je mehr sich Techniken der Metallverarbeitung – oft unter römischem Einfluß – durchsetzten, desto intensiver wurden Landbau und Handwerk betrieben. Die Verwendung der Egge, der eisernen Pflugschar und die Düngung, meist mit Mergel, machten Getreide- und Gemüseanbau (Erbsen, Bohnen, Möhren, Rüben, Hanf, Flachs) ertragreicher. Von Süden und Südosten her wurden auch der Weinanbau und die Pflege neuer Obstsorten (Kirsche, Pflaume, Pfirsich), vor allem im Rhein-Donau-Gebiet, heimisch. An den lateinischen Lehnwörtern im Germanischen bzw. Deutschen läßt sich die Verbreitung bestimmter Pflanzen und Tiere, ebenso aber vieler Techniken, Berufsbezeichnungen und Namen oft bis ins Detail ablesen, zuweilen auch der Zeitpunkt ihrer Übernahme. Schon seit den ersten Berührungen mit Rom und dem römischen «Aufmarsch» an der Rhein-Donau-Linie tauchten Wörter wie kaupo «Kaufmann», kaiser «Caesar», kapillon «Haarschneiden», militon «als Soldat dienen» und viele andere auf. Da die angestammte Holzbauweise mit der geflochtenen und mit Putz beworfenen Wand weithin durch die Steinbautechnik ersetzt wurde, übernahm man natürlich auch entsprechende Lehnwörter wie Ziegel, Mauer, Kalk, Mörtel, Estrich, Pflaster, Keller, Speicher, Kammer, Fenster, Pforte. Sogar die römische Küche mit dem bereits erreichten Niveau spiegelt sich in Worten wie Koch, Kessel, Schüssel, Pfanne, Becher, Bottich, Bütte, Flasche oder Kelch, der zugehörige Gartenbau in Kohl, Rettich, Kürbis, Zwiebel, Kümmel, Fenchel, Baldrian, Enzian, Kamille usw. Dasselbe gilt für Winzer, Kelter, Presse, Spund, Trichter und Kufe. Der römische oder römisch beeinflußte Handel ist in Bezeichnungen wie Kiste, Sack, Zins, Zoll, Münze, Pfund, Esel, Saum oder Maultier zu finden. Hiermit kann man wieder den Wortbereich verbinden, der sich mit dem zunächst militärischen Zwecken, dann aber auch dem wirtschaftlichen Austausch dienenden Verkehrsnetz befaßt (Straße, Pfosten, Pfahl, Wall usw.). Es wäre jedoch falsch, die germanische Kultur – ebenso die Kulturen der Kelten, Illyrier und Slawen – in zu großer Abhängigkeit von der römisch-antiken zu sehen. Die meisten Errungenschaften dieser Gruppierungen im Bereich der materiellen Kultur sind eigenständig oder durch Austausch innerhalb der gleichen Kulturstufe zustande gekommen. Man übernahm vom Süden im allgemeinen nur die verbesserten Techniken und verfeinerten Rohstoffe und hob damit die eigene, schon beachtliche Produktionsweise.

So haben – um nur zwei Beispiele zu bringen – die Vorfahren der Germanen in der Textilherstellung und in der Metallverarbeitung oft schon im Laufe der Bronzezeit ein sehr beachtliches Niveau erlangt. Ursprüngliche Kleidung aus Pelzen oder Leder tritt immer mehr zurück; man trägt Untergewänder aus Leinen und stellt auf Webstühlen die Wollgewebe zur Anfertigung der Mäntel, Kittel, Leibröcke und Wollmützen her. Mit der Benutzung des Pferdes als Reittier wird auch die offensichtlich von östlichen Reitervölkern übernommene Hose (ahd. hosa oder bruch, engl. hose und breeches) gebräuchlich. In der Frauenkleidung tauchen neben Stoffrock oder Schnurrock Leibchen und Haarnetz auf. Weben, Walken und Schneidern greifen ineinander über; sicherlich ist das meiste in Heimarbeit hergestellt worden, genauso wie die Holzarbeiten und teilweise auch die Keramik.

Die Tätigkeit der Gießer und Schmiede erforderte in erster Linie den Fachmann. Die frühzeitig spezialisierten, an viele und verschiedene Instrumente und Rohstoffe gebundenen Techniken konnten bald nur noch von besonders ausgebildeten Handwerkern geleistet werden, die in der Gesellschaft hohes Ansehen genossen. Noch in der Völkerwanderungszeit waren Schmiede beim Gentiladel häufig Streitobjekt, was sich auch in der Heldensage spiegelt: So ist der sagenhafte Meisterschmied Wieland in der «Edda» zwar ein göttlicher Alb (nach anderer Überlieferung stammt er wenigstens von einem Riesen ab), aber gleichzeitig doch Gefangener des Königs Nithuthr. Um ihn an der Flucht zu hindern, läßt der König den Schmied lähmen. Doch Wielands Rache ist fürchterlich: Er schneidet den beiden Königssöhnen die Köpfe ab und fertigt aus ihren Gebeinen Geräte an. Dann vergewaltigt er die Königstochter und entflieht durch die Luft, nachdem er dem nun machtlosen König von seiner Rache berichtet hat. Die – freilich späte – Gestaltung der «Edda» geht in vielen Einzelzügen auf frühere Ereignisse und Entwicklungen zurück. So lassen sich auch leicht frühe «Parallelen» zum Wieland der «Edda» bringen. Eugippius berichtet in seiner um 511 entstandenen «Vita Severini» von wandernden Goldschmieden, die von einer rugischen Königin im österreichischen Donaugebiet als Zwangsarbeiter festgehalten wurden (Vita Sev. 8). Sie nahmen den jungen Königssohn Friedrich als Geisel und erkämpften auf diese Weise ihre Freilassung: Möglicherweise wurde hier ein Motiv für die spätere Ausgestaltung der Wielandsage geboren.

Seit dem Aufkommen der eisernen Pflugschar benötigte auch der kleine Bauer den Schmied, der Werkzeuge wie Sicheln, Arbeitsbeile, Hämmer, Meißel und Sägen herzustellen vermochte. Natürlich stand die Waffenproduktion für die Metallhandwerker im Vordergrund. Der Bedarf an gegossenen Bronzeschwertern, Dolchen oder Tüllenbeilen war groß, zumal ein gewisser Export in Rechnung gestellt werden muß. Die Bewaffnung beruhte anfangs in erster Linie auf der Streitaxt, die aus neolithischen Steinbeilen weiterentwickelt worden war. Später traten Speere und Schwerter (Griffzungenschwerter, Griffangelschwerter) in mannigfachen Formen, meist bereits kunstvoll verziert, an die Stelle der Streitäxte. Helme sind zunächst selten gewesen, während der Schild (bronzene Rundschilde) als Verteidigungswaffe sehr verbreitet war. Konnte der Schmied wertvolle Prunkwaffen herstellen, so war er natürlich auch bereits imstande, spezielle Kleinkunst aus Bronze und dann aus Edelmetallen zu arbeiten. Fibeln, Halsringe und Gürtelzierscheiben zeugen von der ständigen Weiterentwicklung der Technik und des Kunstverständnisses. Meist zeigt die Kleinkunst geometrische Ornamentik, später wird sie vom Osten her durch den sogenannten Tierstil beeinflußt.

Die geistige Kultur der Germanen ist in ihrer Gesamtstruktur wie in ihren einzelnen Bereichen (Dichtung, Religion) besonders stark umstritten. Das beginnt mit der Frage der Entstehung der Runenschrift, die früher auf 100 v.u.Z. angesetzt wurde. Die ältesten nachweisbaren Runeninschriften gehören jedoch erst dem dritten Jahrhundert u.Z. an und stehen mit einem norditalischen Alphabet in Verbindung. Das erste uns bekannte Runenalphabet, das sogenannte ältere Futhark, enthält wie das lateinische Alphabet 24 Zeichen, wurde jedoch nur für Geheimschrift zum Zwecke der Zaubermagie verwendet. Das seit etwa 800 gebräuchliche, nur aus 16 Zeichen bestehende nordische Runenalphabet wurde auch für profane Aufzeichnungen benutzt. Natürlich gilt für den gesamten Komplex der ger-

Germanische Webtechniken

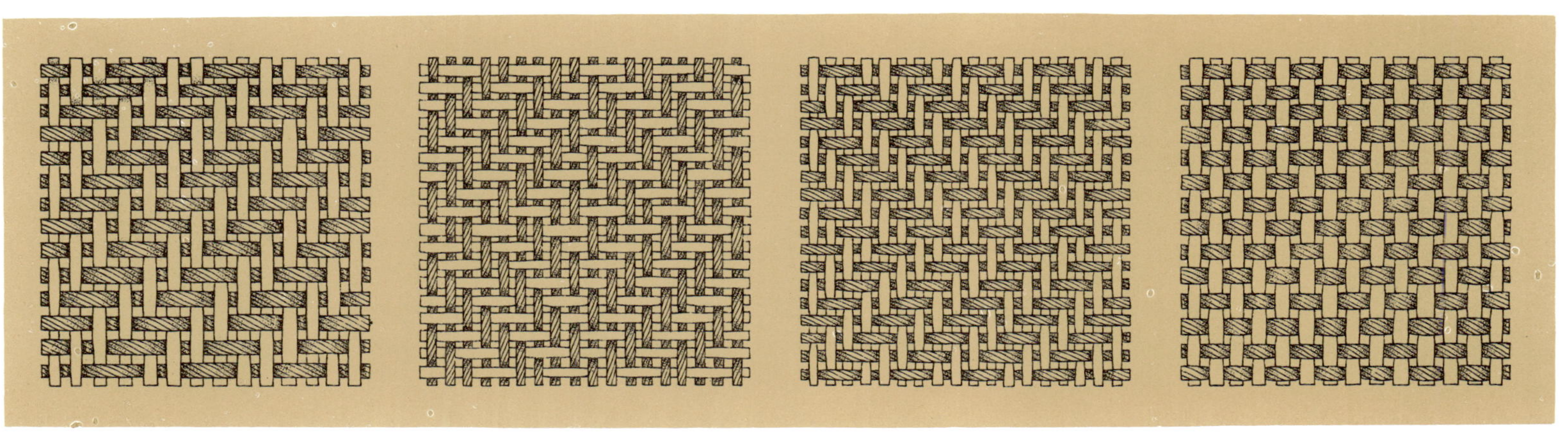

manischen Ideologie und Religion, die wir hier nach Möglichkeit etwas eingrenzen und auf einen Zeitraum bis maximal 500 u. Z. einengen, Ähnliches wie für entsprechende Erscheinungen bei den Hunnen: Die Abhängigkeit von den Entwicklungen der benachbarten Stammesgruppierungen (Kelten, Illyrier) ist groß, und sehr häufig gibt es keine eindeutige Abgrenzung.

So dürften starke Relikte des Totemismus und des Schamanismus, die wir bei den bronze- und eisenzeitlichen Germanen finden, aus der gemeinsamen Vergangenheit der indogermanischen Völker überkommen sein. Die Herleitung einzelner Geschlechter oder ganzer Stämme von heiligen Tieren (Hirsch, Eber, Wolf) erinnert außerdem an eine weite eurasische Gemeinsamkeit, ebenso wie ätiologische Legenden, die bestimmte Menschengruppen von Bäumen oder Wassergeistern abstammen lassen. Mit der urtümlichen Tierverehrung mag bereits der Ahnenkult in Zusammenhang stehen, der sowohl mit der Leichenverbrennung wie mit der Ganzbestattung verbunden sein kann. Zur Totenverehrung gehören auch die in reicheren Bestattungen oft üppigen Grabbeigaben, die vor allem in den sogenannten Fürstengräbern zu finden sind. Hier bieten sich Parallelen zu anderen Kulturbereichen, etwa zu den osteuropäisch-skythischen Kurganen oder sogar zu den mykenischen Kuppelgräbern, an.

Allmählich entwickelte sich ein germanisches «Pantheon», dessen Grundbestand Stammesschutzgötter gewesen sein dürften. Sie wurden selten in Tempeln, meist in heiligen Hainen verehrt, in denen man zu festgesetzten Zeiten zu den Kulthandlungen zusammenkam, die oft noch Menschenopfer umfaßten (besonders Kriegsgefangene; Könige, die ohne Erfolg waren, ihr Charisma, das «Königsheil», verloren hatten). Hier standen die Priester, oft Angehörige des Gentiladels, die aber meist ihre eigenen Ziele verfolgten, im Mittelpunkt. Sie allein vollzogen die Opfer, ließen Strafen über Verbrecher verhängen und suchten durch Orakel (Losorakel, Eingeweideschau) die Zukunft zu erforschen. Selbstverständlich zeigen sich in den Menschenopfern, ähnlich wie in manchen Gepflogenheiten der von Ammianus Marcellinus geschilderten Alanen oder auch der Hunnen, Relikte eines urtümlichen Kannibalismus, der weithin unkenntlich, weil auf eine höhere Stufe gehoben war. Der ursprüngliche Sinn ist aber insofern noch zu erschließen, als man, nun auf indirektem Weg, Nutzen aus diesen blutigen Opfern zieht, indem man die Götter dadurch stärkt und seinerseits Hilfe von diesen weithin bereits anthropomorph gedachten Göttern erwartet. Das römische «do, ut des» ist für diese Stufe des germanischen Polytheismus durchaus noch gültig.

In diesem Götterhimmel schieben sich übrigens – ein Abbild der gesellschaftlichen Entwicklung – einige Gestalten in den Vordergrund, die einen absoluten Vorrang beanspruchen. Wodan (nordgermanisch Odin) ist eine Personifikation der Naturkräfte, vor allem des Sturmes, erscheint aber mit dem Vordringen eines Jenseitsglaubens auch als Führer der Seelen und Gott der Toten. Bei den Nordgermanen herrscht Odin in Walhall, und dorthin werden die Seelen der in der Schlacht gefallenen Krieger von Walküren, den «Totenwählerinnen», geleitet. «Gar leicht zu erkennen ist für die, die zu Odin kommen, das Haus an seinem Äußeren. Mit Schäften ist das Haus gedeckt, mit Schilden der Saal bedeckt, mit Brünnen die Bänke bestreut, und ein Wolf hängt westlich von der Tür, über der ein Adler seine Schwingen herabhängen läßt», so heißt es in der «Edda» von Walhall, dem Himmel dieser kriegerischen Gesellschaft: Hier ist alles ausgerichtet auf den Tatenruhm der Toten, die so ihre Vollendung oder Erlösung gefunden haben. Gerade Wodan hatte aber noch andere Funktionen inne. Er galt als Zauberer und Kenner der Runen, als Heilgott, als Fürst der Asen und Lenker von Himmel und Erde. Hiermit ist schon ein Schritt auf den Monotheismus hin vollzogen, der den germanischen Stämmen vom vierten Jahrhundert ab den Übertritt zum Christentum, und zwar in der arianischen, Gottvater besonders in den Vordergrund stellenden Form, erleichtert haben dürfte. Gleich anderen germanischen Hochgöttern (Donar = Thor, Freyr, Freya) zeigt Wodan aber auch sehr menschliche Züge, vor allem Hinterlist und Unberechenbarkeit. Daß er später zum «Wilden Jäger» absank, hängt wohl auch mit seiner ursprünglichen Funktion als Sturmgott zusammen. – Bei den unteren Bevölkerungsschichten waren Wodan und die anderen Hochgötter zweifellos nicht sehr populär, wie eine entsprechend geringe Funddichte zeigt. Die Ärmeren

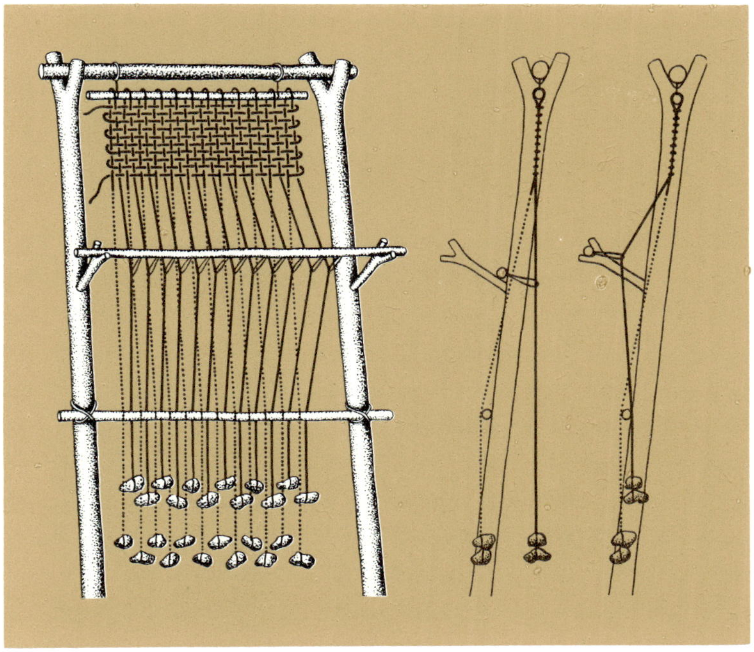

Schematische Darstellung eines senkrechten Webstuhles und seiner Arbeitsweise

wandten sich überwiegend der Verehrung von Vegetations- und Fruchtbarkeitsgottheiten zu, mit denen Haus und Hof, Feld, Wald, Quellen und Berge bevölkert wurden. Die örtliche Vielfalt war außerordentlich groß; meist wurden weibliche Gottheiten, wie die dem Fruchtbarkeitskult zugehörigen Matronen des Rheinlandes, bevorzugt, von denen manche bis heute Volkstum und Dichtung bereichert haben (Frau Holle).

Krise und Untergang der germanischen Religion spiegelt sich in den Mythen um den sterbenden und wiederauferstehenden Fruchtbarkeitsgott Baldr, den Sohn Odins, und vor allem in der Weltuntergangsapokalyptik, wie sie die «Völuspa», ein Teil der «Edda», wiedergibt. Hierin treffen sich Vorstellungen der Krieger mit solchen der breiten Massen, die die ständigen Kriegszüge ablehnten, und das Ganze ist natürlich auch schon von der christlichen Kritik an dieser unzulänglichen und allzumenschlichen Götterwelt durchtränkt. Typisch ist hierfür, daß in der «Götterdämmerung» (Ragnarök) der «Edda» die unterliegenden Götter auch ihre Feinde mit in die Vernichtung hineinziehen. So wird Raum für eine lichtvollere Zukunft der übermenschlichen Mächte selbst.

Die Goten

Wendet man sich dieser Stammesgruppierung zu, so erhebt sich zunächst auch hier die Frage nach der Heimat und den Ursprüngen der für wichtige Phasen der Völkerwanderung ausschlaggebenden Goten. Lassen wir zunächst Jordanes, einen lateinisch schreibenden Historiker des sechsten Jahrhunderts, der selbst aus vornehmer gotischer Familie stammt, zu uns sprechen. In dessen Geschichte der Goten (Geten), die auf einem verlorenen Werk des Senators Cassiodor beruht, heißt es (1 ff.): «Im Norden, in den Salzfluten des Ozeans, liegt Skandinavien, eine große Insel. Sie hat die Form eines Zitronenblattes mit eingedrückten Seiten, langgestreckt und in sich geschlossen ... Pomponius Mela berichtet, daß sie im Kattegatt liegt, in den sich der Ozean ergießt. Ihre Vorderseite liegt der Weichsel gegenüber, die auf den Bergen Sarmatiens entspringt, im Angesicht Skandinaviens in drei Mündungen in den Ozean fließt und Germanien und Skythien trennt. Im Osten hat diese Insel einen riesigen Binnensee, dem der Vagus wie einem Bauch entströmt und seine wasserreichen Fluten in den Ozean wälzt. Im Westen erstreckt sich ein unermeßliches Meer, das die Insel auch im Norden – hier aber unschiffbar – umspült. Von da zweigt ein Arm ab, der, weit ausbuchtend, die Germanische See bildet. Hier gibt es auch viele kleine Inseln. Gefriert im Winter infolge der grimmigen Kälte das Meer, so kommen auf diese Inseln Wölfe, die hier ihr Augenlicht verlieren. So ist dieses Land nicht nur für Menschen ungastlich, sondern selbst für wilde Tiere schrecklich.

Auf Skandinavien, von dem wir sprechen, hausen viele verschiedene Völkerschaften, doch gibt Ptolemäus nur die Namen von sieben an ... In den nördlichen Gegenden wohnt ein Volk Adogit, bei dem es mitten im Sommer vierzig Tage und Nächte ohne Unterbrechung taghell sein soll; dafür ist es im Winter ebensoviele Tage und Nächte ohne Sonnenschein.

Andere Völker sind dort die Skrerefennen, die nicht von Getreide, sondern von Wildbret und Vogeleiern leben; es gibt nämlich davon in den Sümpfen so viel, daß die Vögel sich genügend vermehren, wenn sich auch ganze Stämme von ihnen sättigen. Dann leben dort die Svear (der Name weist auf die Schweden, H.-J. D.), die wie die Thüringer ausgezeichnete Pferde züchten. Von ihnen kommen auch, allerdings erst durch den Zwischenhandel mit ungezählten anderen Stämmen, die Sappherinfelle nach Rom, die durch ihr schönes, tiefes Schwarz besonders berühmt sind. So ärmlich sonst die Leute jener Gegenden leben, so kostbar sind sie doch gekleidet. An das Gebiet der Svear stößt das einer Menge verschiedener Völkerschaften, nämlich der Theusten, Wagothen, Bergionen, Hallinen, Liothiden, die alle in fruchtbaren Ebenen ansässig und deshalb den Einfällen anderer Stämme ausgesetzt sind. Auf diese Stämme folgen die Ahelmilen, die Finnaithen, die Ferviren, die Gauthen (die Goten), wilde und kriegslustige Menschen. Sie alle wohnen in ausgehauenen Felsenhöhlen wie in Burgen nach der Art wilder Tiere ... Nach alten Berichten sind von dieser Insel Skandinavien wie aus einer Werkstatt oder noch besser wie aus einem Mutterschoße der Völker einst die Goten unter ihrem König Berig ausgewandert. Sie gaben dem Land, das sie nach Verlassen ihrer Schiffe betreten hatten, den Namen; denn es wird heute noch Gotiskandza genannt (gemeint ist das Gebiet zwischen Oder- und Weichselmündung, H.-J. D.). Von da drangen sie zu den Sitzen der Ulmerugen vor, die damals an den Küsten des Ozeans wohnten, schlugen ihre Lager auf, bekämpften und vertrieben diese aus ihrer Heimat. Auch deren Nachbarn, die Vandalen, besiegten und unterwarfen sie. Als ihre Volkszahl immer mehr wuchs und ungefähr der fünfte König nach Berig, Filimer, Sohn des Cadarig, herrschte, beschlossen die Goten, mit allen Kriegern und den gesamten Familien auszuwandern. Auf der Suche nach geeigneten Wohnsitzen kamen sie in das Land der Skythen, das sie Oium nannten. Der Teil der Goten, der mit Filimer über den Strom kam und nach Oium gelangte, konnte sich des ersehnten Landes bemächtigen. Bald stießen sie auf das Volk der Spaler, kämpften mit ihm, besiegten es und konnten nun als Sieger bis an die äußersten Grenzen von Skythien, die an das Schwarze Meer angrenzen, vordringen. In ihren Gesängen halten die Goten das alles fast mit historischer Treue fest.»

Der letzte Satz sagt uns vieles zum Verständnis dieses teilweise an Ammianus und an andere antike Historiker und «Völkerkundler» erinnernden Textes. Über seine Mittelsmänner geht Jordanes, ein Gote, der völlig romanisiert und bereits byzantinischen Einflüssen ausgesetzt war, auf ältestes gotisches Traditionsgut zurück und spiegelt so mindestens bis zu einem gewissen Grade das Selbstverständnis früherer Goten und der Volksreste seiner Zeit wider. Daß er viel von dem ihm Überlieferten verwechselt oder zumindest im Gefolge Cassiodors verändert hat, steht außer Frage. So ist ein Teil des völkerkundlichen Materials, sogar der Völkernamen seines Kataloges, falsch oder ungenau, auch das geographische Gerüst ist wenig zuverlässig – indes entsprach es der damaligen Vorstellungswelt, die keineswegs über die klassische Geographie (Strabo, Ptolemäus) hinausgelangt war. Genaue, auf Vermessungen und landeskundlichen Untersuchungen beruhende Kenntnisse gab es erst für den Mittelmeerraum selbst, der allerdings den namhaftesten Schriftstellern der Zeit teilweise auch nur lückenhaft bekannt war, wie sich noch der enzyklopädischen Arbeit des Isidor von Sevilla entnehmen läßt.

Die Goten, die, wie ebenfalls Jordanes berichtet, zusammen mit den Gepiden aus Südskandinavien (auch die Insel Gotland ist mit in Betracht zu ziehen) auf selbstgebauten Schiffen ins Weichselgebiet kamen, besaßen damals – etwa zu Beginn unserer Zeitrechnung – ein höheres gesellschaftliches und kulturelles Niveau, als die Schriftsteller bezeugen. Neolithische Fundstücke sind zumindest selten, aufs Ganze gesehen herrschen Waffen und Kunstgegenstände aus Bronze vor, die in zahlreichen Gräbern gefunden wurden. Übrigens brachten die Goten aus ihrer Heimat die Körperbestattung mit, die im Weichselgebiet die bis dahin vorherrschende Urnenbestattung abzulösen begann. Über den geistigen Hintergrund dieses neuen Verhältnisses zum Toten zu sprechen, würde in allzu viele Spekulationen hineinführen. Der praktische archäologische Nutzen der Bestattungen

liegt hauptsächlich darin, daß man an den Skelettresten manche biologischen Gegebenheiten überprüfen und auch die Verwendungsart von Schmuckstücken wie Fibeln, Gürtelschließen usw. rekonstruieren konnte. Beispielsweise sind Halsketten aus Bernstein mit Goldfiligranperlen gefunden worden, die ebenso wie bronzene Armreifen und die sogenannte Buckelhaube, eine Art Kopfputz, auf ein hohes Niveau des Kunsthandwerkes schließen lassen. Kennzeichnenderweise fehlen in den Männergräbern fast durchweg die Waffenbeigaben, lediglich die Sporen wurden ins Grab gelegt. Man muß das wohl mit dem auch bei den Goten weitverbreiteten Nerthuskult in Zusammenhang bringen, der sprachlich ebenfalls nachweisbar ist. Und die Muttergöttin Nerthus galt als durchaus friedlich; wenn ihr Kultbild auf einem von Rindern gezogenen Wagen durchs Land fuhr, herrschte überall Waffenruhe, wie schon Tacitus (Germ. 40) berichtet. Freilich wurden ihr Sklaven zum Opfer gebracht.

Dem Niveau der Metallverarbeitung, des Schiffs- und Wagenbaues dieser ersten gotischen Wanderungszeit entsprach ungefähr auch der Hausbau. Normalerweise hat man mit einem Pfostenbau aus lehmverstrichenen Flechtwänden mit Satteldach zu rechnen. Die Durchschnittsgröße betrug etwa 4 oder 5 mal 6 m, doch vergrößerten Anbauten oft die zumindest für Vorräte geeignete Nutzfläche. Natürlich enthielt jede Wohnstätte einen Herd. Pflasterung war möglich und erleichterte die Kommunikation innerhalb der Weiler oder Dörfer. Im neuen südosteuropäischen Siedlungsgebiet dürfte die gotische Wohnsiedlung unterschiedlich ausgesehen haben, da das vorhandene Baumaterial nicht ganz einheitlich war. Natürlich wird auch gegenseitige Beeinflussung der Goten und der von ihnen unterworfenen Stämme, der Bastarnen, Skiren, Alanen und frühslawischen Stämme, spürbar. Hier und da ist in Analogie zu gotländischen Bauten mit sehr beachtlichen Größenverhältnissen zu rechnen. So hat man in Gotland einen Baukomplex aus vier Teilen ausgegraben. Das größte Gebäude, Wohnhaus und Halle zugleich umfassend, war 40 m lang und 13 m breit; daran schlossen sich, entsprechend kleiner, «Küche», Vorratshaus und Schlafhaus an. Man baute hier mit Kalksteinen, verwendete jedoch oft Erdfüllung. Teilweise war bereits ein Obergeschoß vorhanden. In Südrußland ist vor allem für die Krimgoten, die sich zeitig von der Hauptmasse des Stammes abspalteten und sich in Resten bis in die Neuzeit erhalten haben, eine ständig verbesserte Wohnkultur festzustellen. Hier finden sich auch bald stadtartige Siedlungen und große Grabanlagen, sogenannte Fürstengräber. Diese gleichen oft weitgehend den früheren skythischen Kurganen, großen Hügeln, unter denen sich Schacht-, Kammer- oder Nischengräber befinden. Gerade diese großen Gräber mit ihren üppigen Beigaben lassen viele Rückschlüsse auf Bauweise und Wohnkultur zu, spiegeln sie doch, ebenso wie in anderen Kulturen, das Leben zumindest der gehobenen Bevölkerungsschicht ziemlich lückenlos wider.

Aufs Ganze gesehen, ist die materielle Hinterlassenschaft der südrussischen Periode sehr beachtlich. In der Keramik und Metallverarbeitung wurden zahlreiche Anregungen von den iranisch-eurasischen Reitervölkern, aber auch aus dem Strahlungsbereich der griechisch-römischen Kultur aufgenommen und oft schöpferisch weitergebildet. Das zeigt sich sowohl am Übergang vom geometrischen Spiralgebilde und vom Bandgeschlinge zum Flechtband wie auch an der Verwendung kostbareren Materials (Edelsteine und Halbedelsteine) und der Einführung neuer Techniken wie Filigran und Granulierung. Man könnte von einer Mischkultur sprechen, die sich besonders in den Metallprodukten Ausdruck und Profil verschafft hat. Denn neben römisch-hellenistischen Motiven und Formen, wie dem Diadem und dem mitraförmigen Helm oder den Prunkfibeln, finden sich in zunehmendem Maße Erzeugnisse des Tierstiles, die dem der östlichen Reitervölker nachgebildet sind. Das ging sicherlich stufenweise vor sich, denn die ältere germanische Kultur kannte trotz totemistischer und theriomorpher Vorstellungen kaum Tierdarstellungen in der Kunst. Jetzt verband sich die germanische Vorliebe für das Spiel verschlungener Linien mit der Nomadenkunst des Tierstils und erzeugte eine Fülle neuer Themen und Möglichkeiten. Tiere und Tierköpfe begegnen auf Gürtelschließen und -schnallen, für die die sogenannten Adlerschnallen charakteristisch sind. Auf Fibeln sind Tiermotive häufig, und die Waffen zeigen neben symbolischen Zeichen oder Runen mit magischer Bedeutung auch vielfach Tierornamente.

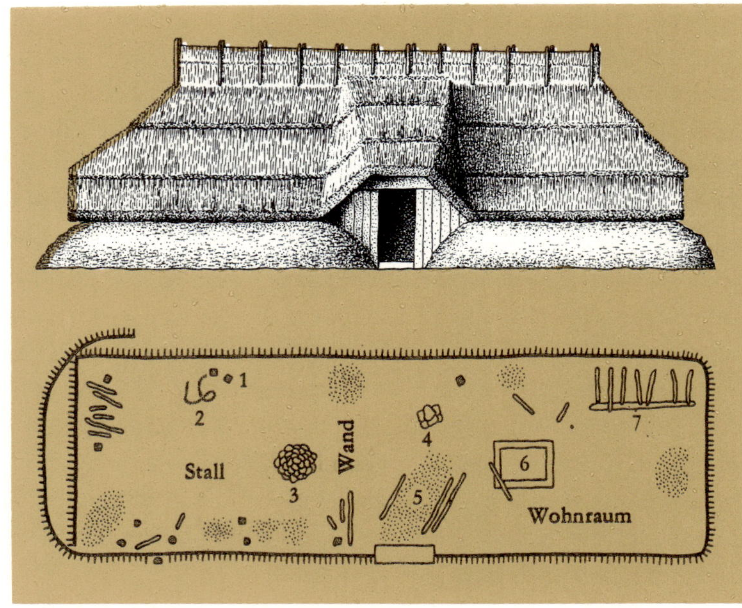

Grund- und Aufriß eines nordjütischen Erdwandhauses von Ginderup: 1 Anbindpflöcke, 2 Bindseil, 3 Herd, 4 Mahlstein, 5 Weidengeflecht, 6 Herd, 7 Bett

Dies alles gliedert sich offenkundig der in Südrußland erreichten Kulturstufe ein, die freilich nicht einheitlich ist. Vor allem steht hier das bäuerliche, auf Ansässigkeit und friedlichen Kulten, wie dem Nerthusdienst, begründete Element im Gegensatz zum kriegerischen, das jetzt weitgehend von den Reiternomaden her geprägt ist. Die Übernahme der Waffen von iranischen und türkischen Völkern ist eindeutig belegt. Die Goten führten die Reiterlanze (contus) ein und übernahmen vom Osten sowohl Spangenhelm als auch Kettenpanzer. Offenbar haben die Goten ebenfalls den Kettenpanzer mit eiserner Stabversteifung nach dem Norden vermittelt, da er auch im Gebiet von Uppsala auftaucht. Während die Goten zur Zeit des Tacitus im Weichselgebiet mit dem Kurzschwert kämpften, benutzten sie in Südrußland das aus einer sarmatisch-alanischen Waffe hervorgegangene Langschwert. Die Reiter gebrauchten auch den Lasso, während das sonst in seiner Bedeutung zurücktretende Fußvolk mit dem Bogen ausgerüstet wurde. Bis ins sechste und siebente Jahrhundert hinein läßt sich die entscheidende Bedeutung der gotischen – übrigens auch der vandalischen und alanischen – Reiterei belegen, die nach dem Sturz des Hunnenreiches kaum ihresgleichen fand. Auf offenem Schlachtfeld galt sie als unbesiegbar.

Diese kulturelle und militärische Qualifizierung ist ohne eine entsprechende gesellschaftliche Fortentwicklung undenkbar. Nachweislich hat die militärische Demokratie bei den Goten in Südrußland bald eine starke Entfaltung gefunden, die mit der Herausbildung und Hebung des Königtums – Jordanes schreibt ja bereits den skandinavischen Auswanderern die Institution des Königtums zu – Hand in Hand geht. Die Gentilgesellschaft spiegelt sich bald nur noch in Relikten, denn schnell setzt sich angesichts der zunehmenden Zahl unterworfener Bastarnen, Skiren, Skythen, Sarmaten oder Alanen und des ständigen Druckes nichtunterworfener Stämme und Völkerschaften auf die Goten selbst ein Differenzierungsprozeß durch, in dessen Verlauf einerseits der gemeinfreie gotische Bauer, der nur gelegentlich an Kriegszügen teilnimmt, übrigbleibt, während sich andererseits der Geburts- und Kriegeradel immer deutlicher über ihn hebt. Die Abwehrkämpfe der frühen südrussischen Periode haben diesen Prozeß eingeleitet, der sich vom dritten Jahrhundert ab beschleunigt. Seitdem die Goten unter dem sagenhaften König Ostrogotha die Gebiete zwischen Don bzw. Dnjepr und Dnjestr beherrschten, griffen sie weiter in Richtung Donau aus, unternahmen aber während des für Rom so krisenreichen dritten Jahrhunderts auch zahlreiche Plünderungszüge, die – häufig zur See – tief in den Balkanraum bis Griechenland, ja bis Kleinasien führten. Die Gründe für diese weitausgreifenden Züge dürften überwiegend ökonomischer Art gewesen sein. Das von vielen anderen Stämmen mit besiedelte südrussische Gebiet bot im dritten Jahrhundert wohl keine ausreichende Ernährungsgrundlage mehr, zumindest nicht für eine Gesellschaft, die nur wenig intensiven Garten- und Landbau trieb und für ihre Rinder- und Pferdeherden große Weideflächen benötigte. Vielleicht war es auch bereits zu einer gewissen Bevölkerungsexplosion gekommen; davon zeugt die Tatsache, daß die zahlreichen gotischen Gaue bald nicht mehr in einem einheitlichen, wenn auch noch so lockeren Staatsgebilde zusammengefaßt werden konnten. So festigten sich die beiden großen Gruppierungen der Ostgoten (Grutungi, Austrogoti) und der Westgoten (Tervingi, Visigoti); von den Krimgoten wurde bereits gesprochen. Später spalteten sich zumindest von den Westgoten weitere Gruppen wie die sogenannten Kleingoten ab, die als friedliche Viehzüchter in den nördlichen Vorbergen des Balkans siedelten. Waren die ersten gotischen Angriffe auf die Städte nördlich des Schwarzen Meeres (Olbia, Tomi) Unternehmungen einzelner Gefolgschaften und Gaue, so wurden manche Einfälle ins Römische Reich doch großangelegte Plünderungszüge und Siedlungsversuche, freilich ohne einheitliche Planung und Leitung. So rückte 269/70 ein riesiger Wanderzug von Kriegern, Familien, Wagen und Viehherden – nach den übertriebenen Angaben der antiken Historiker 320000 Menschen – vom Dnjestr südwärts. Obwohl sich das Landheer und eine angeblich aus 2000 Schiffen bestehende Flotte gegenseitig deckten, waren die Erfolge bescheiden. Man passierte zwar, von Stürmen behindert, den Bosporus, konnte aber Städte wie Byzanz und Kyzikos nicht nehmen. Die Küsten Griechenlands und der ostmediterranen Inseln wurden schwer heimgesucht, jedoch konnte keine feste Stadt erobert werden, obwohl man sogar Belagerungsmaschinen einsetzte. Das Eingreifen des energischen Kaisers Claudius II. wurde für die Goten und ihre Verbündeten sogar zu einer Katastrophe: Bei Naissus (Nisch) überwanden die Römer die Eindringlinge in offener Feldschlacht. Zahlreiche Gefangene wurden unter die römischen Legionäre verteilt, andere in die Legionen eingereiht oder als Kolonen angesiedelt. Die noch übrigen gotischen Kampfgruppierungen und Wandersippen wurden durch Seuchen weiter dezimiert und praktisch vernichtet. Der Kaiser konnte mit Recht den Triumphaltitel eines «Gothicus Maximus» annehmen, zumal der gotische Druck auf die Reichsgrenzen jetzt für lange aufhörte.

Der offensive Geist der Goten dieser Zeit war trotzdem ungebrochen. Die Gefolgschaften der Könige und anderer Adliger drängten häufig zu Feldzügen begrenzteren Umfanges, durch die man Beute, in erster Linie wohl Edelmetall und fremdstämmige Sklaven, gewann.

So wurde auch die klarere Herausbildung einer differenzierten Gesellschaft bei den Goten gefördert, die freilich durch den Hunneneinbruch wieder abgestoppt worden ist. In den Einzelheiten ist dieser Prozeß für uns noch weniger deutlich erkennbar als die Siedlungsgeschichte des späten dritten und vierten Jahrhunderts, die für den gotischen Bereich etwa ebensoviel, wenn nicht noch mehr Bewegung zeigt wie für die germanisch-römischen Grenzgebiete am Rhein, wo die Alamannen und Franken inzwischen offensiv geworden waren.

Um 300 war ein beträchtliches Gebiet im Besitz der verschiedenen gotischen Teilstämme: Große Teile der Walachei und Siebenbürgens hielten die Westgoten besetzt, während die ebenfalls gotischen Taifalen und Gepiden andere Teile dieser Landschaften besiedelten. Konstantin der Große hatte Mühe, die untere Donaugrenze, die neu befestigt und mit einigen Brückenköpfen (z. B. Oescus) versehen wurde, gegen den gotischen Druck zu halten. Von den im Banat siedelnden Sarmaten zu Hilfe gerufen, siegte ein unter Konstantins II. Befehl stehendes Heer 332 über diesen Teil der Goten, die nun für etwa 35 Jahre in ein festes Föderatenverhältnis zu Rom traten. Gegen jährliche Subsidien wurden sie zum Schutz der Donaugrenze wie des nördlichen Vorlandes verpflichtet. Zumindest große Teile von ihnen gingen jetzt endgültig zu einer seßhaften, bäuerlichen Lebensweise über, und diese Entwicklung wurde bei Teilen dieser Westgoten durch den Christianisierungsprozeß verstärkt, der in engstem Zusammenhang mit dem Namen Wulfila (Ulfilas) steht.

Wulfila ist nicht der erste Missionar auf gotischem Boden gewesen. Schon 325 gab es ein Bistum Gothia mit einem orthodoxen Bischof namens Theophilus. Offenbar handelt es sich dabei um das Gebiet der Krimgoten, die, ihrer geographischen Lage entsprechend, als erste unter christlichen, und zwar katholischen Einfluß gerieten.

Die von Wulfila ausgehende Wirkung ist jedoch ungleich größer gewesen. Über die Biographie des namhaften Missionsbischofs und Bibelübersetzers sind wir nur lückenhaft unterrichtet. Er muß als Abkömmling kappadokischer Kriegsgefangener gelten, die durch einen der erwähnten Plünderungszüge in gotische Gewalt kamen. Allerdings war der Vater sicherlich

42 Anhängekreuz aus Gold mit Zellschmelz und Almandinplättchen aus der Zeit um 800 (Bayerisches Nationalmuseum München)

43 Scheibenfibel aus dem Grab der Alamannenfürstin von Wittislingen (Bayerisches Nationalmuseum München). Diese alamannische Rundfibel aus der 1. Hälfte des 7. Jahrhunderts zeigt neben alamannischen auch langobardische Einflüsse. Das Goldblech weist neben der Filigranverzierung Almandine in Zellfassung auf: Sie bilden schlangenartige Tierpaare, die zu einem Bandkreuz verschlungen sind.

Folgende Doppelseite:

44 Agilulf-Platte (Bargello, Florenz). Die vergoldete Kupferplatte, die vielleicht das Stirnblech eines Spangenhelms bildete, bietet eine interessante Reliefdarstellung des von 591–616 regierenden Langobardenkönigs. Weiteres zum Bild und dessen Interpretation im Text S. 206.

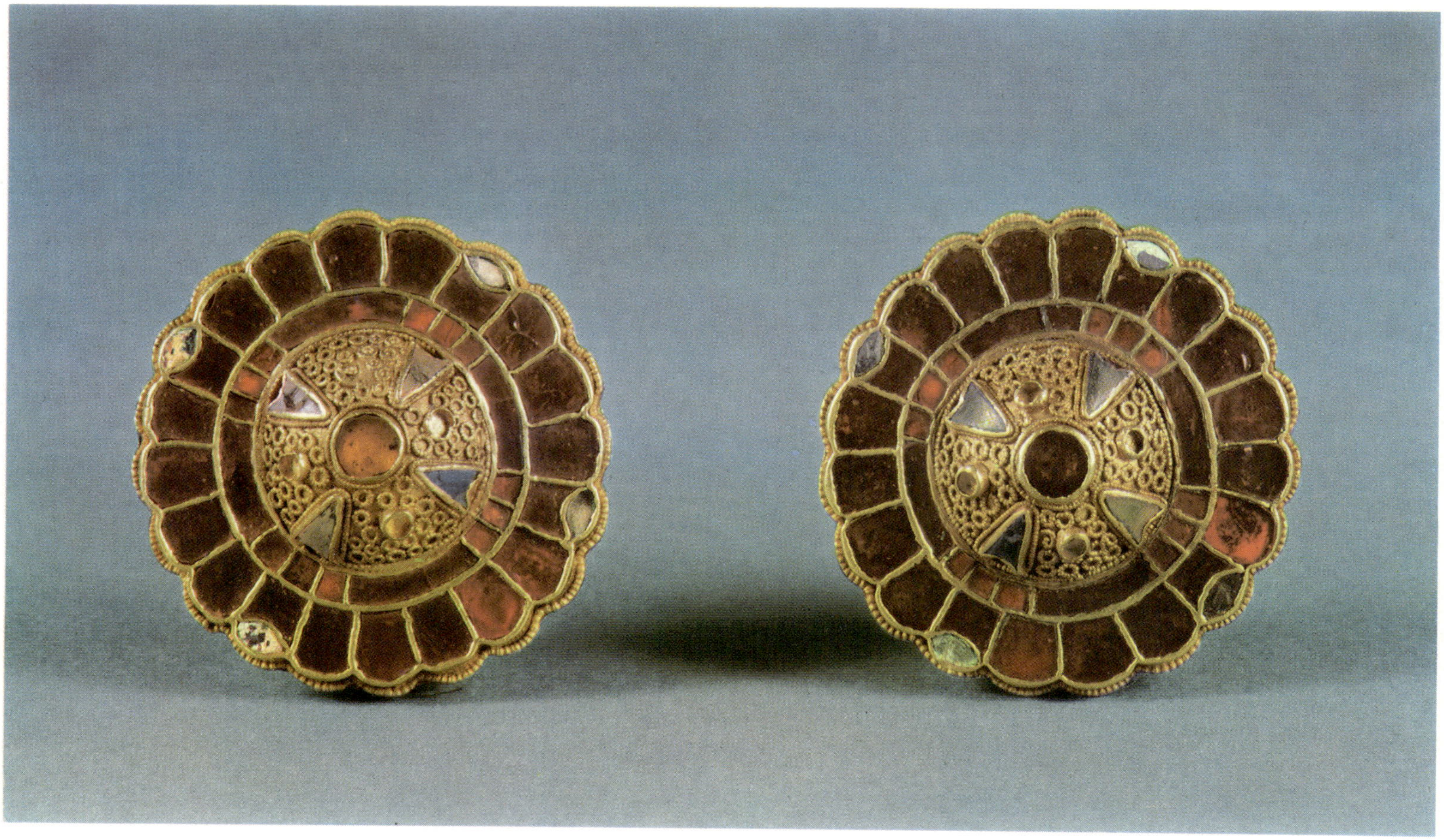

45 Fränkische Scheiben- oder Rundfibeln (Römisch-Germanisches Museum Köln). Die Fibeln, deren Mittelbuckel ein Kreuz bildet, bestehen aus Gold mit Almandinen in Zellfassung. Das Kreuz ist durch Filigranarbeit gestaltet und mit Edelsteinen und grüner Glaspaste markiert. Die Entstehungszeit liegt in der ersten Hälfte des 6. Jahrhunderts.

46 Teil des «Codex Argenteus» mit Ausschnitt aus der Bibelübersetzung Wulfilas (Universitätsbibliothek Uppsala). Der hier wiedergegebene Ausschnitt des aus dem 5./6. Jahrhundert stammenden Codex gehört dem Matthäusevangelium (6,5–16. – 9–13: Vaterunser) an. Wie ersichtlich, geht das von Wulfila geschaffene, im Codex Argenteus weiterlebende gotische Alphabet auf das griechische und lateinische Alphabet zurück, das er jedoch an Runen anlehnte.

Folgende Doppelseite:

47 Nordgermanische Bügelfibel (Silber vergoldet) aus Foß, Amt Lyngdal, Vest-Agder (Norwegen), (Universitets Oldsaksamling Oslo). Charakteristisch sind die Tierkopfornamente sowie das Tiergeflecht auf der rechteckigen Kopfplatte.

48 Germanische Schildbuckelbeschläge (langobardisch) von Ischl/Alz bei Traunstein/Oberbayern (Prähistorische Staatssammlung München). Die Beschläge aus vergoldetem, punziertem Bronzeblech entstammen dem 7. Jahrhundert und wurden 1905 in einem Kriegergrab entdeckt. Oben und in der Mitte ist ein hockender Adler, unten ein springender Löwe dargestellt.

𐍅𐌴𐌹𐌷𐌽𐌰𐌹 𐌽𐌰𐌼𐍉 𐌸𐌴𐌹𐌽· 𐌵𐌹𐌼𐌰𐌹 𐌸𐌹𐌿𐌳𐌹
𐌽𐌰𐍃𐍃𐌿𐍃 𐌸𐌴𐌹𐌽𐍃· 𐍅𐌰𐌹𐍂𐌸𐌰𐌹 𐍅𐌹𐌻𐌾𐌰
𐌸𐌴𐌹𐌽𐍃· 𐍃𐍅𐌴 𐌹𐌽 𐌷𐌹𐌼𐌹𐌽𐌰 𐌾𐌰𐌷 𐌰𐌽𐌰
𐌰𐌹𐍂𐌸𐌰𐌹· 𐌷𐌻𐌰𐌹𐍆 𐌿𐌽𐍃𐌰𐍂𐌰𐌽𐌰 𐌸𐌰𐌽𐌰 𐍃𐌹𐌽
𐍄𐌴𐌹𐌽𐌰𐌽 𐌲𐌹𐍆 𐌿𐌽𐍃 𐌷𐌹𐌼𐌼𐌰 𐌳𐌰𐌲𐌰· 𐌾𐌰𐌷
𐌰𐍆𐌻𐌴𐍄 𐌿𐌽𐍃 𐌸𐌰𐍄𐌴𐌹 𐍃𐌺𐌿𐌻𐌰𐌽𐍃 𐍃𐌹𐌾𐌰𐌹
𐌼𐌰· 𐍃𐍅𐌰𐍃𐍅𐌴 𐌾𐌰𐌷 𐍅𐌴𐌹𐍃 𐌰𐍆𐌻𐌴𐍄𐌰𐌼 𐌸𐌰𐌹
𐍃𐌺𐌿𐌻𐌰𐌼 𐌿𐌽𐍃𐌰𐍂𐌰𐌹𐌼· 𐌾𐌰𐌷 𐌽𐌹 𐌱𐍂𐌹
𐌲𐌰𐌹𐍃 𐌿𐌽𐍃 𐌹𐌽 𐍆𐍂𐌰𐌹𐍃𐍄𐌿𐌱𐌽𐌾𐌰𐌹· 𐌰𐌺 𐌻𐌰𐌿
𐍃𐌴𐌹 𐌿𐌽𐍃 𐌰𐍆 𐌸𐌰𐌼𐌼𐌰 𐌿𐌱𐌹𐌻𐌹𐌽· 𐌿𐌽𐍄𐌴
𐌸𐌴𐌹𐌽𐌰 𐌹𐍃𐍄 𐌸𐌹𐌿𐌳𐌰𐌽𐌲𐌰𐍂𐌳𐌹· 𐌾𐌰𐌷 𐌼𐌰𐌷𐍄𐍃
𐌾𐌰𐌷 𐍅𐌿𐌻𐌸𐌿𐍃 𐌹𐌽 𐌰𐌹𐍅𐌹𐌽𐍃· 𐌰𐌼𐌴𐌽·
𐌼𐌳 𐌿𐌽𐍄𐌴 𐌾𐌰𐌱𐌰𐌹 𐌰𐍆𐌻𐌴𐍄𐌹𐌸 𐌼𐌰𐌽𐌽𐌰𐌼
𐌼𐌹𐍃𐍃𐌰𐌳𐌴𐌳𐌹𐌽𐍃 𐌹𐌶𐌴· 𐌰𐍆𐌻𐌴𐍄𐌹𐌸 𐌾𐌰𐌷
𐌹𐌶𐍅𐌹𐍃 𐌰𐍄𐍄𐌰 𐌹𐌶𐍅𐌰𐍂 𐍃𐌰 𐌿𐍆𐌰𐍂 𐌷𐌹𐌼𐌹𐌽𐌰·
𐌹𐌸 𐌾𐌰𐌱𐌰𐌹 𐌽𐌹 𐌰𐍆𐌻𐌴𐍄𐌹𐌸 𐌼𐌰𐌽𐌽𐌰𐌼 𐌼𐌹𐍃
𐍃𐌰𐌳𐌴𐌳𐌹𐌽𐍃 𐌹𐌶𐌴· 𐌽𐌹 𐌸𐌰𐌿 𐌰𐍄𐍄𐌰 𐌹𐌶
𐍅𐌰𐍂 𐌰𐍆𐌻𐌴𐍄𐌹𐌸 𐌼𐌹𐍃𐍃𐌰𐌳𐌴𐌳𐌹𐌽𐍃 𐌹𐌶𐍅𐌰
𐌼𐌴 𐍂𐍉𐍃: 𐌰𐌸𐌸𐌰𐌽 𐌱𐌹𐌸𐌴 𐍆𐌰𐍃𐍄𐌰𐌹𐌸 𐌽𐌹 𐍅𐌰𐌹𐍂
𐌸𐌰𐌹𐌸 𐍃𐍅𐌰𐍃𐍅𐌴 𐌸𐌰𐌹 𐌻𐌹𐌿𐍄𐌰𐌽𐍃 𐌲𐌰𐌿𐍂𐌰𐌹·

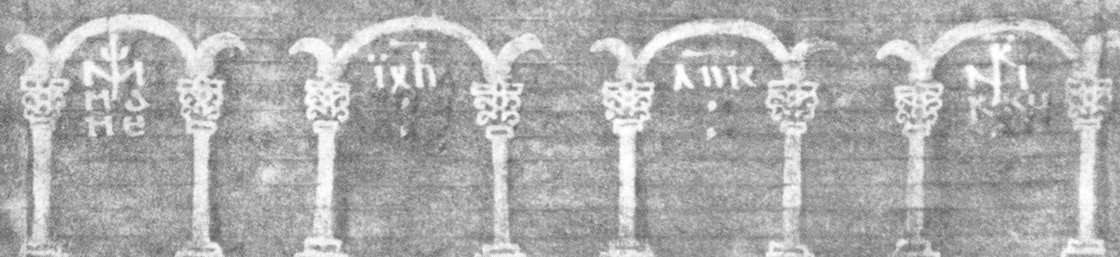

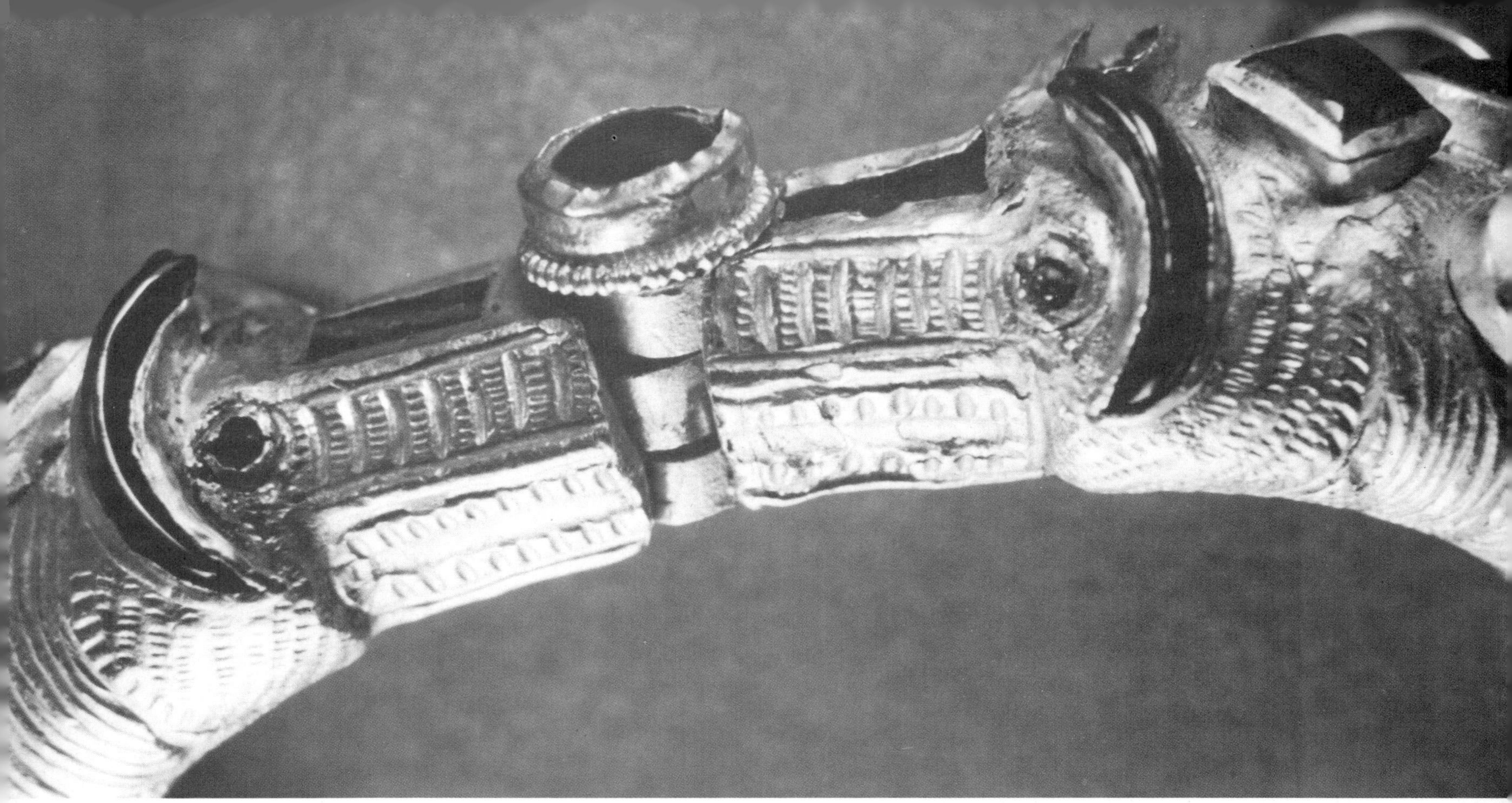

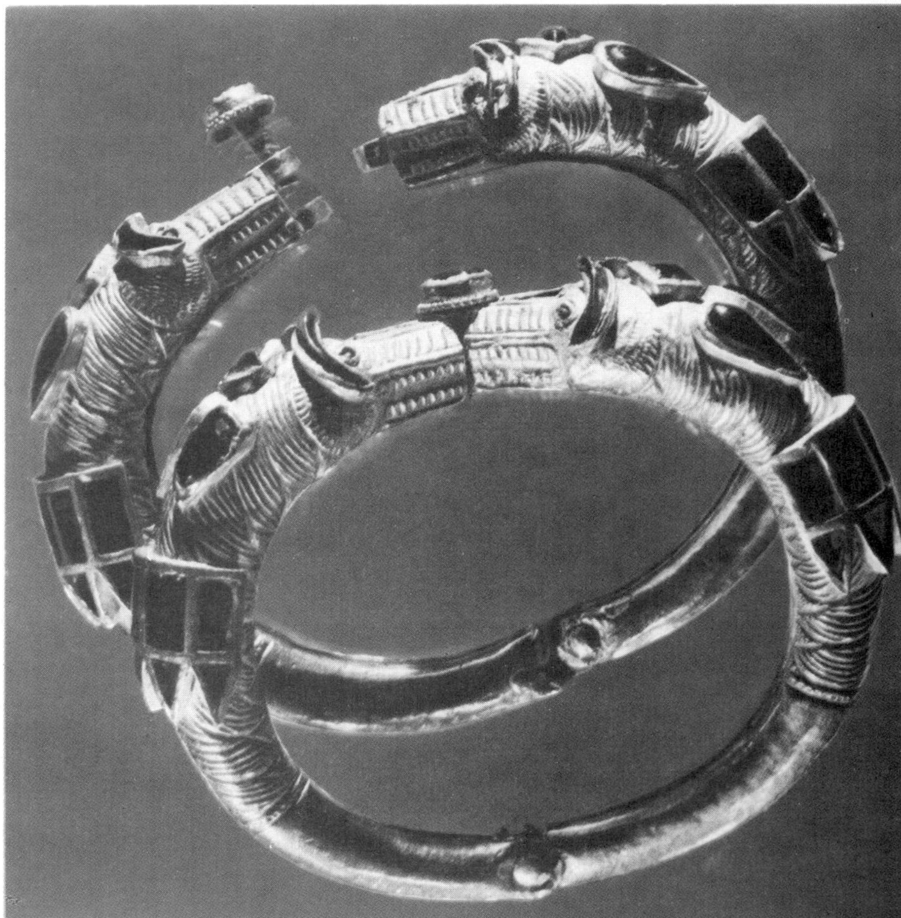

49/50 Armbänder der vermutlich skirischen Fürstin von Bakodpuszta (Ungarisches Nationalmuseum Budapest). Durchmesser: 8–8,8 cm. Sie zeigen die Bewahrung der besten pontisch-südrussischen Traditionen der germanischen Zellen-Goldschmiedekunst.

51/52 Thorsberg-Fund: Gürtelblech (Museum Schleswig). Das länglich rechteckige, halbkreisförmig gebogene Bronzeblech unbekannter Verwendung ist auf der Vorderseite mit vergoldetem Silberblech verkleidet. Das rechteckige Mittelfeld mit linksläufigem Tierfries besteht aus vergoldetem Silberblech und ist über einer Holzmatrize gearbeitet worden. Dargestellt sind ein Hippokamp, ein gehörntes Seetier, ein Eber, ein Vogel und ein Tiger (?). Das Mittelteil wird an seinen Längsseiten von je einer Reihe nach rechts gewendeter menschlicher Köpfe eingefaßt, die in Stempeltechnik hergestellt wurden.

53 Fränkischer Rüsselbecher (Römisch-Germanisches Museum Köln). Die fränkische Glasproduktion knüpfte zwar an die römische Technik an, entwickelte aber doch viele eigene Formen, so die glockenförmig gestalteten Rüsselbecher. Wie hier, überwiegt meist das grünliche Glas, das jedoch andersfarbige Einsprengsel enthält. Charakteristisch sind die auf der Außenwandung herabhängenden, hohl gestalteten Rüssel, die seit dem 5. Jahrhundert vorkommen.

54 Alamannischer Fund aus Lörrach (Baden): eine ostgotische Bügelfibel, eine Haarnadel, ein Ohrring (Silber vergoldet, teilweise nielliert), ein Fingerring (Gold mit Granateinlagen)

55 Fränkische (?) Fundstücke aus Andernach und Gondorf. Die Brakteatenfibel mit thronender Roma (!) knüpft an das spätantike Erbe an. Auch die goldenen, reich verzierten Nadeln und Ringe sind ohne Beeinflussung des im Rheingebiet besonders gut ausgebildeten römischen Kunsthandwerks nicht denkbar.

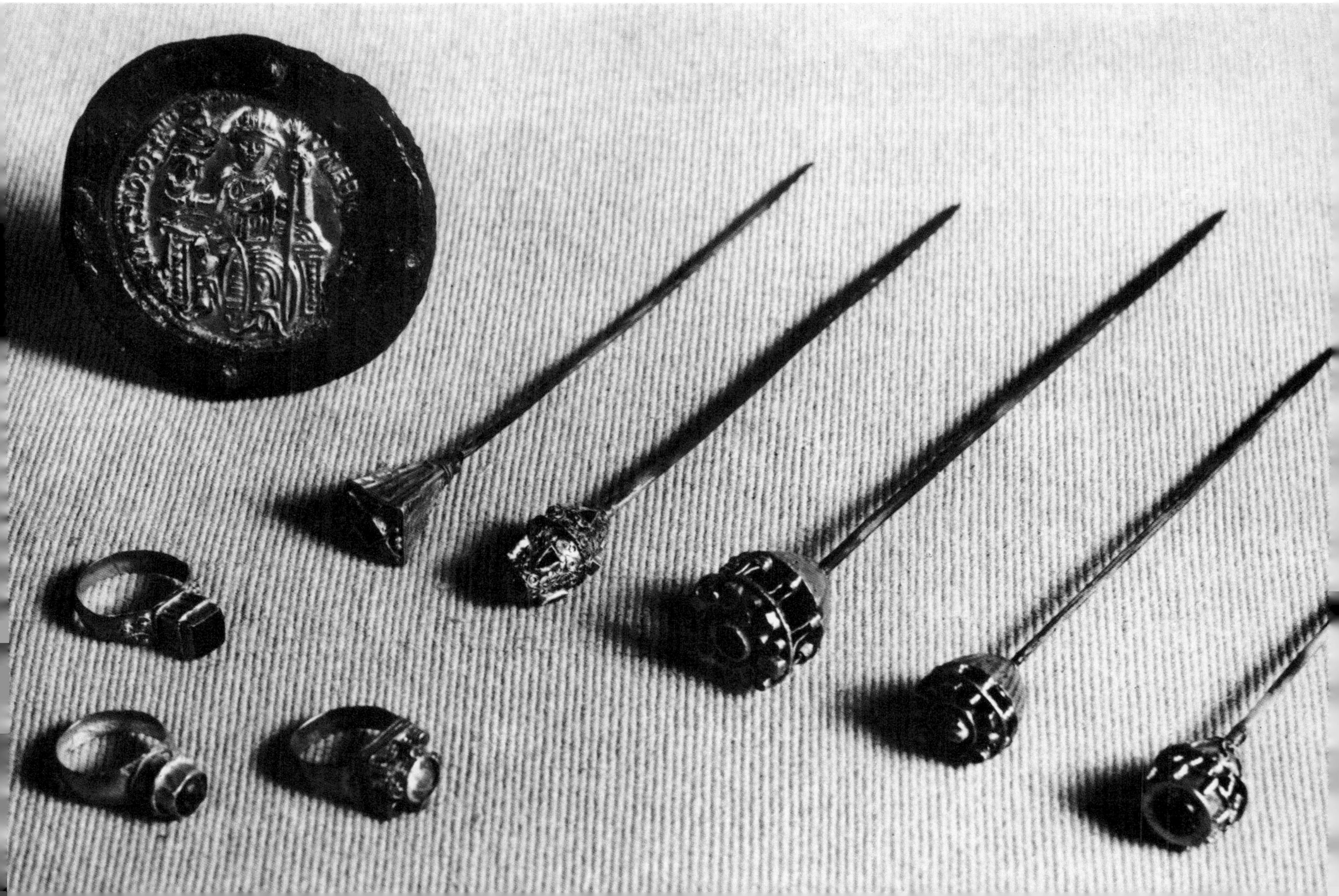

56 Awarische Nachahmungen byzantinischer Goldmünzen (Solidi), (Ungarisches Nationalmuseum Budapest). Es handelt sich um gewichtsmäßig vollwertige, im Stil aber barbarische Imitationen von Kaisermünzen des 7. Jahrhunderts.

57 Spätawarische Riemenzunge aus Klárafalva (Móra-Ferenz-Museum Szeged). Der galoppierende, bogenschießende Jäger erinnert an iranische Vorbilder.

58 Der aus Oberflacht, Urach, Wurmlingen und Waiblingen stammende Fund besteht aus einem Breitsax, zwei Pfeilspitzen und einer Gürtelschnalle und zeigt Durchschnittsqualität (Altertümersammlung Stuttgart).

59 Fränkisches Fundensemble aus dem Kriegergrab von Daseburg (Kreis Warburg), (Landesmuseum Münster): Tongefäß, Schildbuckel und -fessel aus Eisen, Schwert, Lanzenspitze, Stücke vom Pferdegeschirr und Kamm

60 Alamannische Speerspitzen aus Murr, Sindelfingen und Wurmlingen (Altertümersammlung Stuttgart). Die vier Speerspitzen zeigen den hohen Entwicklungsstand der Waffenproduktion, der im Laufe der Völkerwanderung erreicht wurde. Die zweite Spitze von rechts trägt eine Runeninschrift.

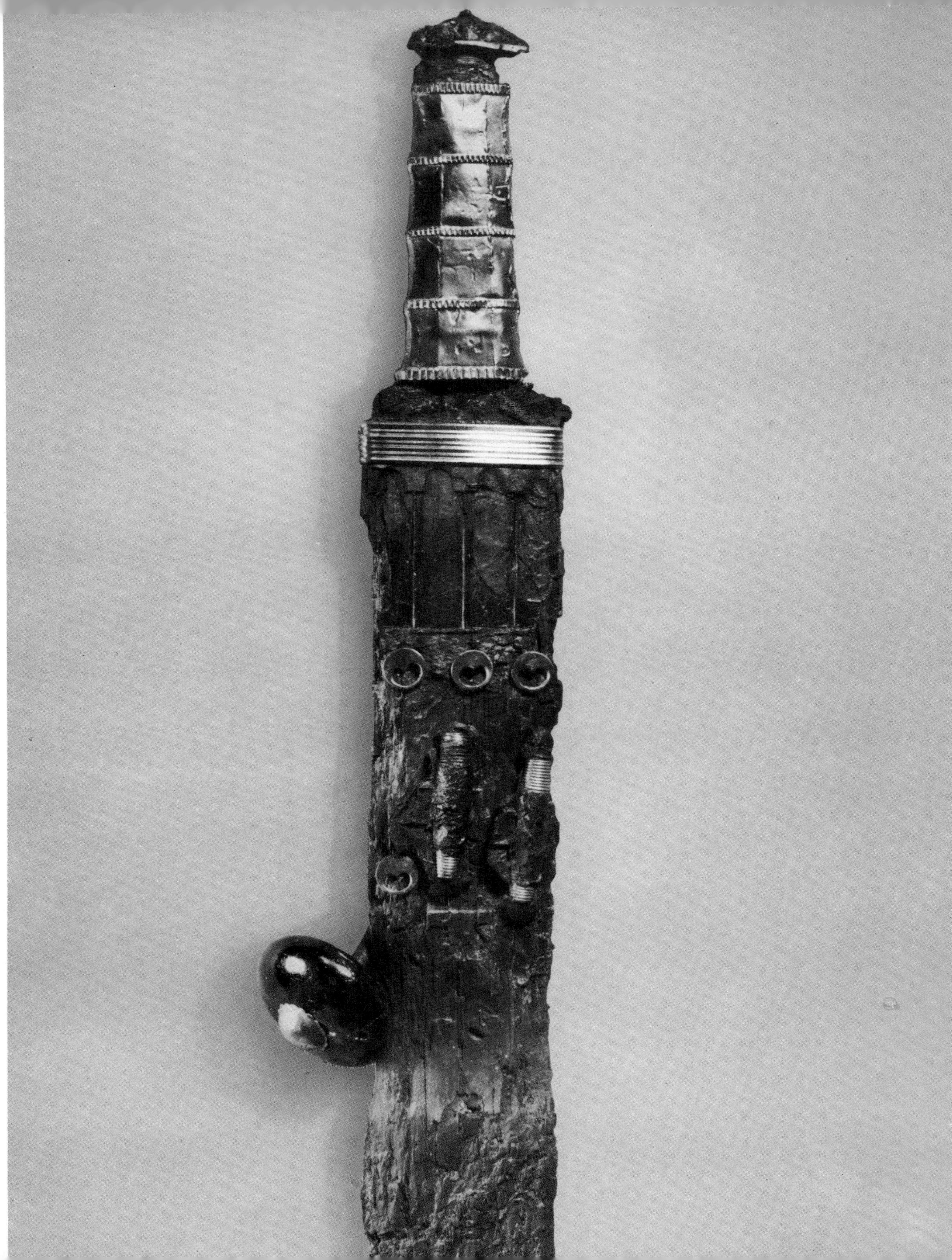

61 Alamannischer Fund aus dem Gräberfeld Basel-Kleinhüningen (Historisches Museum Basel): Schwert aus Eisen (Spatha) mit Goldblechgriff, Silberbeschlägen und Bernsteinkugel

62 Alamannischer Fund aus dem Reihengräberfeld bei Schretzheim: vier goldene Brakteaten mit Aufhängeösen

63 Zwei alamannische Bronzezierscheiben und eine Scheibenfibel (Eisen mit Silber) aus Karlich (Rheinisches Landesmuseum Bonn). Auffallend an der linken Zierscheibe ist das verschlungene Tierornament; die mittlere Scheibe scheint auf ein Sonnenrad hinzuweisen: Bei aller Schlichtheit zeigen beide starke Dynamik.

64 Keltischer Schild von Battersea (Bronze, ursprünglich vergoldet; Länge 77 cm) aus dem 2. Jahrhundert u. Z. (?) (British Museum London). Charakteristisch sind für das prachtvolle Stück die Rankenverzierungen und die farbigen Emaileinlagen. Neben sonstigen Einflüssen sind römische nicht auszuschließen.

65/66 Reliquienkästchen angelsächsischer Herkunft aus Walroßzahn aus dem Stift Gandersheim (Herzog-Anton-Ulrich-Museum Braunschweig). Die Kästchen können mit den zahlreichen kostbaren Reliquiaren der karolingischen Zeit kaum konkurrieren. Die Tier- und Flechtbandornamente sowie die Runeninschriften auf der Unterseite stellen hinsichtlich des Nebeneinanders von Heidnischem und Christlichem jedoch etwas Besonderes dar.

67/68 Die Abbildungen zeigen zwei alamannische Goldblattkreuze mit Flechtornament; eines gibt einen Menschenkopf (?) wieder (Ulm, Adelfingen).

uns manches an die Goten; jedoch dürfte die vandalische Kultur stärker bäuerlich geprägt gewesen sein. Man übernahm in der Agrarwirtschaft wie im Handwerk (Schmuckfabrikation, Waffenherstellung, Münzprägung) manches von den Kelten, deren Siedlungsformen die Vandalen zumindest vorübergehend beeinflußten. Die stadtartigen keltischen «oppida», die oft aus Fluchtburgen hervorgegangen waren, prägten hier und da die Siedlungsformen, obgleich – wie bei den anderen Germanenstämmen – die aus kleinen Holzbauten und Wohnstallhäusern von 15 bis 30 m Länge bestehende Dorf- oder Weilersiedlung das Normale gewesen sein dürfte. Statt der sonst üblichen Verbrennung (Brandgrubenbestattung) gingen die Vandalen teilweise auch zur keltischen Körperbestattung über, wodurch bessere Rückschlüsse auf Kleidung und andere Grabbeigaben möglich sind. Einen Höhepunkt der damaligen vandalischen Kultur finden wir in den sogenannten Fürstenhöfen, die Zentren des politischen Lebens und der gesellschaftlichen Repräsentation gewesen sein müssen. Hiervon zeugen reich ausgestattete Skelettgräber, von denen allein drei in Sacrau bei Wrocław ausgegraben worden sind. M. Jahn schildert sie (S. 1000) folgendermaßen: «Es sind wahre Grabhäuser mit meterdicken Wänden aus kräftigen Feldsteinen, die Grabräume bis zu 5 m Länge, 3 m Breite und mindestens 2 m Höhe umschließen. Die Decke dieser Gräber war sicher aus Holz gebildet. Ebenso war die Ausstattung der Grabräume mit Betten, Tischen, Stühlen und anderem Hausrat wahrscheinlich aus Holz, von dem sich nur geringe Reste erhalten haben. Den Toten dieser fürstlichen Familie wurde also nicht nur Kleidung, Schmuck, Essen und Trinken wie sonst mit ins Grab gelegt, sondern ihre Grabräume wurden wohnlich wie für Lebende eingerichtet.» Während die Gräber einfacher Krieger – oft zu Gräberfeldern zusammengefaßte Urnengräber, die mit Skelettgräbern abwechseln – nur schlichte Waffen und Gebrauchsgegenstände als Beigaben aufweisen, ist den Fürsten also eine Fülle von Hausrat beigegeben worden, und insbesondere die hinzugefügten Schmuckstücke zeugen von gutem Geschmack sowie einem fast künstlich übertriebenen Luxus. Hier findet sich neben einheimischer Ware auch Import aus dem römischen Gebiet, so Millefiorischalen oder römische Silberbecher, die mit vandalischem Goldschmuck abwechseln. Ein zusammenlegbarer bronzener Trinktisch mit plastischem Schmuck aus dionysischen Motiven stellt einen Höhepunkt dar. Aber auch die vandalischen Zwei- und Dreirollenfibeln oder verschiedene Goldanhänger mit Filigranverzierungen zeigen hohes handwerkliches Können und einen verfeinerten künstlerischen Geschmack, der dieser frühen «vandalischen» Kunstprovinz ein sehr positives Zeugnis ausstellt. Die bronzenen oder eisernen Waffen und Gebrauchsgegenstände sind natürlich entsprechend schlichter. Immerhin stand die Metallurgie mit dem Schmelzverfahren der einheimischen Eisenerze bereits auf hoher Stufe, und das Schmiedehandwerk war unter keltischem und vielleicht auch römischem Einfluß gut entwickelt. Die Keramik zeigt vor allem Mäandermuster oder auch Wellenlinien mit Stempelmuster und ist, wie Funde beweisen, meist mit Hilfe der Töpferscheibe und im geschlossenen Töpferofen hergestellt worden.

Im vierten Jahrhundert nimmt sie zusammen mit der übrigen handwerklichen Produktion einen besonderen Aufschwung. Damals, kurz vor Beginn der großen Völkerverschiebungen, muß auch die soziale Differenzierung unter den Vandalen schon stark gewesen sein, worauf vor allem die unterschiedliche Ausstattung der Gräber schließen läßt. Sie spiegeln ja nicht nur in der Fülle der Beigaben Armut oder Macht und Reichtum des Bestatteten, sondern auch in der Qualität. Es war schon erheblich, ob, wie in den Fürstengräbern, Luxusgüter und sonstige, meist importierte Kostbarkeiten überwogen oder nur einheimische Keramik, schlichte Waffen und Reitersporen – wie in vielen Kriegergräbern – beigegeben wurden.

Natürlich mögen sich im Niveau und in der Fülle der Beigaben auch ethnische Unterschiede spiegeln, auf die neuerdings von J. Filip und anderen auf der Grundlage der Forschungen von J. Kostrzewski aufmerksam gemacht worden ist. Die polnische Schule Kostrzewskis hat unlängst von der Przeworsk-Kultur gesprochen, die als Südzweig der Venedischen Kultur gerechnet und von den westslawischen Trägern der Lausitzer Kultur abgeleitet wird. Für sie werden zumindest auch die schlesischen Siedlungsgebiete der Vandalen in Anspruch genommen. Filip will die entstandene Kontroverse am ehesten auf die Weise

69 Gürtelschnalle aus dem Schiffsgrab von Sutton Hoo. Wohl vor 630 (British Museum London)

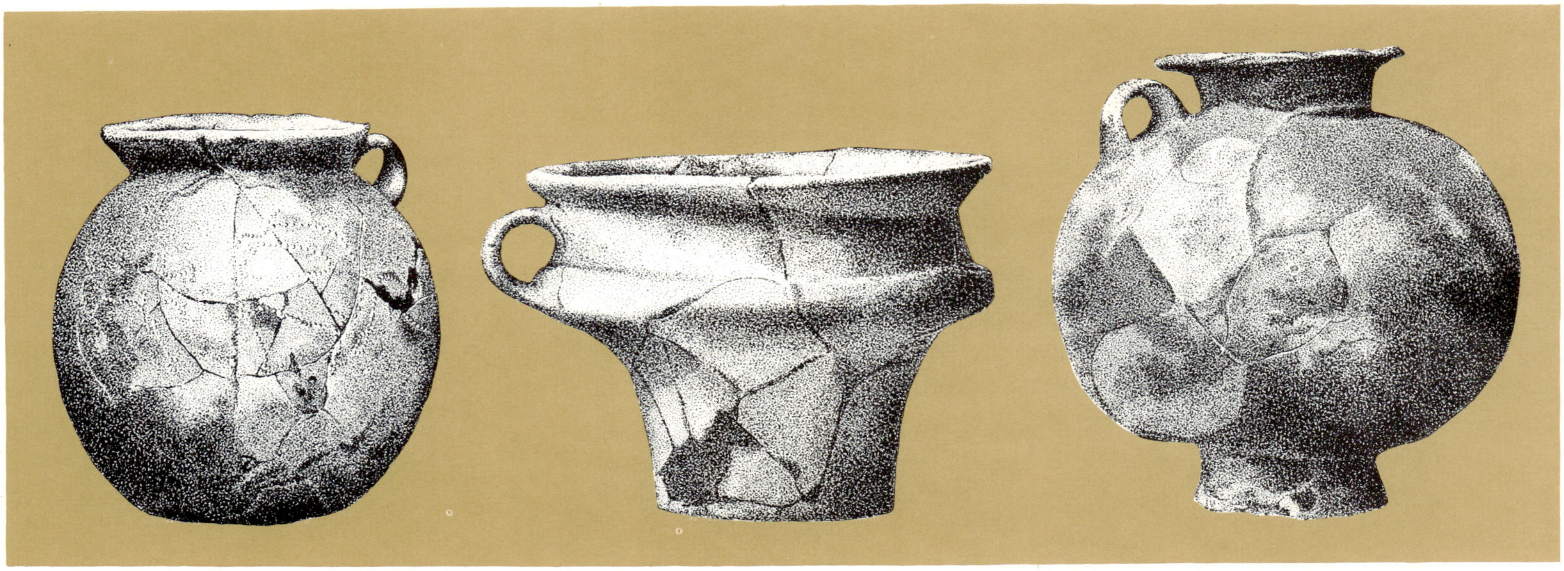

Vandalische Tongefäße aus Nordjütland; die nebenstehende Zeichnung stellt Reiter- und Tiermotive vom linken Gefäß dar.

gelöst sehen, daß hier – beispielsweise im kaiserzeitlichen Schlesien – ein bestimmtes (schon ziemlich hohes) Zivilisationsniveau vorliege, dessen Komponenten verschiedenen Ursprungs – natürlich auch ethnisch gesehen – sind. Eine solche Lösung dürfte ernsthaft in Erwägung zu ziehen sein.

Freilich kann an der vandalisch-silingischen Siedlung in Schlesien nicht gezweifelt werden, ebensowenig wie an der Festsetzung der anderen vandalischen Hauptgruppe, der Hasdingen, an der Weichselmündung und in Masuren. Durch Goten und andere Stämme bedrängt, fielen die Hasdingen im Jahre 171 in Dakien ein und erhielten von Rom Sitze zugewiesen. Im vierten Jahrhundert siedelten große Teile von ihnen in der Slowakei und in Ungarn (Pannonien). Sie dürften sich dort, wo sich archäologisch nur eine unsichere Hinterlassenschaft findet, vor allem als das Viehzüchter- und Reitervolk entwickelt haben, als das sie noch in der afrikanischen Periode in Erscheinung traten. Kämpfe mit Goten und Römern lassen sich nicht ganz verifizieren, bis es Anfang des fünften Jahrhunderts, im Zusammenhang mit anderen Ereignissen der Völkerwanderung, auch zum Aufbruch der Vandalen kam. 401 wurden die Hasdingen von dem halbbarbarischen Heermeister Stilicho in Noricum als Föderaten in Dienst genommen. Bereits 406 aber nutzten sie die besondere Schwäche des Westreiches, das seine Rheinbesatzungen großenteils hatte abziehen müssen, um Truppen gegen die Italien bedrohenden Goten zu gewinnen, aus und drangen zusammen mit schlesischen Vandalen (Silingen) sowie quadischen, suebischen und alanischen Gruppierungen in einer starken Wandergenossenschaft in Gallien ein. Hauptmotiv für diese bald

nach Spanien übergreifende Invasion dürfte der hunnische Druck gewesen sein, dem die vereinigten Stämme – oder Stammesteile, denn nicht wenige Gruppierungen blieben in den bisherigen Heimatgebieten zurück – auf das kaum verteidigte römische Territorium auswichen.

Hier kam es in den nächsten Jahren zu Plünderungen und Brandschatzungen, denen große Teile Südgalliens bis zur Pyrenäengrenze ausgesetzt waren. Die Vandalen und ihre Bundesgenossen fanden auf dem flachen Land kaum Widerstand, ja man muß mit einem Überlaufen von Bagauden und anderen Widerstandskämpfern zu ihnen rechnen. Nur wenige große Städte, so Tolosa, blieben ihrem Zugriff verschlossen. Ein von den britannischen Legionen gegen die Invasoren zum Kaiser ausgerufener Soldat, Konstantin (III.), bekämpfte allerdings die Germanen und sicherte notdürftig erneut die Rheingrenze. 409 bezwangen die Vandalen mit ihren Alliierten jedoch die Pyrenäenpässe und sicherten sich auf der Iberischen Halbinsel neue Sitze. Die gewaltsame Landnahme wurde auch bald legitimiert, denn die ravennatische Regierung erkannte die Sitze der Hasdingen und Sueben in Galicien, der Silingen in der Baetica und der Alanen in der Lusitania und in der Carthaginiensis durch einen Föderatenvertrag an (411). Während die Sueben, zunächst in verschiedenen Angriffs- und Verteidigungskriegen, ihre Sitze im Nordwesten der Halbinsel ausbauten, wo das daraus entstehende Suebenreich – eines der kleinsten Völkerwanderungsreiche – seine Selbständigkeit bis 585 wahrte (dann westgotisch), hatten die Vandalen und Alanen einen viel abenteuerlicheren Entwicklungsgang. Auf römisches Betreiben von Westgoten, Sueben und auch von römischen Kontingenten bekämpft, mußten sie 418 so schwere Verluste hinnehmen, daß ein Überleben nur durch einen engen Zusammenschluß der Hasdingen, Silingen und Alanen unter dem damaligen Hasdingenkönig Gunderich möglich schien. Das seit früheren Zeiten überlieferte Königtum, das wir bis etwa 400 jedoch nicht genauer fixieren können, hatte sich damit völlig durchgesetzt und vermochte den Gentiladel immer weiter zurückzudrängen. In der später nachweisbaren Titulatur «Rex Vandalorum et Alanorum», die mehr als nur eine Personalunion markiert, zeigt sich das recht deutlich.

Spätestens in Spanien, vielleicht auch schon während der vorherigen Wanderzüge, war die Mehrzahl der Vandalen zum arianischen Christentum übergegangen. Auch in Anbetracht des ideologischen «Sprunges», den wir bei den Hunnen und Goten betrachten konnten, scheint diese Entwicklung schnell erfolgt zu sein, zumal uns kein Wort über die Wirksamkeit solcher Männer wie Wulfila oder Audi bei den Vandalen überliefert ist. Der Übergang von einem entwicklungsbedingten Polytheismus, in dessen Mittelpunkt hier zwei Götter standen, denen man in früheren Perioden wohl auch eine Art Doppelkönigtum nachbildete, zum arianischen Christentum vollzog sich ohne besondere Komplikationen. Vielleicht setzte man, nachdem die Wirkungslosigkeit der bisherigen Runenspeere, der Holzidole oder der Sonnenzeichen – die auf Verehrung kosmischer Mächte deuten – offensichtlich geworden war, in einer noch sehr magisch und dinglich, ja fetischistisch begrenzten Vorstellung einfach die Bibel an die Stelle der vorher verehrten Gegenstände. Das läßt zumindest ein Hinweis des Kirchenschriftstellers Salvian vermuten, der hervorhebt, die Vandalen seien in Spanien durch ihren Glauben siegreich gewesen, weil sie ihren Truppen die Bibel (als eine Art Feldzeichen) vorangetragen hätten (VII, 11, 46). Jedenfalls hatte der Arianismus sich bei den Vandalen und Alanen bald völlig durchgesetzt, und die Vandalenkönige hielten sich später um so stärker an diese Häresie, als ihnen damit auch ideologisches Rüstzeug gegen die streng katholische römische Oberschicht Spaniens und Nordafrikas zur Verfügung stand.

Das politische Experiment Geiserichs, der in Nordafrika ein despotisch gelenktes Staatswesen mit manchen frühfeudalen Zügen begründete, verdeutlicht in großem Umfang, welche Rolle der Arianismus sogar bei der Errichtung einer absoluten Monarchie spielen konnte. Auch unter diesem Aspekt bedeutet die Eroberung Nordafrikas, die sich zwischen 429 und 455 in Etappen vollzog, für Rom, für die Provinzialrömer in Afrika wie für die Vandalen und Alanen selbst einen spürbaren Einschnitt. Rom verlor damit nicht nur ein wichtiges Wirtschaftsgebiet, sondern auch politisches und ideologisches Gewicht, zumal es fortan einer ständigen Bedrohung von Westen und Süden her ausgesetzt war und einen souveränen Staat auf dem ehemals karthagischen Gebiet zu dulden hatte. Daß die Vandalen bald versuchten, eine legitimistische Anknüpfung an die Dynastie Valentinians III. zu erreichen, war für die Regierung des Westreiches ohne große Bedeutung, zumal Geiserich gleichzeitig in seinem Herrschaftsgebiet alles Römische entschieden bekämpfte. Hierbei zeichnen sich zwei «Stoßrichtungen» ab, die ein kühles politisches Kalkül erkennen lassen: Einerseits wurde der römischen Grundbesitzerschicht ein erbarmungsloser Kampf angesagt, andererseits der katholischen Kirche, die am ehesten als moralisch-ideologischer Rückhalt der alten Ordnung gelten mußte. Bereits 442, beim ersten Friedensschluß Geiserichs mit Westrom, hatte der Vandalenkönig sich innenpolitisch völlig durchgesetzt. Der kaiserliche, der private und der kirchliche Grundbesitz waren enteignet und in die Hand des Vandalenkönigs, seiner Stammesgenossen oder der arianischen Kleriker übergegangen. Soweit die Betroffenen der «Neuordnung» nicht unmittelbar zum Opfer gefallen waren, wurden sie zu Zwangsarbeit verurteilt oder flohen. Der so gewonnene Grundbesitz fiel in die Hand des Königs und der äußerlich aufblühenden arianischen Kirche, die, in Übersteigerung des von Wulfila gewiesenen Vorbildes, zu einer Volkskirche, ja «Staatskirche» der Vandalen wurde. Indem sie möglichst viel vom Institutionellen der katholischen Kirche übernahm, griff sie auch auf deren Machtansprüche zurück. Unter Geiserich und Hunerich stark im Anwachsen begriffen, unterdrückte sie den katholischen Klerus und verfolgte zeitweilig sogar die gesamte katholische Bevölkerung. Glaubens- und Gewissenszwang gingen vor allem unter Geiserichs Sohn Hunerich so weit, daß die Existenz des Katholizismus, der von den Vandalen und vielen der mit ihnen verbündeten Berberstämme systematisch verfolgt wurde, in Afrika überhaupt auf dem Spiele stand. In der späten Vandalenzeit kam es jedoch zu verschiedenen Formen des Kompromisses. Die katholischen Kirchen erholten sich wieder und blühten auf, woran dem bekannten «Augustinnachfolger» Fulgentius von Ruspe ein besonderes Verdienst zukommt. Sogar das katholische Mönchtum stabilisierte sich: Man gründete zahlreiche neue Klöster, die ihren Bestand bis zum Einfall der Araber wahrten. In radikalem Vorgehen zerschlug Geiserich, der bald offen auf eine Despotie hinzielte, auch die römischen Verwaltungen. Nur wenige Organe der Justiz und des Steuerwesens, die für die Überwachung der Provinzialbevölkerung und das Funktionieren des Staates unerläßlich waren, wurden geduldet oder nach entsprechender Reform restituiert. Innerhalb der politisch entmündigten und sozial deklassierten Provinzialbevölkerung hielt sich die Sklavenhalterstruktur und reichte bis in die byzantinische Periode hinüber. Natürlich besaßen auch die Vandalen aus der Schicht der Kriegsgefangenen hervorgegangene Sklaven, daneben bildeten sich unter ihrem direkten Einfluß verschiedene Gruppierungen von Kolonen, Zwangsarbeitern und sonstigen Untertanen. Der Ausbau der sogenannten Sortes Vandalorum, eines geschlossenen vandalischen Siedlungsgebietes nordwestlich von Karthago, begünstigte die Herausbildung einer neuartigen sozialökonomischen Struktur, über die wir leider nicht im einzelnen unterrichtet sind. Da der vandalisch-alanische Gentiladel nach einem Aufstand gegen Geiserich stark dezimiert worden war, konnte sich jetzt ein Dienstadel (von Ministerialen) herausbilden, dessen Entwicklung wohl in engerem Zusammenhang mit der agrarischen Struktur der «Sortes Vandalorum» stand. In welcher Weise die einflußreichen Männer sozialökonomische, politische und militärische Funktionen ausübten und miteinander verbanden, läßt sich nur ungefähr vermuten: Eine maßgebliche Stellung zwischen den Königen und ihren vandalischen Gemeinfreien nahmen die Millenarii ein; wenn man mit Tausendschaftsführer übersetzt, wird man sie in erster Linie als militärische Anführer einordnen. Sie hatten aber sicherlich auch zivile Funktionen und übten durch die Größe ihrer von zahlreichen Untertanen bewirtschafteten Besitztümer, deren Zentrum oft eine prächtig ausgestattete Villa gewesen sein dürfte, bedeutenden Einfluß aus. Ein bekanntes Mosaik vom Hügel Bordj-Djedid in Karthago zeigt offenbar einen Reiter aus dieser Besitzerschicht: Er hat gerade seine stattliche, fast burgartige Villa verlassen und bricht zu einem Jagdzug auf, zu dem auch die Kleidung – Kamisole und eng anliegende Hose – paßt. Lange Haartracht weist auf einen Vandalen hin, und möglicherweise deutet auch ein kreuzförmiges Zeichen auf der Hinterhand des Pferdes mit einer zweifellos apotropäischen Nebenbedeutung auf fremdartige, nichtafrikanische Einflüsse. Diese neue, zumindest überwiegend vandalische Adelsschicht bestimmte neben den Königen und ihren Verwandten – die in der durch das Prinzip des Seniorates gekennzeichneten vandalischen Despotie die eigentliche Elite darstellten – die Entwicklung in Nordafrika wesentlich mit. Hinter ihnen traten die einfachen Vandalen, vor allem aber die bisher maßgeblichen Provinzialrömer, stark zurück. Nur in der katholischen Kirche der Spätvandalenzeit und im weiten Bereich der Bildung und Geisteskultur vermochten die Einheimischen Positionen zu halten oder zurückzugewinnen.

Die Kultur des vandalischen Afrika ist mithin nur im geringen Umfang von der herrschenden Schicht selbst geprägt, die meist nur als Anreger oder Auftraggeber in Frage kam. Am ehesten zeigen die Waffenherstellung und die kunsthandwerkliche Produktion mit Fibeln, Ringen, Reifen und Ketten im pontisch-gotischen Stil vandalischen Einfluß, besonders wenn diese Gegenstände für den Königsschatz gefertigt wurden. Im Bauhandwerk, über das lediglich einige Inschriften und wenige literarische Hinweise berichten, muß es natürlich eine Kooperation zwischen Vandalen und Provinzialen gegeben haben, freilich meist so, daß erstere nur als Auftraggeber – etwa für die von den Hofdichtern gepriesenen Palast- und Thermenanlagen – fungierten.

Noch bescheidener war die vandalische Rolle in der nordafrikanischen Geisteskultur. Voraussetzung für jede Teilnahme am geistigen Leben war nach wie vor die Kenntnis der lateinischen Sprache, die in den Schulen der Grammatiker und Rhetoriker vermittelt wurde. Zwar berichtet einer der namhaftesten afrikanischen Literaten dieser Zeit, Dracontius, der selbst durch ein christliches Lehrgedicht und durch eine an König Gunthamund gerichtete Rechtfertigungsschrift bekannt geworden ist, daß in der Schule seines Lehrers Felicianus Römer und Barbaren unterrichtet worden sind. Mithin wurden auch vandalische Knaben lateinisch unterrichtet und in die Grundlagen der «freien Künste» eingeweiht. Aber sicher war dieses Bildungsprivileg in der Praxis auf die Kinder des Geburts- und Dienstadels beschränkt, die ihrerseits für wichtige Funktionen im Staat und in der arianischen Kirche vorgesehen wurden. In der staatlichen Verwaltung mußte aus rein praktischen Gründen die lateinische Sprache beibehalten werden – auch im Verkehr mit Berberophonen aus den Randgebieten des Vandalenreiches –, während die arianische Kirche, deren Gottesdienstsprache das Vandalische blieb, die theologische Auseinandersetzung mit den Katholiken ebenfalls lateinisch zu führen hatte. Dabei kam es zu interessanten Kontroversen, die im Grunde aufschlußreicher sind als die gleichzeitigen Äußerungen der Profanliteratur. Denn die mit Recht als Hofdichter bezeichneten Literaten Luxorius, Flavius Felix oder Florentinus repräsentierten die lateinische Literatur nicht im entferntesten so gut wie ihre der Klassik noch näherstehenden Vorgänger aus der Spätantike. Wenn sie mythologische Themen behandeln oder die Tugenden der vandalischen Herrscher, vor allem die Großmut und das Bildungsstreben Thrasamunds, besingen, so fehlt ihren Elaboraten die Originalität, oft sogar das Engagement und mithin die Überzeugungskraft. Lediglich Dracontius, der, wahrscheinlich wegen seiner Parteinahme für den byzantinischen Kaiser, ins Gefängnis geworfen wurde, steht eine Stufe höher. Die theologisch oder kirchlich bestimmte Literatur, die mitten aus dem arianisch-katholischen Gegensatz heraus entstanden ist, nimmt einen anderen Rang ein. Leider sind die lateinisch geschriebenen Werke der arianischen Geistlichen Cyrila, Pinta und Abragila verloren und nur im geringen Umfang aus den entsprechenden katholischen Streitschriften zu erschließen. Jedenfalls blieben sie theologisch unterlegen. Die rechtgläubigen Kleriker und Bischöfe, Männer wie Eugenius von Karthago, Victor von Vita und vor allem Fulgentius von Ruspe, waren gebildeter und stellten sich mit dem gesamten Gewicht ihrer dialektischen und kasuistischen Schulung auf die Position Augustins, der weithin die Theologie des Westens beeinflußte. Direkte Kontroversen zwischen Fulgentius und König Thrasamund bzw. seinen theologischen Beratern lassen erkennen, daß die katholische Theologie sich in dieser bedrohlichen Situation sehr umsichtig und konsequent zu behaupten wußte. Im offenen Meinungsstreit kam die nur wenig über Wulfila hinaus entwickelte Position der Arianer jedenfalls nicht dagegen an. Aus der geistesgeschichtlich besonderen Situation Afrikas heraus erklärt es sich natürlich auch, daß damals die monastische und hagiographische Literatur aufblühte, die mit manchen Tendenzen (Nachfolge Christi im Leidensweg) ins Mittelalter hineinweist.

Hier ist noch auf eine weitere Komponente einzugehen: Neben den Vandalen und den Provinzialen – die auf einer römisch-punischen Mischkultur fußten – wurden die Berber in dieser Periode ständig einflußreicher. Die meist noch auf der gentilgesellschaftlichen Stufe eines Reiter- und Hirtennomadentums oder zumindest Halbnomadentums lebenden Stämme machten sich den allmählichen Verfall und schnellen Zusammenbruch der römischen Herrschaft zunutze, um aus ihren Rückzugsgebieten in die Kulturzone der fest ansässigen Bevölkerungen vorzupreschen: Von der Saharagrenze her, aber auch von der Kabylie, vom Schott Hodna und vom Auresgebirge aus drangen sie, oft bereits als Kamelreiter, auf römisches bzw. vandalisches Territorium vor und setzten sich schließlich sogar im mitteltunesischen Dorsale-Gebiet fest. Ihre Häuptlinge, die in der spätrömischen Zeit mit ihrem Anhang oft als «gentiles» in die Grenzverteidigung einbezogen worden waren und von den Siedlungsmittelpunkten der «Centenaria» (kleine Kastelle) aus eine spezifische Form von römisch-berberischer Mischkultur angeregt hatten, wurden jetzt zu Fürsten und Königen selbständiger Staaten, die sich – teils im Bündnis mit, teils im Gegensatz zum Vandalenreich – zu stabilisieren begannen. Die ansässige Bevölkerung war durch das Vordringen der Berber beunruhigt. Jedoch dürften viele Einheimische wegen des fortbestehenden Gegensatzes zwischen Arianismus und Katholizismus eher mit den allmählich zum Katholizismus übergehenden Berberstämmen als mit den Vandalen sympathisiert haben, eine Tatsache, die mit zur schnellen Eroberung des Vandalenreiches durch den byzantinischen Feldherrn Belisar (533/34) beitrug. Unter der byzantinischen Herrschaft verschärfte sich der Gegensatz zwischen Ansässigen und Halbnomaden wieder: Deutlichster Ausdruck dafür war die Ummauerung aller noch vorhandenen Städte, deren Kern oft festungsartig ausgebaut wurde. Die Berber – und seit der Mitte des siebenten Jahrhunderts die Araber – hatten große Mühe, sich dieser letzten Refugien der romanisierten Bevölkerung Nordafrikas sukzessive zu bemächtigen.

Die Burgunder

Neben den anderen Ostgermanen haben auch die Burgunder einen nicht unerheblichen Anteil an der Völkerwanderung gehabt, und die frühe Mythologie («Nibelungenlied») stellt sie sogar stark in den Mittelpunkt der Auseinandersetzungen. Obwohl sie bei Schriftstellern wie Plinius d. Ä. und Ptolemäus erwähnt werden, gibt es auch über ihre Herkunft und Heimat gewisse Kontroversen. Wenn mittelalterliche Quellen die Insel Bornholm etwa als Borgundarholm bezeichnen, so liegt hier ein Hinweis, jedoch nicht mehr. Ebenso wie Rügen für die den Burgundern verwandten Rugier ein Durchzugsgebiet gewesen sein dürfte, so Bornholm für die wohl aus Südnorwegen südostwärts ziehenden Burgunder. Nach Herkunft und ursprünglicher Kultur sind sie etwa zwischen Goten und Vandalen einzuordnen. Nach dem sprachgeschichtlichen Befund, insbesondere einer lange beibehaltenen Nasalierung, dürften sie noch etwas eher als die Goten aus dem Norden abgewandert sein, wobei man natürlich mit einem Zurückbleiben von Stammesteilen in Südnorwegen wie dann auch auf Bornholm rechnen muß. Zeitweilig im Gebiet der mittleren Weichsel und der Weichselmündung ansässig, wurden sie etwa 200 u. Z. von Gepiden verdrängt. An die Stelle burgundischer Brandgrubengräber (in denen sich Schwerter, verzierte Lanzenspitzen, Schilde und Wurfspeerstöcke mit Widerhaken fanden) traten damals jedenfalls Grabfelder gepidischer Art, und damit stimmt ein Quellenbeleg aus Jordanes überein, der von der Vernichtung dieser burgundischen Gruppierung spricht. Das nächste Siedlungsgebiet des nur mäßig großen Stammes, der statt des Königtums anfangs nur eine Art Gaufürstentum ausbildete, das dem Einfluß der Volksversammlung genügend Spielraum ließ, ist die Lausitz gewesen. Nach Zusammenstößen mit Langobarden, die einen Teil der Burgunder verknechtet haben sollen, kam es zu einem Vorrücken in westlicher Richtung. Die möglicherweise langsame Westwanderung, die in einem gewissen Zusammenhang mit der damaligen Stammesbildung der Alamannen gestanden haben dürfte, erreichte spätestens Mitte/Ende des vierten Jahrhunderts die Gebiete am

Holzeimer mit Bronzebeschlag aus einem vandalischen Frauengrab des 4. Jahrhunderts (aus Széke/Slowakei)

Zusammenfluß von Main und Rhein. Burgundische Gräber sind zwischen Würzburg, Mainz und Wiesbaden nachweisbar. Die durch den Abzug der römischen Truppen und den vandalisch-alanischen Vorstoß geschaffene Lage nutzten die Burgunder aus, um sich der Gebiete um Worms und Speyer zu bemächtigen. Unter Gundahar, dem Gunther der «Nibelungensage», wurden dann Teile der Burgunder als römische Föderaten aufgenommen und in linksrheinischen Städten garnisoniert. Unter Ausnutzung der durch die Westgoten entstandenen prekären Lage für Rom schoben sich die Burgunder ab 413 auch ins gallische Gebiet vor. In den folgenden Jahren dürfte das sagenumwobene Worms tatsächlich die Hauptstadt des ersten Burgunderreiches geworden sein, das sich inmitten einer römischen, einer hunnischen und einer fränkischen Einflußsphäre herausbildete. In dieser Situation war natürlich die Profilierung eines zentralen Königtums aus der noch unentwickelteren militärischen Demokratie nötig, um sich der allseitigen Bedrohung gegenüber halten zu können. Wie straff dieses «Reich» organisiert war, läßt sich jedoch kaum sagen. Während die Burgunder um 370 noch heidnisch waren, bekannten sie sich in der Zeit des Wormser Reiches zum Christentum, wobei die Frage, ob das katholische oder das arianische Bekenntnis angenommen wurde, kontrovers bleibt. Auch die aufgefundenen Grabinschriften vermögen das Problem nicht zu klären.

Mit der Zeit versuchten die Burgunder, ihr Gebiet auf Kosten der noch römischen Provinz Belgica (I) zu erweitern. Sie wurden dabei vom Heermeister Aetius geschlagen, der die unbequemen Nachbarn außerdem, nach Abschluß eines formellen Friedensvertrages, durch eine hunnische Truppe überfallen ließ. Diese Niederlage des Jahres 436, in der Gundahar mit seinen Brüdern fiel, bildet den historischen Kern des «Nibelungenepos», in dem mit dichterischer Freiheit Attila selbst in den Mittelpunkt des Geschehens gerückt wird. Das «Nibelungenlied» ist mit Recht als «eine der mächtigsten tragischen Dichtungen der deutschen Literatur» bezeichnet worden. Infolge seiner langen Entstehungsgeschichte spiegelt es die Anschauungen verschiedener Gesellschaftsformationen wider. Während der «Kern» – so die «Siegfriedsage», die zur verbreitetsten deutschen Volkssage wurde – das Ethos der «sagenhaften» vorfeudalen Zeit in den Vordergrund stellt, sind im übrigen zahlreiche Auffassungen der hochmittelalterlichen Welt – so Minnekult, höfische Prunkentfaltung und christliche Gepflogenheiten – eingeflossen. Insgesamt spiegeln sich, vor allem im «Untergang» der Nibelungen, zahlreiche Züge des spätantiken Geschehens wider, so im Neben- und Gegeneinander der verschiedenen germanischen und nichtgermanischen Völkerschaften (Hunnen) und ihrer wichtigsten, mehr oder weniger historischen Repräsentanten (Attila = Etzel, Dietrich von Bern = Theoderich der Große, Gunther, Hagen, Siegfried, Brunhild, Krimhild).

Von der Niederlage durch die Hunnen entkräftet, gerieten zumindest die linksrheinischen Burgunder wieder stärker unter römischen Einfluß. Aetius nahm sie erneut als Föderaten auf und wies ihnen 443 Sitze in der Sapaudia, dem späteren Savoyen, zu. Hier sollten sie vor allem als Grenzschutz gegen die in die Schweiz vordringenden Alamannen fungieren. 451 beteiligten sie sich unter großen Verlusten an der Abwehrschlacht gegen Attila. Obwohl formell noch unter römischer Hegemonie, wurde Burgund in den folgenden Jahren doch immer selbständiger, und anstelle der römischen Offiziere gewannen endgültig einheimische, mit Westgoten und Franken in verwandtschaftlichen Beziehungen stehende Könige die Gewalt in dem sich zwischen Genf und Lyon formierenden Staat. Trotz zeitweilig guten Einvernehmens mit den Franken, mit denen viele Burgunder dann auch im katholischen Bekenntnis übereinstimmten, wurde das kleinere Reich vom nördlichen Nachbarn schon seit 500 immer mehr bedrängt. Im Jahr 534 war die Eingliederung in den fränkischen Reichsverband abgeschlossen, so daß die Periode der politischen und kulturellen Selbständigkeit recht begrenzt erscheint.

So ist die Rolle der Burgunder für uns auch in relativ wenigen Passagen faßbar. Ihre Ansiedlung erfolgte nach dem römischen Einquartierungsgesetz, das eben für Föderaten wie für Soldaten der normalen Armee Anwendung fand. Ein Drittel – in Burgund vielleicht sogar die Hälfte – der verfügbaren Häuser und Grundstücke wurde für König, Adel und gemeinfreie Burgunder in Anspruch genommen. Die zwangsweise Teilung hat jedoch nicht auf einen schroffen Gegensatz von Romanen und Germanen – wie etwa im Vandalenreich – hingewirkt, vielmehr betrachtete man beide «Nationen» als gleichberechtigt: Der arianische König Gundobad (480–516) hat dementsprechend die Kodifizierung beider Rechte sorgsam durchführen lassen, wobei in die «Lex Burgundionum», die nach Beyerle «im Zwielicht zwischen germanischem Altertum und Spätantike» steht, zahlreiche römische Bestandteile einflossen, die zweifellos auf die Lyoner Kronjuristen des Königs zurückzuführen sind. Die sogenannte Lex Romana Burgundionum (506) stellt im wesentlichen ältere römische Rechtsquellen mit vulgarrechtlichen Bestandteilen zusammen. Die Romanisierung beeinflußte natürlich nicht nur Recht und Gesetz, vielmehr ist das Eindringen des Romanischen ins Rechtsleben eine Widerspiegelung der wirklichen Entwicklungen und Entwicklungstendenzen. Im Gegensatz zu anderen Völkerwanderungsstaaten waren im Burgunderreich auch die Römer (Romanen) wehrpflichtig, und es bestand keinerlei Eheverbot zwischen den Angehörigen der beiden «Nationen». Die Westgoten beispielsweise haben einen solchen Entwicklungsstand erst im Laufe des sechsten bzw. sogar des siebenten Jahrhunderts erreicht! Das burgundische Königtum fußte auch ideologisch, um vom eigenen Gentiladel unabhängiger zu sein, auf römisch-antiken Wurzeln und forderte für sich sogar das Erbrecht. Die sich entwickelnde Despotie wurde von keiner Volksversammlung mehr kontrolliert, hatte sich jedoch mit einer Art Notabelnversammlung (Conventus Burgundionum) abzufinden, deren beratende Funktion nicht unterschätzt werden darf.

Burgundische Inschriften mit lateinischen Majuskeln, Runenalphabete (Spange von Charnay) sowie zahlreiche auf die Burgunder zurückgehende Ortsnamen bekunden den Einfluß, den dieser Stamm für längere Zeit in Südostfrankreich ausübte. In das Provencalische sind auch burgundische Lehnworte aufgenommen worden. Man kann jedoch, ähnlich wie in den anderen Völkerwanderungsstaaten, für das burgundische Gebiet am ehesten von einer Mischkultur sprechen. Die herrschende Klasse und die gehobenen Bevölkerungsschichten romanisierten sich zusehends – soweit sie nicht überhaupt romanischen Ursprungs waren. Bei den einfachen Burgundern setzten sich lateinische Sprache und antike Sitten weniger und später durch, oft wohl erst mit dem sich ständig verstärkenden Einfluß der katholischen Kirche. In der Kleidung etwa hielt man lange Zeit an einer barbarischen Tracht fest, die bei den Männern aus Leibrock,

Kniehosen und hohen Schnürstiefeln bestand. Ein Gürtel diente gleichzeitig als Wehrgehänge. Die Frauen trugen ein Unterkleid und einen Mantel, der durch oft kostbare und mit Edelsteinen geschmückte Fibeln, Broschen und Nadeln zusammengehalten wurde. Die Ornamentik knüpft häufig an den südrussisch-gotischen Kunststil an, zeigt aber natürlich auch in zunehmendem Maße christliche Motive (Prophetenschnallen mit Daniel in der Löwengrube). So läßt sich weithin eine Mischung von Antikem und Barbarischem verfolgen, die für Burgund noch charakteristischer sein dürfte als für die größeren Nachfolgestaaten des Imperium Romanum.

Die Alamannen

Mit diesem Stamm oder Stammesbund – denn die Übersetzung «alle Männer» und «Männer insgesamt» weist auf eine Zusammenfassung hin – tritt erstmalig eine Gruppierung der Elbgermanen in Erscheinung. Ähnlich wie die verwandten Sueben, Hermunduren, Thüringer, Bayern und Langobarden sind sie für die Völkerwanderung selbst von etwas untergeordneter Bedeutung, da sie in der Auseinandersetzung mit Rom weniger hervortreten als die Ostgermanen; ihre Wanderzüge nehmen sich vergleichsweise auch relativ bescheiden aus; übrigens ist vieles an ihrer Genesis nicht weniger rätselhaft als bei den oben erwähnten Stämmen. Gewisse Zusammenhänge müssen zwischen den Sueben Ariovists, die von Caesar zurückgeschlagen wurden, und den seit etwa 200 u.Z. in Süddeutschland auftauchenden Alamannen bestehen. Andererseits hängen sie mit dem Semnonenbund zusammen, dessen kultisches – und zeitweise wohl auch politisches – Zentrum in der Mark Brandenburg lag. Von hier aus wurden Vorstöße von Gefolgschaften und zeitweise auch von ganzen Stämmen – so kurz vor der Zeitrechnung der Vormarsch von Markomannen und Sueben nach Böhmen – nach Südosten und Süden unternommen, was zumindest ansatzweise eine Art Planung erkennen läßt. Unter der Führung ihrer Gentilaristokratie stießen Sueben und Teile der Alamannen seit etwa

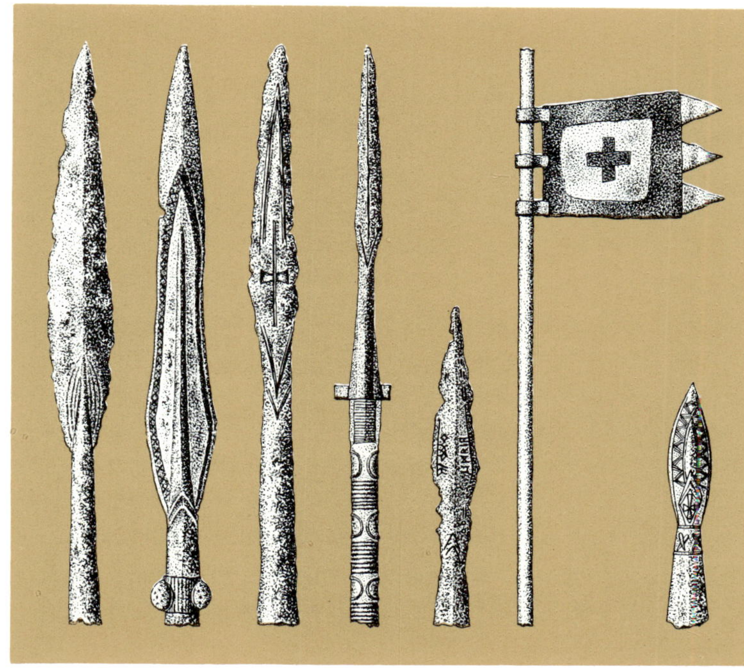

Reichverzierte Lanzenspitzen und eine Fahnenlanze aus alamannischen Gräbern

200 zum Main und zum obergermanisch-rätischen Limes vor, der immer wieder angegriffen wurde. 213 noch von Kaiser Caracalla zurückgeschlagen, wiederholten sie ihre Vorstöße hartnäckig. Und gleichzeitig mit der Provinz Dakien mußte Rom um 260 auch das sogenannte Dekumatenland, das zwischen Rhein, Donau und Limes liegende Gebiet, den Alamannen und im Norden den Franken überlassen, womit ein entscheidendes Vorfeld für die späteren Völkerwanderungsstöße geschaffen worden war. In den folgenden Jahrzehnten versuchten die Alamannen, manchmal von den verwandten Juthungen unterstützt, ihre Sitze noch weiter in südlicher und westlicher Richtung auszudehnen, wobei es zu verschiedenen Einfällen in Italien kam. Gegenschläge der Kaiser Julian und Valentinian I., die wir bereits verfolgten, konnten diesen Prozeß nur abstoppen, die Landnahme im Elsaß und in weiten Teilen der Schweiz nur verlangsamen. Auch Augsburg, Regensburg und Passau gehörten

zeitweilig zum Interessenbereich des lockeren Staatsgefüges, das sich im fünften Jahrhundert unter alamannischen Herzögen herausschälte. Bald kam es – so im Streit um Trier – zu heftigen Auseinandersetzungen mit den Franken, in deren Verlauf sukzessive das ganze Alamannengebiet fränkisch wurde. Der letzte Herzog, Lantfrid, starb 730. Im Jahre 911 wurde im ehemaligen Alamannenbereich das Herzogtum Schwaben gebildet.

Auch die Alamannen und die ihnen verwandten Stämme haben bis zum Beginn der Völkerwanderung, vor allem im kulturellen Bereich, eine ganz ähnliche Entwicklung genommen wie die ostgermanischen Stämme. An Besonderheiten mag das intensivere Festhalten am alten Brauchtum und an den heidnischen Sitten genannt werden, das sich aus dem grundlegenden Landesausbau des einmal eroberten Siedlungsraumes erklärt. Es blieben nur gewisse romanische und keltische Restbevölkerungen, vor allem in den Städten. Das offene Land wurde weitestgehend von den alamannischen Bauernkriegern neu besiedelt, wovon zahlreiche Ortsnamen auf -ing, -heim, -weiler,- feld, -hausen oder -dorf, in der Schweiz auch auf -ikon, zeugen. Man muß mit großen Weilern und Dorfsiedlungen rechnen, wie sich aus den Urnengräberfeldern ergibt. Die teilweise auf keltischen Ursprung zurückgehenden Burgwallanlagen dienten meist als politische und kulturelle Mittelpunkte der alamannischen Gaue. Namen wie Berchta, Frigga oder Hulda weisen neben der Tatsache ihrer germanischen Herkunft übrigens darauf hin, daß man mindestens bis ins sechste Jahrhundert hinein möglichst am alten Polytheismus festhielt, wobei Muttergottheiten (sogenannte Matronen, die vorgermanischer, z. B. keltischer Herkunft sein können) neben den anderen Göttern (Wodan) eine herausragende Rolle spielten. Erst mit der Unterwerfung unter die bereits katholischen Franken verstärkten sich – von Nordwesten, nicht vom Süden her – die christlichen Einflüsse. Fränkische und iroschottische Asketen wie Kolumban, Gallus und Pirminius missionierten unter den Alamannen und begründeten die Klöster Bregenz, St. Gallen und Reichenau. Um 715 hatte die katholische Kirche mit den Bistümern Chur, Basel, Konstanz, Straßburg und Augsburg auch bei den Alamannen eine feste Organisation erreicht.

Die Franken

Der für die deutsche und französische Geschichte in gleichem Maße wichtige Stamm der Franken ist in seiner Ethnogenese im einzelnen sehr strittig. Obwohl sich die ursprünglichen germanischen Stämme des Weser-Rhein-Gebietes, aus denen der westgermanische Stammesbund der Franken zusammengewachsen ist, nur wenig von ihrer Ausgangsbasis entfernt haben, ist vor allem der Zeitpunkt, zu dem Brukterer, Amsivarier, Chamaver, Tubanten, Ubier, Sugambrer und andere Stämme zu «Franken» geworden sind, umstritten. Auch der Umfang, in dem diese Kleinstämme an der Bildung des größeren Stammesbundes teilnahmen, läßt sich nicht genau fassen; manche der älteren Stämme büßen ihren Namen später ganz ein, andere behalten ihn für längere Zeit, wie wir aus der «Konkurrenz» der Namen Salier oder Ripuarier (Uferfranken) mit der Gesamtstammesbezeichnung erkennen.

Während einige dieser Stämme, so die im Raum Köln siedelnden Ubier, zeitig in den Sog der römischen Kolonisation am Rhein mit ihren nivellierenden, andererseits aber zur Ausbildung einer antagonistischen Klassengesellschaft beitragenden Tendenzen hineingezogen wurden, bewahrten andere die alte Stammeseigenart länger. Die vielen Germanenstämmen auf der Stufe der militärischen Demokratie eigentümliche kämpferische Haltung blieb vor allem den rechtsrheinischen und den im Rheinmündungsgebiet siedelnden Stämmen (Salier, Bataver) lange erhalten. Sie wurden von den Römern gefürchtet, nach Möglichkeit aber im Sinne des «Divide et impera» in die römische Verteidigungsstrategie selbst einbezogen. So gelang es den zu Lande, teilweise auch in Piratenzügen zur See vordringenden fränkischen Gauen lange Zeit hindurch nicht, im nordgallischen Gebiet feste Sitze zu erringen, zumindest nicht als selbständige Einheiten. Bis zum dritten, ja vierten Jahrhundert konnten die Römer immer wieder fränkische Teilstämme oder Gaue, die sich neue Sitze suchten, zurückdrängen oder kriegsgefangene Franken in entvölkerten Gebieten ansiedeln. Ein besonderes Problem bieten in diesem Zusammenhang die sogenannten Laeten, die als reguläre Truppenteile in der römischen Armee Dienst taten, jedoch meist unter Stammesführern im Rang von Präfekten nach eigenem Recht lebten und schließlich über weite Teile Galliens und Italiens verteilt waren. Zumindest eine fränkische Laeteneinheit ist sogar im Staatshandbuch der «Notitia Dignitatum» nachweisbar. Die große Zahl nichtfränkischer Laetenformationen aber läßt darauf schließen, daß gerade dieses neue gallisch-italische Verteidigungssystem weithin zur Abwehr der rechtsrheinischen Franken und ähnlicher Stammesbünde konzipiert

Stilisierte Menschendarstellungen aus dem alamannischen Kreis

war; gleichzeitig sollte es natürlich die für die Zentralregierung gefährliche Bagaudenbewegung niederhalten. Ob die sogenannte Reihengräberzivilisation im nordgallisch-belgischen Raum mit den Laeten in Zusammenhang zu bringen ist, bleibt umstritten. Sicherlich sind diese Gräberfelder aber in erster Linie einer germanischen Bevölkerung zuzuweisen. Trotz solcher Verteidigungslösungen des vierten Jahrhunderts, die unter bewährten Kaisern wie Julian und Valentinian I. immer wieder verbessert wurden, blieb die Basis der «freien» Franken auf dem rechten Niederrheinufer, für das der Name «Francia» bereits vor Ammianus Marcellinus (XXX, 3, 7) aufgekommen war, stark. Das dortige Stammesreservoir griff je nach der Lage mit geringen oder starken Kräften römisches Territorium oder Gebiete der benachbarten Alamannen oder Burgunder an. Während anfangs mehr das flache Land verheert wurde, waren bereits in der Zeit Julians auch Städte wie Köln und Trier Angriffsziele, die seitdem mehrfach den Besitzer wechselten. Zu geschlossener bäuerlicher Siedlung der Franken, und zwar der Salier, kam es zuerst in Toxandrien, im Gebiet zwischen Maas und Schelde, das auch als Keimzelle des Merowingerreiches angesehen werden kann. Auch ein so reichsbewußter Heermeister wie Aetius mußte den Franken verschiedene Gebietserwerbungen bestätigen, nicht zuletzt im Zusammenhang mit der Abwehr der hunnischen Aggression unter Attila. – Jetzt tauchten in einem Prozeß der Differenzierung des Gentiladels und der Abwertung der Volksversammlungen bei den einzelnen Stämmen auch bereits Könige (Kleinkönige) auf, die die ältere Herzogsgewalt oder das Gaufürstentum ablösten und ersetzten. Ihre Residenzen nahmen hier und da bereits städtischen Charakter an, vor allem natürlich dann, wenn die Festsetzung in ehemaligen römischen Städten wie Köln, Metz oder Tournai erfolgte, die nicht völlig zerstört worden waren. Die formelle Abhängigkeit dieser Kleinkönige und Kleinstaaten von Rom blieb jedoch bis zu Childerich, dem Vater Chlodwigs, erhalten, der die Reste der römischen Machtstellung in Gallien gegen die auch formell von Rom freien Westgoten verteidigte. Erst Chlodwig hat 486 den letzten römischen Machthaber, Syagrius, bei Soissons vernichtend geschlagen und begründete auf den Erfolgen über Rom und über andere Staaten (Westgoten,

Burgunder, Alamannen) ein einheitliches Frankenreich von großer territorialer Ausdehnung, das die ehemaligen Stämme aufsog. Eigenheiten der Stämme lebten dann nur noch in bestimmten Namen und teilweise im Rechtsleben fort (Lex Salica, Lex Ribuaria). Von epochaler Bedeutung war auch Chlodwigs Übertritt zum katholischen Christentum, der dem Frankenreich einen Weg wies, der sicherer in die Zukunft führte als das arianische Bekenntnis anderer Germanen. Der Gegensatz zwischen den Franken und den Romanen, die in der Überzahl seit langem katholisch waren, hob sich dadurch völlig auf. Und damit wurde allmählich auch der Weg für die Schaffung eines großen frühfeudalen Staates unter der Herrschaft der Merowinger und ihrer karolingischen Hausmeier und Nachfolger frei. Mit den Vorgängern Karls des Großen schickte sich dieses Staatswesen bereits an, dem Byzantinischen Reich und den großen islamischen Staaten Paroli zu bieten, und in der sogenannten karolingischen Renaissance, die Männer wie Alkuin, Einhard oder Hrabanus Maurus aufzuweisen hat, verbanden sich im Frankenreich vorwärtsdrängende Kulturelemente verschiedenster Provenienz mit antikem Geistesgut zu neuer Synthese.

Die Angelsachsen

Die zur nordseegermanischen Gruppe der Westgermanen gehörenden Stämme der Angeln, Sachsen und Jüten haben nach früheren Plünderungs- und Erkundungszügen seit etwa 449 den größten Teil Britanniens (England) besiedelt. Obwohl Beda, der selbst Angle war, erst im achten Jahrhundert von diesen Ereignissen berichtet, ist am überlieferten Zeitraum kaum zu zweifeln. Seit 407 war Britannien von den in Gallien und Italien dringend

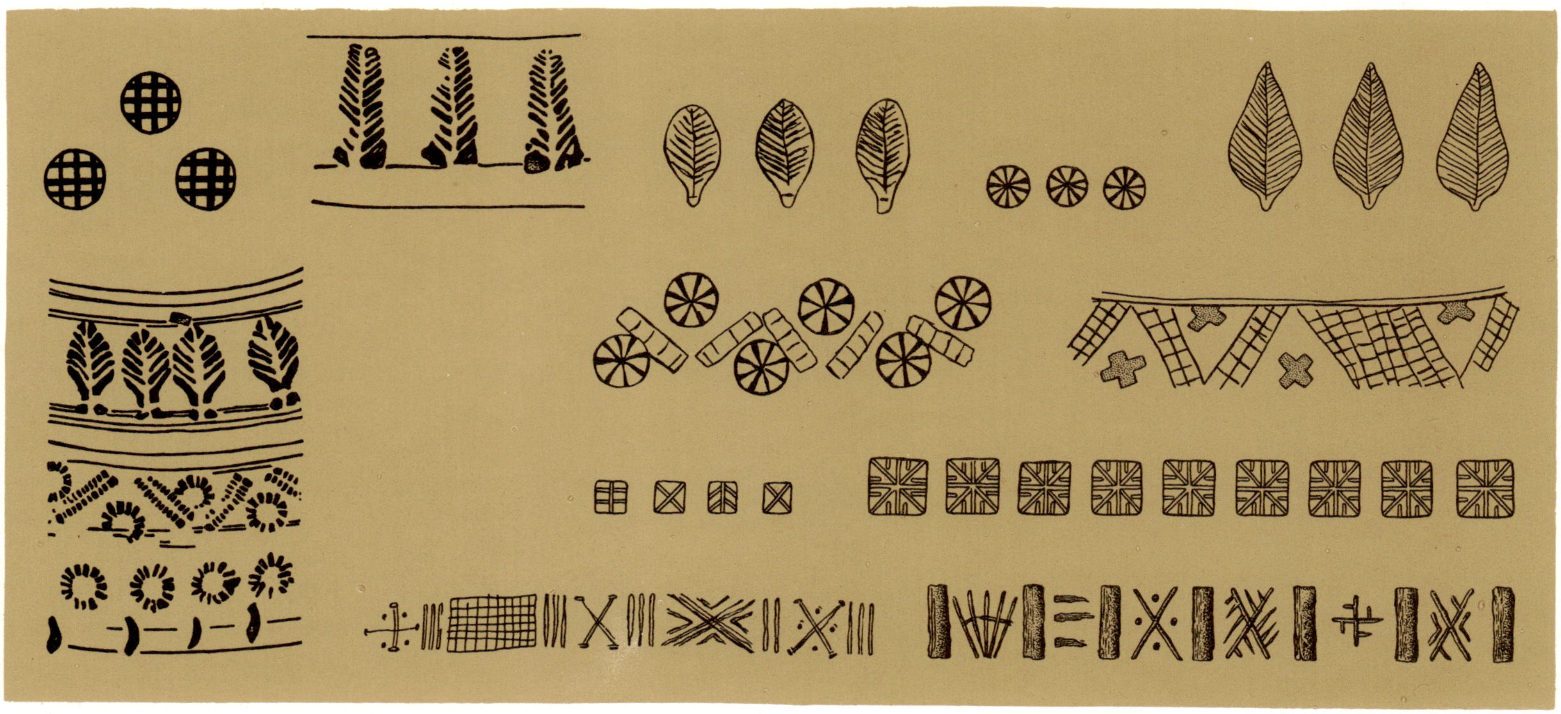

Fränkische Ziermuster

benötigten römischen Truppen geräumt; in das entstehende Machtvakuum stießen die Stämme der Picten und Scoten vor, die die mehr oder minder romanisierten Briten im Süden der Insel beunruhigten. Teile der Briten und Reste der Römer wichen auf die armorikanische Halbinsel, die spätere Bretagne, zurück, andere wandten sich an die Angeln und Sachsen um Hilfe. Eine von Kaiser Honorius geförderte Milizarmee, die viele der befestigten Städte oder der ummauerten Gutshöfe verteidigen sollte und auf die neuerdings auch manche Waffen und Kleidungsreste (so Gürtelschnallen) hinweisen, konnte der Lage nicht auf längere Zeit Herr werden. Die eigentliche Festsetzung der Nordseestämme erfolgte unter den mythischen Brüdern Hengist und Horsa, die schon vom Namen her an ein dioskurisches Brüderpaar, gleichzeitig aber an einen verbreiteten Pferdekult erinnern. Ende des fünften Jahrhunderts zeichnet sich folgendes Bild von der neuen Landnahme und Siedlungsverteilung ab: Die aus dem Rheinmündungsgebiet kommenden Jüten (Euten) besiedelten Kent und die Insel Wight, die vom Unterelbegebiet her vorstoßenden Sachsen Sussex, Essex und Wessex und die aus Schleswig-Holstein stammenden Angeln Suffolk, Norfolk, Mercia und Northumbrien. Angriff und Verteidigung lösten sich bei dieser Landnahme ab, denn nicht nur die Picten – gegen die im Norden sogar der sogenannte Pictenwall errichtet wurde – und Scoten blieben Feinde der Angelsachsen, sondern auch Teile der Briten wollten sich den neuen Herren nicht fügen. Soweit sie nicht doch unterworfen wurden, zogen sie sich nach Cornwall und Wales (Gälen) zurück. Prokop berichtet Mitte des sechsten Jahrhunderts von einem Angelnreich, neben dem jedoch andere Teilreiche bestanden. In ständiger Auseinandersetzung mit den keltischen Briten, die sich noch in der unterschiedlichen Herkunft der Orts- und Flußnamen spiegelt, kam es 824 zu einer ersten Gesamtreichsbildung, die an König Egbert von Wessex geknüpft ist.

Man sollte annehmen, daß die als besonders wild und kriegerisch geltenden Angeln und Sachsen – der Name der letzteren hängt wohl mit dem Sax (Sahs), dem einschneidigen Schwert, zusammen, das als eine Art «Nationalwaffe» zu gelten hat, und hiervon war der Hauptgott Sahsnot (der Schwertschwinger) abgeleitet – sich den Einflüssen einer höheren Zivilisation besonders lange entzogen hätten. Das gilt nur bedingt. Zunächst orientierte sich die angelsächsische Zivilisation in Britannien überwiegend an den heimischen Errungenschaften: Man hat das an den in gleicher Weise einfachen Siedlungen und Häusern, an den Buckelgefäßen und Lochgefäßen oder an den sogenannten gleicharmigen Fibeln und kreuzförmigen Fibeln festgestellt, die sich auf dem Festland wie im südöstlichen Britannien fanden. Schwieriger ist die Einordnung der nur aus bestimmten Kriegergräbern bekannten Gürtelschnallen, die seit der spätrömischen Zeit – und wohl bis mindestens 500 – auf enge Beziehungen zum gallisch-fränkischen Raum hinweisen. Die Zusammenhänge in der Bestattungsweise sind auch strittig. Bald kam es jedoch zu mancher Neuentwicklung und zu Mischformen mit den Kulturgütern der romanisch-britischen Vorbevölkerung.

Am deutlichsten wird dies bei einem Blick auf die Christianisierung der bisher einheitlich heidnisch-polytheistischen Angelsachsen, die neben dem erwähnten Sahsnot noch eine Erdmutter (eorthan modor) verehrten. Sie wurden in der Hauptsache durch römische Mönche bekehrt, die 597 von Papst Gregor I. unter dem Abt Augustinus nach Canterbury geschickt worden waren. Zunächst ließ sich König Ethelbert von Kent durch die Benediktiner taufen; ab 604 konnten diese aber auch Essex (London) gewinnen, und in den folgenden Jahrzehnten wurde das gesamte angelsächsische Gebiet missioniert und zu einer Art Landeskirche ausgebaut, die freilich in enger Abhängigkeit von Rom stand. Eindeutig ist die Entwicklung jedoch nicht, denn auch die zunächst auf Irland konzentrierte iroschottische Mönchskirche hat sich um die Gewinnung der Angelsachsen bemüht. Seit der Mitte des siebenten Jahrhunderts wurde die Entwicklung der Kirchen und Klöster besonders gefördert (Synode von Streaneshalch 664). Bildung und Wissenschaft blühten in den angelsächsischen Klöstern auf (Aldhelm, Beda). Andererseits sandten Iroschotten wie Angelsachsen bald Missionare aufs Festland, die vor allem im friesischen Gebiet wirkten (Willibrord, Bonifatius), jedoch mit ihren Wanderbischöfen auch bis ins Mittelrhein- und Oberdonaugebiet vorstießen (Emmeram, Corbinian, Rupert von Worms).

Die Langobarden

Die Langobarden werden sinnvollerweise ziemlich an den Schluß der Betrachtung gerückt: Sie beteiligten sich spät an der Völkerwanderung und drangen erst nach der Mitte des sechsten Jahrhunderts auf ehemaliges Reichsgebiet vor. Jedoch haben sie hier in verschiedener Hinsicht zu interessieren, mehr als beispielsweise die Thüringer, die Awaren und die Slawen, die ebenfalls spät in den Strom der Ereignisse hineingezogen werden, außerdem aber – schon unter geographischem Aspekt – in der Randzone des Völkerwanderungsgeschehens bleiben.

Ältere und neuere langobardische Traditionen fließen bei Paulus Diaconus zusammen, der, zeitweise in der Umgebung Karls des Großen lebend, neben kirchengeschichtlichen Arbeiten auch eine Langobardengeschichte verfaßt hat. Er befand sich – selbst Langobarde – dabei in einer dem Jordanes ähnlichen Situation, zumal sein Volk bereits die politische Eigenständigkeit eingebüßt hatte. Wie viele andere Germanenstämme aus Südskandinavien stammend, wo Beziehungen zu den Goten (Gauten) bestanden haben müssen, gelangten die Langobarden in Auseinandersetzungen mit den Vandalen, über die Paulus Diaconus ausführlich berichtet, ins untere Elbgebiet. Während der langwährenden Ansiedlung in der Lüneburger Heide und in Mecklenburg müssen sich bei diesem Stamm, der Tacitus bereits unter dem Namen Langobarden (Langbärte) bekannt war, mancherlei Entwicklungen angebahnt haben. Aus dem Adel schälte sich das Königtum heraus, und auch von Unfreien wird oft berichtet. Durch zahlreiche Überschichtungen und verlustreiche Kämpfe, die wiederum Kriegsgefangene einbrachten, ist die Stammesstruktur stark verändert worden. Man mußte sogar viele Fremdstämmige adoptieren, um künftigen Auseinandersetzungen gewachsen zu sein. So erklärt es sich relativ leicht, daß aus dem zunächst nordgermanischen ein mehr elbgermanisches Volk wurde, das nur noch in manchen Personennamen und Rechtseigenheiten seinen Ursprung erkennen ließ. Im Zusammenhang mit diesem Wandlungsprozeß steht auch der Übergang von der älteren Wanenreligion zum Wodanglauben. Neben siedlungsarchäologischen Spuren ist die anhaltende langobardische Siedlung an der Unterelbe auch durch manche Namen (Bardowiek, Bardengau) nachgewiesen. Rätselhafter bleiben Gründe und Stationen des Weges nach dem Süden, den dieser Stamm später als die meisten anderen germanischen Gruppierungen einschlug. Sicherlich hat die Masse des Volkes im ausgehenden vierten Jahrhundert die Wanderung in Richtung Niederlausitz aufgenommen. Nach dem Zerfall des Hunnenreiches saßen sie wohl um Bratislava, wo sich einige Fundplätze befinden. Um 507 besiegten sie die im heutigen Niederösterreich siedelnden Heruler und dehnten sich über weite Teile Böhmens und der Slowakei aus. Der damalige König Wacho repräsentierte einen ersten Höhepunkt des Reiches und sicherte seine Machtsphäre durch geschickte Bündnisverträge und – wie der Ostgote Theoderich der Große – durch eine weitgespannte Heiratspolitik ab. Diplomatische Beziehungen verbanden die Langobarden mit den Silingen in Schlesien, mit Gepiden, Herulern, Thüringern und Franken. Bald gerieten sie auch in den byzantinischen Einflußbereich und wurden von Justinians Gesandten, die beim langwierigen Kampf um Italien mit den Ostgoten auch langobardische Söldner einsetzten, durch Jahrgelder und Zusicherung fester Wohnsitze (Pannonien) für ein Bündnis gewonnen.

Feindseligkeiten mit den Gepiden dürften schließlich der Hauptanlaß für den Italienzug der Langobarden gewesen sein. Zwar gelang es König Alboin, der sich mit den vom Osten herandrängenden Awaren verband, die Gepiden 567 abzuwehren, deren Gebiet von den Awaren besetzt wurde. Die unheimliche Nachbarschaft mit dem neuauftauchenden Reitervolk ließ jedoch für die zahlenmäßig immer ziemlich schwachen Langobarden offenbar keinen anderen Ausweg als den Marsch nach dem Süden, den die Hauptmasse des Volkes – einschließlich sächsischer und anderer Stammessplitter – zügig antrat. Möglicherweise schlossen sich den Langobarden auch zerstreute Reste der Ostgoten und manche Romanen an, da die Bürokratie und der Fiskalismus der Byzantiner, die die Reste der Sklavenhalterstruktur in Italien wieder aufleben ließen, breite Bevölkerungsschichten bereits gegen Konstantinopel mobil gemacht hatten. So erklären sich die schnellen Erfolge der Langobarden nicht

Germanischer Silbersporn
um 100 u. Z.

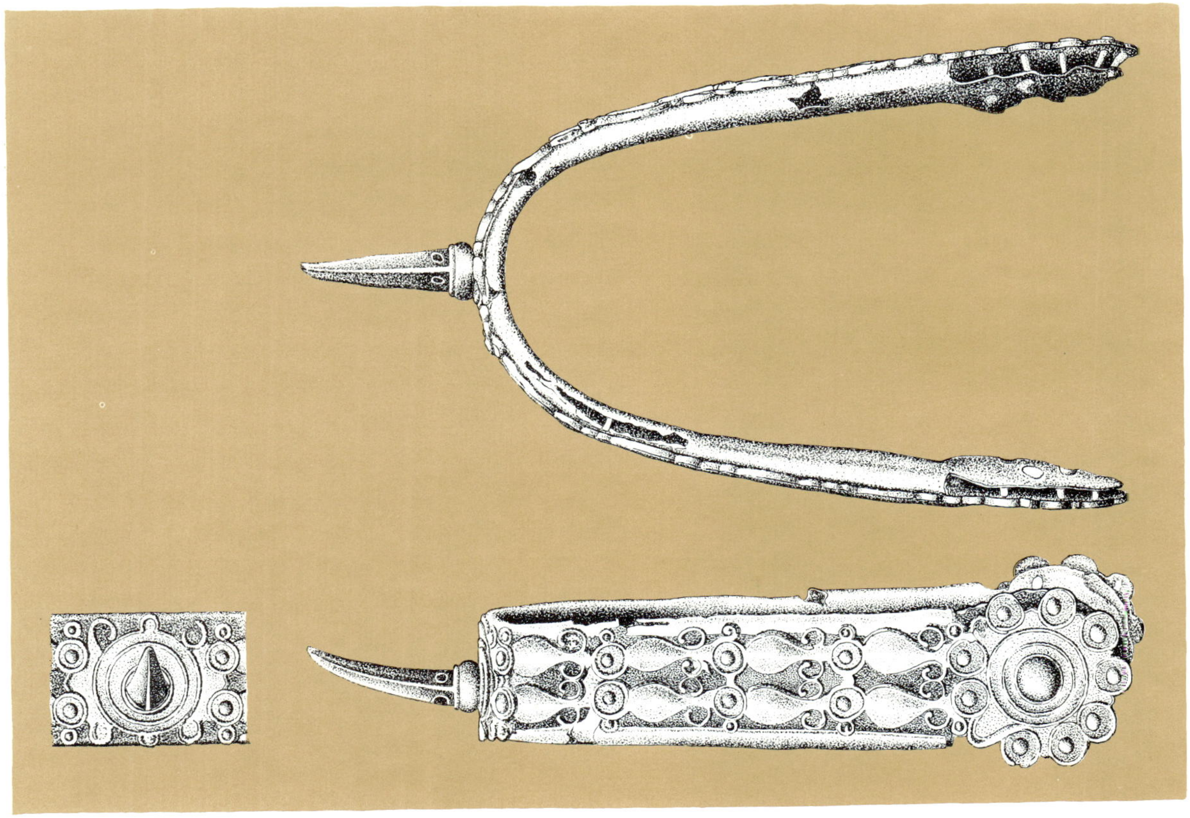

nur aus der Kampfkraft ihrer Reiterkontingente, sondern vielmehr aus einer geschickten Bündnispolitik mit unterdrückten Bevölkerungsschichten und über Italien verstreuten Minderheiten von Barbaren. 572 wurde Pavia genommen und zur Hauptstadt des neuen Reiches erhoben. Die Ermordung Alboins (572) und ein baldiges Interregnum verhinderten eine sofortige Konsolidierung des neuen Staates, die sich infolge der spezifischen Macht- und Einflußsphären in Italien auch sehr viel anders vollzog als entsprechende Vorgänge in Spanien und Frankreich. Als die Ansiedlung der Langobarden unter König Authari (584 bis 590), vornehmlich auf herrenlosem Land und abgeteilten Dritteln des Großgrundbesitzes in Norditalien (besonders Poebene, schwächer Umbrien und Nordtoskana, dünn in den langobardischen Herzogtümern Spoleto und Benevent), abgeschlossen wurde, zeichnete sich längst eine Aufteilung Italiens in mehrere Herrschaftssphären ab: die päpstliche, aus der später der Kirchenstaat entstand, die byzantinische, auf Ravenna, die Romagna, Sizilien und Teile Süditaliens konzentriert, und die langobardische, die sich mit dem verbleibenden, zwar großen, aber doch zerrissenen Territorium begnügen mußte. Diese Zwei- bzw. Dreiteilung hat die italienische Geschichte noch bis in die jüngste Vergangenheit mitbestimmt.

Das Unvermögen der Langobarden, sich ganz Italiens zu bemächtigen, brachte immer neue Probleme mit sich. Nur selten waren die südlichen Herzogtümer enger mit dem auf Norditalien begrenzten Königreich verbunden. Es bedurfte enormer Anstrengungen der Legislative und der Exekutive, die meistens zerrissenen Grenzen zu schützen und Langobarden wie Romanen, die teils de facto, teils auch de iure allmählich einander angeglichen wurden, an die sich bildende frühfeudale Ordnung zu gewöhnen. Die Könige setzten vor allem auf reichsunmittelbaren Gebieten einflußreiche Verwalter ein, und zwar die Gastalden, die mit den zur Selbständigkeit strebenden Herzögen konkurrierten. Stärker noch hervorzuheben als Träger der langobardischen Vasallität sind die Gasindii (Gesinde), die unfreien Standes sein können, aber als eigentliche Stützen des königlichen Machtapparates gelten müssen. Andere Dienstleute tauchen unter den Bezeichnungen actor, ministerialis, stolesazo oder sculdahis (= Schultheiß) auf – worin sich der stark germanische Einfluß auf das Rechtsleben äußert. So setzte sich auch die alte germanische Volksversammlung bei den Langobarden noch in der Heeresversammlung fort. Aber allenthalben stärkte sich doch bald der romanische Einfluß, und mit dem allmählichen Übergang der Langobarden zum Katholizismus wurde der endgültige Verschmelzungsprozeß eingeleitet, den Könige wie Rothari (636–652), der mit seinem Edikt von 643 «die hervorragendste legislative Schöpfung aus der Zeit der Volksrechte» (O. Brunner) geschaffen hat, nur etwas aufhalten konnten. Dieses in Vulgärlatein abgefaßte, mit zahlreichen langobardischen Rechtswörtern durchsetzte Gesetzbuch hat als eine Art Synthese vieler germanischer Volksrechte (Zusammenhänge mit sächsischem wie westgotischem Recht sind erwiesen) großen Einfluß auf spätere Kodifikationen ausgeübt und wurde, ständig durch Novellen ergänzt (zuletzt durch Liutprand), erst vom ausgehenden achten Jahrhundert ab allmählich durch fränkisches Königsrecht ersetzt. Für die romanische Bevölkerung hat es direkt freilich nur begrenzte Geltung erlangt, da die Einheimischen weiter nach römischem Recht gerichtet wurden.

Natürlich bedeutete die Langobardenherrschaft für Italien in vieler Hinsicht einen negativen Einschnitt. Mit dem Niedergang der Städte, die schon unter der byzantinischen Kriegführung gegen die Ostgoten gelitten hatten, schrumpfte auch die hochstehende Wirtschaft Italiens zusammen. Die Rückentwicklung von Handwerk und Handel führte zum Wiederaufkommen der Naturalwirtschaft, ein Prozeß, der sich auch in der Degradierung mancher Städte zu Landgemeinden spiegelt. Andererseits ist die starke Siedlungstätigkeit der Langobarden, nicht nur in den Gebieten, die später zur Lombardei wurden, unverkennbar. Archäologie und Ortsnamenforschung haben bereits viel Licht auf diese Vorgänge geworfen, durch die die Langobarden in gewissem Sinne sogar als Wahrer der städtischen Siedlungskontinuität in Italien erscheinen.

Dieser positiven Rolle entspricht auch die Förderung, die viele langobardische Könige und Adlige der Kunst und Kultur angedeihen ließen. Das gilt für die Dichtung wie für die Rechtspflege, andererseits natürlich auch für die Architektur oder für Plastik und Kleinkunst. Die langobardischen Reihengräber in Ober- und Mittelitalien zeigen mit ihren Beigaben an Waffen, Tongefäßen und Trachtenzubehör vieles, was aus dem traditionellen Formengut der Elbperiode und der Donauperiode weiterentwickelt worden war. Dabei ist einerseits die Beibehaltung des Flechtbandes wichtig, das im Donaugebiet möglicherweise eine Mischung langobardischer, slawischer und awarischer Formen zeigt. Andererseits wird, beispielsweise auf Fibeln, das Flechtband zum Tierornament umstilisiert. Natürlich brachte die in Italien vollendete Christianisierung der Kunst zahlreiche Anregungen und neue Motive. Wie auch im nächsten Kapitel zu zeigen sein wird, bleibt die Thematik teilweise urtümlich, was die Malereien in Palästen mit Szenen der langobardischen Geschichte oder auch die Gestaltung der sogenannten Agilulf-Platte (wahrscheinlich Stirnblech eines Spangenhelms, heute im Bargello in Florenz) verdeutlichen. Aber italienische und byzantinische Einflüsse sind doch stark und bestimmen vor allem die Hofkunst. Gegenstände des Domschatzes der Stadt Monza, die auch Residenzstadt war, zeigen es zur Genüge: besonders die Langobardenkrone, ein eiserner Reifen, der von einem Goldreifen umschlossen wird, oder der Buchdeckel der Königin Theodelinde, der mit Edelsteinen, Perlen und Zelleinlagen geschmückt ist und acht antike Kameen enthält. Auch die goldenen Rundfibeln aus dem langobardischen Gräberfeld von Castel Trosino mit reicher Steinverzierung und Filigranauflage weisen byzantinischen Einfluß auf, obwohl sie teilweise Flechtbandornamente tragen. An solchen Gegenständen, die schon zur Massenware gehören, verdeutlicht sich die Intensität vor allem

70 Goldmünze des byzantinischen Kaisers Justinian I. (527–565), (Staatliche Museen zu Berlin). Die Vorderseite dieses Goldsolidus (Gewicht: ca. 4 g) zeigt den Herrscher im Kaiserornat, wie er ähnlich aus ravennatischen Mosaiken bekannt ist (Reichsapfel mit Kreuz in der Rechten!). Die Legende lautet: D(OMINUS) N(OSTER) IUSTINIANUS P(ATER) P(ATRIAE) AUG(USTUS) = (Unser Herr Justinian, der erhabene (kaiserliche) Vater des Vaterlandes).

71 Goldmedaillon Theoderichs d. Gr. (493–526), Durchmesser: ca. 35,5 mm; Gewicht (mit Ösen): 15,32 g (Thermenmuseum Rom). Das wohl im Jahre 500 anläßlich seines Aufenthaltes in Rom geprägte Goldmedaillon zeigt auf der Vorderseite den König selbst von vorn, mit lang herabwallendem Haar. Er ist mit dem Feldherrnmantel (Paludamentum) und einem Schuppenpanzer bekleidet und hat die Rechte wie segnend gehoben, während die Linke eine Weltkugel trägt, auf der eine nach links gewendete Victoria mit Siegerkranz und Palmzweig steht (die Rückseite zeigt die Siegesgöttin allein auf einer Weltkugel). Die Inschrift der Vorderseite zeigt mit dem Wortlaut: REX THEODERICUS PIUS PRINCIS (statt PRINCEPS) = (König Theoderich, der fromme Herrscher) einen charakteristischen Fehler (oder es handelt sich um eine Wortzusammensetzung und -verkürzung etwa in der Bedeutung «Princeps Invictus Semper» der immer unbesiegte Herrscher).

72 Theoderich-Grabmal in Ravenna. Das Mausoleum des von 493–526 regierenden Ostgotenkönigs zeigt in seiner Form eine Verbindung mediterraner und germanischer Einflüsse. Ein Ziegelfundament trägt das aus istrischem Kalkstein bestehende Grabmal, das unten zehneckig, oben rund ist und von einem riesigen Monolithen mit zwölf Kragsteinen bedeckt wird. Während die Architektur an die über das Mittelmeergebiet verbreiteten Grabtürme anschließt, läßt die Dekoration – etwa der Zangenfries – manche germanischen Elemente erkennen. Der Bau war ursprünglich von einem Gitter mit reliefierten Marmorpfeilern umgeben.

des östlichen Vorbildes und die Vielseitigkeit, die sich gerade in Italien durch die Überkreuzung unterschiedlicher kultureller Strömungen ergab. Am allerstärksten blieb die Anlehnung an das Überkommene natürlich in der Architektur, da weder Goten noch Langobarden hier Anregungen geben konnten. Bestenfalls mag man versucht haben, etwas von der germanischen Schnitztechnik beim Palastbau oder bei der Errichtung von Kirchen einzuführen. In der Plastik und Ornamentik konnte sich germanischer Einfluß jedoch stärker durchsetzen.

Die Thüringer

Dieser Stamm kann als letzter in dieser ohnehin etwas verkürzten Reihung genannt werden: Seine mit den alten Hermunduren, aber auch mit Teilen der Sueben, Angeln und Warnen zusammenhängende Genese ist frühestens um 400 abgeschlossen, und auch dann bleibt dieser Stamm im Hintergrund der Völkerwanderungsszenerie. Freilich darf er kaum ausgelassen werden, wenn man – gerade vom Kontrastreichtum der damaligen Gesamtentwicklung aus – das Profil der Völkerwanderung bestimmen will. Und auch für die spätere Entstehung des deutschen Volkes sind die Thüringer kaum unwichtiger gewesen als Sachsen, Franken, Alamannen und Bayern. Der Name begegnet erstmalig um 400 und scheint an den zweiten Namensbestandteil von Hermunduren anzuknüpfen. Thüringer dürfte am ehesten «Nachkommen der Duren» bedeuten, und diese Etymologie hält das Andenken an eine lange frühgeschichtliche Phase wach, die – wie bei anderen Stämmen – in Ursprungssagen und Heldenliedern fortgelebt hat.

Die Verschiebung anderer Stämme und Völkerschaften nach Süden bot den allmählich von Wodanglauben und den Kulten der Fruchtbarkeitsgötter zum Christentum überwechselnden Thüringern im fünften Jahrhundert die Möglichkeit, sich zwischen Harz, Saale und Böhmerwald bis zur Donau hin auszudehnen. Sie beherrschten zumindest vorübergehend die Oberpfalz und stießen bis in die Gegend von Passau vor. Im Westen grenzten sie zeitweilig auch an das alamannische Siedlungsgebiet. Der Höhepunkt dieser frühen thüringischen Staatsbildung ist auf die Wende vom fünften zum sechsten Jahrhundert anzusetzen. Von politischen Mittelpunkten wie Weimar und vielleicht auch Beesenstedt aus wurde das große Herrschaftsgebiet durch Könige verwaltet. Hier tauchten neben Handwerkern einheimische und fremde Kaufleute auf. Gesandtschaften aus verschiedenen Ländern regelten den zwischenstaatlichen Verkehr. König Bisin gab seine Tochter Radegunde dem Langobardenkönig Wacho zur Frau. Andere dynastische Eheverbindungen sind wahrscheinlich. Durch eine Heirat mit der Nichte Theoderichs des Großen, Amalaberga, deren Name auf die ostgotische Amalerdynastie hinweist, trat König Herminafried, ein Sohn Bisins, schließlich sogar mit der damaligen germanischen Hegemonialmacht in enge Beziehungen. So bestimmte Thüringen, wenn auch als peripherer Staat, eine zentrale politische Planung mit, die einen großen Block von Völkerwanderungsstaaten – vor

Kamm aus einem Grab der Zeit des Thüringer Reiches

73/74 Goldmünze des Merowingerkönigs Childebert III. (695–711), (Staatliche Museen zu Berlin). Die Vorderseite dieses 3,96 g schweren Solidus zeigt das Porträt des diademgeschmückten Königs nach rechts, daneben ein B und die teils aus liegenden Buchstaben bestehende Umschrift MASSILIA (Hinweis auf die Münzstätte Marseille). Die Rückseite stellt ein Kreuz auf der Weltkugel zwischen den Buchstaben M A (Massilia) zur Legende HILDEBERTUS RIX (König Childebert) dar.

allem Vandalen-, Westgoten-, Burgunder- und Thüringerreich – unter ostgotischer Führung als stabilisierendes Element im Mittelmeerraum und darüber hinaus betrachtete und die expansiven Bestrebungen der Franken und der Byzantiner eindämmte. Mit dem Tode Theoderichs war dieser großangelegte Versuch sofort gescheitert, und da die Erben des Ostgotenkönigs von vornherein Mühe hatten, ihre Basis in Italien zu sichern, mußten sie Burgund und Thüringen dem fränkischen Zugriff überlassen. Die Frankenkönige Theuderich und Chlothar eroberten mit sächsischer Hilfe nach einer siegreichen Schlacht in der Unstrutgegend das thüringische Gebiet (531). Der Nordteil mit dem Harz wurde zu Sachsen geschlagen, der Rest wurde fränkisch, soweit die saalenahen Gebiete nicht durch slawische Siedlung in einen anderen Machtbereich hineingerieten. Der Untergang des Thüringerreiches lebte in den Gestalten des Landgrafen Irnvrit von Düringen und des Markgrafen Iring von Tenemarken im Nibelungenlied weiter. Vor allem auch für das Rechtswesen ist ein Nachklang dieser frühen Epoche im thüringischen Volksrecht erhalten, das erst in der Zeit Karls des Großen aufgezeichnet wurde.

Nach dem Untergang des selbständigen Staates hielt sich, mit wechselnden Zentren, trotzdem ein Amtsherzogtum Thüringen unter fränkischer Hoheit. In den Kämpfen gegen die Sorben und andere Slawen erlangte es vom siebenten Jahrhundert ab, mit Schwerpunkt am Main, eine gewisse Selbständigkeit.

Die thüringischen wie die anderen mitteldeutschen Fundstätten der Völkerwanderungszeit sind bereits gut erschlossen. Die größten Gräberfelder des Thüringerreiches liegen in der Nähe von Weimar, Stößen und Mühlhausen und haben bereits reiche Erträge geliefert. Doch sind noch vielerlei Aufschlüsse zu erwarten, vor allem auch bezüglich des Zusammenhanges zwischen einheimischem Gut an Waffen, Schmuck und Gebrauchsgegenständen sowie Importen, die als Freundschaftsgaben aus dem ostgotischen Italien sowie aus dem fränkischen und angelsächsischen Gebiet kamen. In vielen Gräbern überwiegt einheimisches und stark traditionsgebundenes Formengut, so Drehscheibengefäße (Gerbstedt, Leuna) oder Bernsteinarbeiten. Schon im dritten und vierten Jahrhundert werden vergoldete Silberbleche verwendet und Ziertechniken wie Filigran und Granulation angewandt. Die häufige Ganzbestattung ohne Waffen, aber mit reichem Gerät zeigt gotischen Einfluß; sicher haben die Ostgermanen auch die antike Sitte vermittelt, dem Toten eine Münze in den Mund zu legen. Vereinzelt gaben große Totenkammern Raum für ein ganzes Arsenal von Beigaben. Dann wurden zuweilen Reitpferde mit bestattet, was an den alten Wodankult erinnert. An die Stelle älterer Trinkhörner traten Glasbecher und Bronzeschüsseln, und auf Silbertabletts wurden auch Gänse und Hühner als Wegzehrung mitgegeben (Fürstinnengrab von Haßleben). Im einzelnen sind die Unterschiede – so der periodisch wechselnde Brauch: Urnenbestattung oder Körperbestattung – beträchtlich. Besonders häufig findet sich die «thüringische Fibel» mit gelappter Kopfplatte, oft eine goldene, mit Almandin besetzte Spange, die in Adlerköpfen ausläuft (Weimar). Für die Frauenuntergewänder kommen verschiedene Kleinfibeln in Betracht, die meist aus vergoldetem Silber (teilweise mit Almandinbelag) bestehen. In der Spätzeit des Thüringerreiches werden in Kriegergräbern meist wieder Waffen beigegeben, etwa zweischneidige Schwerter, Stoßlanzen und Wurfspeere sowie Pfeil und Bogen; auch einschneidige Hiebmesser tauchen auf.

Die Entfaltung der europäischen Völkerwanderungskultur

Betrachteten wir bisher den Aufeinanderprall des späten Roms und der jugendlichen Barbarenvölker, der zu neuen politischen und gesellschaftlichen Formen führte, so bleibt jetzt Raum für einen Blick auf einige Ergebnisse des Neuen, das sich vornehmlich im Westen des ehemaligen Reiches entwickelte. Jeder, der sich mit dem Problem beschäftigt, wird immer wieder von der Vielfalt der Strukturformen, der kulturellen und religiösen Gestaltungen überrascht sein, die einem in dieser Epoche entgegentreten, die nun einmal herkömmlich als arm und dekadent, barbarisch und dunkel verschrieen ist. Gewiß gab es wohl in keinem Lebensbereich eine ganz ruhige Entfaltung, eine «klassische» Ausprägung, ein eindeutig verfolgtes Ideal. Allerdings bildete das Mönchtum eine wichtige Ausnahmeerscheinung. Das asketische Ideal der Armut in der Welt und der Begrenzung auf jenseitige Zielsetzungen fand gerade in dieser Epoche – so mit Benedikt von Nursia, dem Begründer der Abtei Monte Cassino – eine eindeutige Ausprägung: erwähnenswert bereits hier, da klösterliche Kunst und Kultur innerhalb der bald vorherrschenden kirchlichen Kultur zumindest eine sehr wichtige Komponente darstellte. Obgleich zunächst die Romanen, die Träger der christlich-antiken Kultur – oder dessen, was sie dafür hielten – die Repräsentanten des monastischen Lebens waren, fanden sich doch bald unter den Barbaren viele gelehrige Schüler. Und nachdem der Arianismus überwunden war, blühten die katholische Kirche und das Mönchtum in fast allen Barbarenstaaten sichtbar auf.

Königtum, Kirche und Gesellschaft

Es wurde schon bemerkt, daß vor allem die Dynastien und die herrschenden Kreise der Barbaren den Übertritt zum Christentum schnell vollzogen. Unabhängig von ihrer dogmatischen Kompliziertheit (Trinitätslehre, Jungfrauengeburt) bot die neue Religion in ihrem hierarchischen Aufbau und ihrer ständig sozialkonservativer werdenden Lehre wichtige Stützen für die zunächst schwachen, aber zielbewußt auf volle Machtentfaltung zielenden Zentralgewalten der Barbaren. Könige wie Geiserich (428–477) und Chlodwig (482–511) haben je nachdem den Arianismus oder den Katholizismus zur Stütze ihrer Herrschaft gemacht. Nur so gelang es ihnen, den nach Unabhängigkeit strebenden Gentiladel zu unterwerfen bzw. durch einen Dienstadel zu ersetzen und die Masse der Gemeinfreien zum Gehorsam zu zwingen, wodurch diese schließlich zu Untertanen wurden. In diese, von der Kirche durchaus mitbestimmte frühfeudale Entwicklung gibt es vielleicht keine bessere, jedenfalls keine plastischere Einführung als eine Episode zur fränkischen Geschichte des Jahres 486, die uns Gregor von Tours (II, 27) überlieferte. Ausgangspunkte sind der Sieg über Syagrius und die anschließenden Plünderungen zahlreicher Kirchen durch die noch heidnischen Franken: «So hatten die Franken aus einer Kirche einen Krug von wunderbarer Größe und Schönheit nebst den anderen gottesdienstlichen Geräten weggeschleppt. Der Bischof jener Kirche sandte daraufhin zum König und bat, daß er, wenn schon nicht die anderen heiligen Gefäße, so doch diesen Krug zurückerhielte. Als der König dies hörte, sagte er zu dem Boten: ‹Folge uns nach Soissons, wo alle Beute geteilt werden muß. Wenn das Los mir jenes Gefäß zuteilt, will ich die Bitte des Bischofs erfüllen.› Darauf kam er nach Soissons, und die gesamte Beute wurde öffentlich zusammengebracht. Der König sprach: ‹Tapfere Krieger, ich bitte euch, daß ihr mir außer meinem Anteil jenes Gefäß› – damit meinte er den erwähnten Krug – ‹nicht verweigert.› Die Verständigeren antworteten dem König: ‹Alles, was wir sehen, ruhmreicher König, ist dein, und auch wir selbst sind deiner Herrschaft unterworfen. Handle nun so, wie es dir gefällt; denn deiner Macht kann keiner widerstehen.› Nachdem sie dies gesagt hatten, trieb ein leichtsinniger, neidischer und unbedachter Mensch laut schreiend seine Streitaxt in den Krug und rief: ‹Nichts sollst du davon haben, als was dir das Los wirklich zuteilt.› Alle waren bestürzt, der König aber trug die Beleidigung mit Milde, nahm den Krug und gab ihn dem Boten der Kirche; aber heimlich nährte er den Schimpf in seiner Brust. Als nun das Jahr vergangen war, ließ er das

Gerovitstein von Wolgast

ganze Heer in seinem Waffenschmuck zusammenrufen, um auf dem Märzfeld den Glanz seiner Waffen zu zeigen. Und als er alle durchmusterte, kam er an den, der den Krug durchbohrt hatte, und sprach zu ihm: ‹Bei niemand sind die Waffen so ungepflegt wie bei dir, dein Speer, dein Schwert und deine Streitaxt sind nichts nütze.› Und er ergriff dessen Streitaxt und warf sie zu Boden. Als jener sich bückte, um sie aufzuheben, holte der König aus und hieb ihm mit der Axt in den Kopf, indem er sagte: ‹So hast du es in Soissons mit dem Krug gemacht.› Als dieser gestorben war, ließ er die übrigen nach Hause gehen und jagte allen durch diese Tat große Furcht ein.»

Die Episode ist nicht nur wegen ihrer Plastizität – Bildhaftigkeit und Öffentlichkeit in politischen und rechtlichen Dingen war germanische Tradition – interessant. Sie spiegelt, gerade auch so, wie Gregor die Ereignisse wiedergibt, eine sehr wesentliche Entwicklung, die sich in fast allen Völkerwanderungsstaaten vollzogen hat. Der mehrere Generationen nach Chlodwig lebende Gregor von Tours, durch seine fränkische Kirchengeschichte immerhin einer der namhaftesten Vertreter des geistigen Lebens seiner Zeit, steht, wie der Bericht zeigt, ganz auf der Seite des Königs, der ordnenden und für Recht und Anstand eintretenden Zentralgewalt. Er verschweigt, daß der Entwicklungsstand der Franken unter Chlodwig eine eindeutige, despotische Königsgewalt von Rechts wegen noch ausschloß. Nur andeutend läßt er den König als Bittenden auftreten, womit er übrigens in erster Linie auf dessen Milde und Demut, die später zur Bekehrung hinführten, verweisen möchte. Ob Gregors historiographische Absichten hier völlig eindeutig sind, wollen wir nicht untersuchen, zumal es für die eigentliche Fragestellung nicht sehr belangvoll ist. Jedenfalls steht ihm der noch heidnische, um kirchliche Anliegen aber besorgte König näher als der einfache, auf sein Recht pochende, plünderungslustige fränkische Krieger, der gleichzeitig als ein Kirchenfeind erscheint. Denn was das Heer den Kirchen weggenommen hat, erstattet der König – zumindest symbolisch in Gestalt des Kruges – wieder zurück. Und unter diesem Aspekt macht es Gregor zumindest auch nichts aus, daß Chlodwig der eigentliche Initiator des der Kirche geschehenen Unrechts ist und daß er auch später noch als Christ viele blutige Kriege geführt hat.

Wesentlich für die Gesamtentwicklung ist folgendes: Der opponierende Krieger, den man im historisch-literarischen Bezugssystem am ehesten als den fränkischen Thersites bezeichnen kann, denn seine Funktion ist der des Fürstengegners in der Ilias verblüffend ähnlich, repräsentiert den damaligen gesellschaftlichen Entwicklungsstand, den status quo ante. Er gehört zu jenen Bauernkriegern der Völkerwanderungszeit, die bei der Landnahme wie in der agrarischen Produktion selbst die größte

Silberplatten des Opferkessels von Gundestrup (Nordjütland)

Last tragen und dementsprechend auf ihren überkommenen Rechten beharren. Sie führen nicht nur das Schwert, sondern müssen es häufig mit dem Pflug vertauschen und unmittelbare Produzenten werden. Auch als Viehzüchter tauchen sie häufig auf. Sie wirken aber noch in den Heeres- und Volksversammlungen mit und treffen dabei zuweilen wichtige Entscheidungen, wie die über Krieg und Frieden oder über die Wahl eines neuen Königs. Chlodwig, zunächst Teil-, dann Alleinkönig der Salier, ist selbst – nach Ermordung des ripuarischen Königs Sigibert – durch Volkswahl auch König der Ripuarier geworden. Unsere Episode zeigt jedoch, daß der Einfluß der gewöhnlichen Krieger in den Volks- bzw. Heeresversammlungen ständig nachläßt. Der Adel und der in der Verfügungsgewalt des Adels und des Königs stehende Dienstadel wurden jetzt allein ausschlaggebend, und die einzelnen Krieger konnten höchstens noch de iure, nicht aber de facto eine Meinung äußern, wenn der König die maßgeblichen Männer auf seiner Seite wußte. Mit ihnen, die über Land und Untertanen verfügten wie der König selbst und daher die sozialökonomischen Entwicklungen des frühfeudalen Systems mit bestimmten, hatte er seine allmählich unumschränkte Gewalt noch zu teilen – nicht jedoch mit der Masse der Freien, die mehr und mehr zu Untertanen absanken. Der Prozeß ist in den einzelnen Staaten unterschiedlich gewesen. Im Vandalen- und Ostgotenstaat entwickelte sich die Königsgewalt, vom Geburtsadel oder Dienstadel wenig eingeschränkt, sehr rasch. In allen Bereichen – Heerbann, Gerichtshoheit, Gesetzgebungsrecht, Finanz- und Polizeibann – kam es hier zu einer ausgeprägten monarchischen Gewalt, bei den Vandalen auch in der Kirchenhoheit: Die Hasdingenkönige beanspruchten absolute Hoheit nicht nur über die arianische Kirche der Vandalen und Alanen, sondern auch über die katholische Kirche. Die schroffe, in manchen Zügen der byzantinischen ähnliche Ausgestaltung der Herrschergewalt ging mit der schnellen Eroberung des Vandalen- wie des Ostgotenreiches durch Justinians Feldherren Belisar und Narses zu Ende. Im Westgoten- wie im Frankenreich gab es einen gewissen Zickzackkurs der Entwicklung. Bei den Franken wurde die Königsgewalt zwar an ein bestimmtes Geschlecht – die Merowinger – gebunden, das dann durch die im Hausmeiertum mächtig gewordenen Karolinger abgelöst wurde. Aber häufige Fehden und Erbteilungen schwächten die grundsätzlich – mit kirchlicher Hilfe bei Zugeständnis einer gewissen Gewaltenteilung – auf eine Alleinherrschaft hinzielenden Könige und ließen es oft zu einer Adelsanarchie kommen. Letztere aber wurde vor allem im Westgotenreich spürbar, wo die von der Kirche, besonders auf den sogenannten Toledaner Reichskonzilien, rückhaltlos unterstützte Königsgewalt nicht einmal die Erblichkeit durchsetzen konnte. Während das Königtum durch entsprechende Titel (dominus rex, gloriosus rex, principalis sublimitas), durch sakrale Weiheakte wie Krönung und Salbung, ja durch den förmlichen Ausbau einer Herrscherideologie – die sich in der Gesetzgebung und bei den Schriftstellern vielfältig spiegelt – äußerlich und repräsentativ gehoben und gesteigert wurde, hat man es gerade bei den Westgoten in seiner eigentlichen Machtbasis, in der sozialökonomischen Verfügungsgewalt über Eigentum und Menschen, immer mehr beschränkt. Daß die frühfeudale herrschende Schicht sich dem Königtum ständig entfremdete, fand seinen sichtbarsten Ausdruck darin, daß die Adligen sich um ihre Gefolgschaften kümmerten, ohne sie nach Möglichkeit im Kriegsfall stärker zu strapazieren. Verrat des legitimen Königs wurde, wie auch die Historiker teilweise ironisierend berichten, zu einer Art Gewohnheit. Sogar 711 verließen viele vornehme Goten das Heer Roderichs oder liefen zu den Arabern, die doch nicht nur «nationale» Feinde, sondern auch ideologische Gegner waren, über, die dadurch die Schlacht bei Jerez leichter zu ihren Gunsten entscheiden konnten.

Von der oben zitierten Episode aus läßt sich ein guter Teil der gesellschaftlichen und mithin auch der spezifisch kulturellen Probleme des Frankenreiches und der anderen vergleichbaren Staaten aufrollen. Wir sehen, daß der sich zügig entwickelnde frühe Feudalstaat alle alten Rechte und Gepflogenheiten beiseiteschob und etwas schuf, was den Vertretern des Barbarischen und Urtümlichen unverständlich, ja feindlich erschien: eine Staatsgewalt. Unter – oft sogar künstlicher – Beeinflussung durch die römische Staatsdoktrin und die Kirche entstanden, stellte sie sich als etwas anderes dar als die barbarische Volksmacht, die auf dem Volksverband der «militärischen Demokratie» beruhte. Und an die Stelle des Volksverbandes trat immer deutlicher ein Untertanenverband, der zunehmend hierarchisch gegliedert wurde. Späteren Heerschildordnungen bereits ähnlich, folgten gleich nach dem König die Kirche und der Dienstadel, während die gemeinfreien Untertanen weiter unten rangierten. Nach einem Satz des Avitus von Vienne (Gregor von Tours, II, 40) war der König Haupt des Volkes, nicht aber das Volk Haupt des Königs. Von hier aus wurde jedes Mitbestimmungsrecht ausgehöhlt und jedes Widerstandsrecht illegitim. Freilich stellte man, den zeitgemäßen Normen entsprechend, an den König hohe Anforderungen, da der Staat nicht nur Recht und Frieden sichern, sondern auch die Kirche und den christlichen Glauben schützen, ja der Verwirklichung der göttlichen Weltordnung dienen sollte. Die Fülle dieser Pflichten, aus denen sich weitere, schier unübersehbare Aufgaben im einzelnen ergaben, bedingte natürlich die unablässige Steigerung der königlichen Gewalt, aber andererseits eine ständige Opposition gegen diese übersteigerte Gewalt, die zeitweilig auch cäsaropapistische Tendenzen zeigte. Man kann den Königen und anderen Mächtigen dieser Periode eines jedoch nicht abstreiten: die Bemühung, ihren politischen und ihren kulturellen Auftrag zu erfüllen – mochten sie ihn durch eine repräsentative Gruppe des eigenen Volkes, durch die Kirche oder kraft anderer Legitimationen erhalten haben. Ähnlich wie Konstantin der Große oder Julian Apostata – um zwei ganz gegensätzliche Gestalten der spätrömischen Zeit zu nennen – bemühten sich auch die Herrscher der Vandalen, Goten oder Franken darum, Neues, Zukunftsträchtiges zu schaffen, daneben jedoch Altes zu erhalten, das guten Traditionen entstammte und die Sicherheit und Kontinuität der Entwicklung zu garantieren schien. Bei diesen Bemühungen standen oft ganz nüchterne Berechnungen im Vordergrund. Man wollte nicht zu umstürzlerisch vorgehen, um eine Aussöhnung mit der einheimischen Bevölkerung, vornehmlich mit dem immer noch mächtigen «senatorischen Adel» der verschiedenen ehemals römischen Reichsteile, zu ermöglichen, insbesondere auch, um den moralischen Rückhalt der katholischen Kirche zu gewinnen. Anfänglich spielte darüber hinaus eine psychologisch verständliche Anknüpfung an römische Kaiserdynastien oder zumindest an altehrwürdige Institutionen des Imperiums eine Rolle. Theoderich der Große wie Chlodwig nahmen deshalb gern die Würde eines römischen Heermeisters oder eines Patricius an, wodurch die romanische Bevölkerung beeindruckt wurde, andererseits aber ein günstigeres Einvernehmen mit Byzanz gewährleistet schien. Sogar ein radikaler Neuerer wie der Vandalenkönig Geiserich, der Rom die besten Gebiete Nordafrikas entriß und als erster die volle Souveränität seines Staates auf ehemals römischem Boden proklamierte, suchte mit nüchternem politischem Kalkül alsbald die Aussöhnung mit dem Weströmischen Restreich: Während er in seinem Herrschaftsgebiet die katholische Kirche und den großgrundbesitzenden Adel verfolgte, ja fast liquidierte, unternahm er es doch, über seinen Sohn Hunerich ein verwandtschaftliches Band zur theodosianisch-valentinianischen Dynastie zu knüpfen. Und als Valentinian III. im Jahre 455 ermordet wurde, spielte sich Geiserich, der Schrecken der Römer, als Rächer des Kaisers auf und gewann so einen Vorwand für seinen Plünderungszug gegen die «Urbs aeterna».

Recht und Gesetz

An dieser Stelle ist eine zusammenfassende und vergleichende Betrachtung der germanischen Rechte (Barbarenrechte) angebracht, in denen sich über die im Vordergrund stehenden Bereiche – Straf-, Prozeß- und Besitzrecht – hinaus wesentliche Entwicklungen des gesamten gesellschaftlichen Gefüges spiegeln. Am schlechtesten sind wir über das Rechtswesen im Vandalenreich unterrichtet, wo es ebensowenig wie im Ostgotenreich zu einer vollständigen Kodifizierung gekommen ist. Hier geben vereinzelte Schriftstellerzeugnisse, für die Ostgoten auch die «Variae» Cassiodors, am ehesten gewisse Aufschlüsse. Daß Burgunder und Westgoten, übrigens unter recht unterschiedlichen Voraussetzungen, ihre Volksrechte bald aufzeichneten, wurde schon erwähnt. Ihnen folgten die Franken, später auch die Langobarden, Bayern, Friesen, Sachsen und Thüringer.

75 Silbermünze des Vandalenkönigs Gunthamund (484–496), (Staatliche Museen zu Berlin). Die 2,08 g schwere Münze hat einen Durchmesser von 1,8 cm. Die Vorderseite zeigt den diademgeschmückten König im Rechtsprofil, von der im ganzen noch gut lesbaren Legende D(OMINUS) N(OSTER) REX GUNTHAMUND (I.?) (Unser Herr König Gunthamund) umgeben. Die Rückseiten dieser spätvandalischen Münzen deuten oft mit Darstellungen von Palmen oder weiblichen Gestalten mit Ähren in den Händen und der Legende FELIX KARTHAGO (Glückliches Karthago) auf den Reichtum des Landes hin.

76 Silbermünze des Vandalenkönigs Hilderich (523–530), (Staatliche Museen zu Berlin). Die 1,26 g schwere Münze hat einen Durchmesser von 1,6 cm. Auf der Vorderseite erscheint der diademgeschmückte König im Rechtsprofil mit der teilweise zerstörten Legende D(OMINUS) N(OSTER) HILDIRIX REX (Unser Herr König Hilderich).

77 Kaiserin Ariadne (Elfenbeinrelief; um 500; Höhe 30,5 cm; Breite 10,6 cm; Bargello Florenz). Die als Kaiserin Ariadne (466 mit dem späteren Kaiser Zenon, 491 als Kaiserinwitwe mit dem von ihr erhobenen Anastasios I. verheiratet) gedeutete Herrscherin wird in höfischem Prunk dargestellt. Sie trägt Staatsgewand, Krone, Zepter und kreuzbekrönten Reichsapfel. Auch der säulengetragene Baldachin über ihr hebt den repräsentativen Charakter des Reliefs hervor, das im byzantinischen Bereich hergestellt worden sein dürfte.

78 Reiterstatuette Karls des Großen aus dem Schatz der Kathedrale von Metz (Louvre Paris). Die nach antiken Vorbildern aus mehreren Teilen gegossene, ehemals vergoldete Bronzestatuette aus dem 9. Jahrhundert dürfte am ehesten als Idealbild des ersten mittelalterlichen Kaisers zu deuten sein, obwohl manche Einzelzüge in engem Einklang mit der Lebensbeschreibung Einhards stehen. Schnurrbart, Lilienkrone und Globus deuten auf die Spätzeit Karls oder sogar der karolingischen Periode (etwa an die Hofschule unter Karl dem Kahlen). Der rundliche Kopf ist auch für Münzbilder Karls charakteristisch.

81 Anonyme Bronzemünze von Rom aus der Ostgotenzeit (Staatliche Museen zu Berlin). Diese schwere Bronzemünze (Follis) wiegt 11,23 g und hat einen Durchmesser von 2,6 cm. In allerdings schlechtem Erhaltungszustand ist die Vorderseite mit Brustbild der Stadtgöttin Roma im Rechtsprofil mit Helm, Ohrschmuck und Faltengewand. Die Legende lautet: INVICTA ROMA (Unbesiegtes bzw. unbesiegbares Rom). Die Rückseite dieser Münzen zeigt eine geflügelte Victoria, einen Adler oder eine Wölfin mit den Zwillingen Romulus und Remus. Unverkennbar ist ein retrospektiver Grundzug dieser Münzen, der auf konkrete Anliegen des römischen Senates hindeutet.

79 Bronzemünze des Ostgotenkönigs Theodahad (534–536), (Staatliche Museen zu Berlin). Die 9,74 g schwere Münze hat einen Durchmesser von 2,5 cm. Sie zeigt den mit oben geschlossener Krone und königlichem Gewand in byzantinischem Stil geschmückten König im Rechtsprofil, von der gut lesbaren Legende D(OMINUS) N(OSTER) THEODAHATUS REX (Unser Herr König Theodahad) umgeben. Auf der Rückseite dieser wohl nur in Rom geprägten Münze – Theodahad erwies den Römern und den Byzantinern, denen er sein Herrschaftsgebiet gegen eine Jahresrente zu überlassen gedachte, größte Reverenz – ist eine auf einem Schiffsvorderteil stehende geflügelte Victoria mit Kranz und Palmzweig zu sehen.

80 Bronzemünze des Ostgotenkönigs Badvila (Totila: 541–552), (Staatliche Museen zu Berlin). Die Münze wiegt 2,48 g und hat einen Durchmesser von 1,5 cm. Die umkränzte Rückseitenlegende D(OMINUS) N(OSTER) BADVILA REX (Unser Herr König Badvila) ist gut lesbar. Auf der Vorderseite dieses Typs erscheint gelegentlich die Stadtgöttin von Ticinum (das damals Prägeort war), sonst das bartlose Brustbild des Königs von vorn mit Prunkgewand und oben geschlossener Krone. In seiner Münzprägung zeigt der letzte Ostgotenkönig, der Byzanz mit einem großen Reformprogramm und energischen Rüstungen entgegentrat (sein Nachfolger Teja repräsentiert nur noch eine Schlußphase) kaum Besonderheiten, obgleich er beispielsweise die Friedenspolitik des früheren Kaisers Anastasios I. gegen den Aggressionskurs des Kaisers Justinian I. auszuspielen versuchte.

82 Goldmünze des Merowingerkönigs Theudebert I. (534–548), (Staatliche Museen zu Berlin). Auf der Vorderseite dieses 4,14 g schweren Goldsolidus mit einem Durchmesser von 2 cm ist der König mit Helm (?), Panzer und Schild, einen Reichsapfel mit Kreuz in der Rechten tragend, dargestellt. Die Legende lautet: D(OMINUS) N(OSTER) THEUDEBERTI P(ATER) P(ATRIAE) AUG(USTUS) (Unser Herr Theudebert, der erhabene Vater des Vaterlandes). Die Goldprägung und die Benutzung kaiserlicher Titulaturen, wie sie das PPAUG zeigt, wurde in Byzanz als Anmaßung empfunden, wie Prokop berichtet.

83 Anonyme Bronzemünze von Ravenna aus der Ostgotenzeit (Staatliche Museen zu Berlin). Die Münze wiegt 3,31 g und hat einen Durchmesser von 1,7 cm. Die Vorderseite zeigt den Kopf der reichgeschmückten Stadtgöttin mit sogenannter Mauerkrone im Rechtsprofil mit der Legende FELIX RAVENNA (Glückliches Ravenna). Die Rückseite dieser Münze stellt eine geflügelte Victoria oder einen Adler dar.

84 Goldmünze des Westgotenkönigs Chindasvinth (642–653), (Staatliche Museen zu Berlin). Die kleine Goldmünze, ein sogenannter Triens (Drittelsolidus), hat einen Durchmesser von 1,9 cm. Von der Vorderseitenlegende CHINDASVINTUS R(E) X wird das Brustbild des Königs und seines Sohnes Rekkesvind umrahmt. Aus der Benutzung spitzer Werkzeuge erklärt sich die scharfe Erhabenheit im Münzbild.

85 Goldmünze des Westgotenkönigs Wamba (672–680), (Staatliche Museen zu Berlin). Der 1,47 g schwere Triens hat einen Durchmesser von 2 cm. Eine Legende, deren Lesung und Deutung kompliziert ist, rahmt den König im Rechtsprofil ein. Sie soll wohl lauten: IND. IN. M. E. WAMBA RX (In nomine Dei ... Wamba Rex = in Gottes Namen ... König Wamba). Dieser Münztyp wurde in Mérida geprägt, ein ähnlicher in Cordoba und Sevilla.

86 Goldmünze des Langobardenkönigs Kunibert (Staatliche Museen zu Berlin). Der Triens wiegt 1,34 g und hat einen Durchmesser von 2 cm. Kunibert wird im Rechtsprofil gezeigt, mit Diadem und Prunkgewand, die Linke (!) im Redegestus erhoben. Die Legende lautet: DNCUN – INCPER (Dominus noster Cunincpertus = Unser Herr Kunibert).

87 Sogenannter Römerturm von Regensburg. Dieser in Wirklichkeit frühmittelalterliche Turm, der Ludwig d. Deutschen (817–876) als Schatzturm diente, ist durch die wuchtige Architektur und das romanische Obergeschoß charakterisiert.

88 Kathedra (Bischofsthron) aus Cividale (Museo Archeologico). Der marmorne Sessel reiht sich in eine wichtige Entwicklung ein, die auf heidnische Vorstufen in Rom zurückgeht. Im Vergleich mit anderen Bischofsthronen, die sogar mit kostbaren Elfenbeinschnitzereien ausgestattet waren (Ravenna), wirkt er relativ schlicht.

89/90 Einhardbasilika von Steinbach im Odenwald. Von der um 827 durch Einhard, den Biographen Karls d. Gr., gegründeten Klosterkirche sind Mittelschiff, Apsis und Krypta erhalten. Mit ursprünglich zwei Seitenschiffen und drei Vorhallen stellte die Basilika ein großes und reiches Ensemble dar. Auffällig sind im Mittelschiff die Ziegelpfeiler, die – anders als Säulen – die Funktion der Mauer in den Vordergrund treten lassen; auch die Rundbogenarkaden über den einfachen Kämpfern sind charakteristisch.

91 Malerei aus einem spätantiken Grab bei Silistria. Unter den dargestellten Figuren findet sich auch ein gotischer Diener (wohl Sklave), dessen Frisur eine Parallele hat bei den Gotenkriegern auf dem Missorium Theodosius' I. An Hand dieser und ähnlicher Beobachtungen ist eine Datierung der Grabanlage und ihrer Malereien nach dem großen Goteneinfall (376–378) am wahrscheinlichsten. Diese Annahme wird auch durch stilistische Vergleiche gestützt.

92 Santa Maria Antiqua in Rom. Nach der zeitweiligen Rückeroberung Italiens durch die Byzantiner erschien Maria häufig als Patronin neuer Kirchen. Die von Papst Johannes VII. (705–707) errichtete Kirche Santa Maria Antigua am Abhang des Palatin birgt viele, von byzantinischen Künstlern hergestellte Fresken. Diese Malereien, so die Aposteldarstellungen des Presbyteriums, zeugen von der Schlußphase des byzantinischen Kunsteinflusses auf den Westen: Die karolingische Kultur nahm zahlreiche Anregungen von hier auf.

93 Streifen einer Tunika: Reiter und Löwe. Wollwirkerei auf Leinen (15 × 11 cm), Ägypten, 6./7. Jahrhundert (Staatliche Museen zu Berlin, Frühchristlich-byzantinische Sammlung). Zwischen den teilweise aus Blättern gebildeten Randborten wird ein Reiter deutlich, der voll gerüstet ist: Neben Helm und Panzerhemd verfügt er über einen Schild (Rundschild?) und eine kurzes Schwert. Der Löwe über ihm soll wohl auf eine Jagdszene hinweisen. Eingestreute Pflanzenmotive lockern das Ganze auf.

94 Heiliger Reiter. Wollwirkerei auf Leinen (24 × 24 cm); Ägypten, aus dem 5./6. Jahrhundert u. Z. (Staatliche Museen zu Berlin, Frühchristlich-byzantinische Sammlung). Der nach rechts sprengende Reiter ist von einem aus Rankenmotiven gebildeten Streumuster umgeben. Das Geflecht des Rahmens zeigt in regelmäßiger Anordnung vier Blütenkörbe und acht Tiere.

95 Inneres von San Apollinare nuovo in Ravenna. Diese Basilika wurde bereits unter Theoderich als arianische Palastkirche gebaut und mit prachtvollen Mosaiken geschmückt. Nach Übernahme durch die Orthodoxen kam es zu einer «Überarbeitung» und Entfernung von politisch oder konfessionell fragwürdigen Motiven. Immerhin sind die Abbildungen des Theoderich-Palastes (Ausschnitt hier rechts oben) und der Hafenstadt Classis, die aus der gotischen Zeit stammen, erhalten geblieben. Eindrucksvoll sind die Züge von Märtyrern, die sich auf der einen Seite auf den thronenden Christus, auf der anderen Seite auf die in der Anbetung der drei Könige verharrende Maria zubewegen. Zwischen den Fenstern stehen Propheten und Patriarchen, über ihnen vervollständigen Szenen aus dem Neuen Testament den Mosaikschmuck.

96 Apsismosaik von San Apollinare in Classe, Ravenna. Die berühmte dreischiffige Basilika wurde nach der byzantinischen Eroberung gebaut (549). Säulen, Kapitelle und Ziegelverarbeitung zeigen byzantinischen Einfluß. Das aus der Entstehungszeit stammende Apsismosaik stellt den heiligen Apollinaris zwischen zwölf Lämmern als Hirten seiner Kirche dar, über ihm offenbart sich Christus als Kreuz zwischen den Propheten Moses und Elias.

+SANCTVS
APOLENARIS

Diese verschiedenen Volksrechte behielten auch in sämtlichen später zum Frankenreich gehörenden Gebieten ihre Geltungskraft und beeinflußten auf diese Weise die Entstehung mittelalterlicher feudaler Rechte.

Ursprung und Zielsetzungen der Stammes- und Volksrechte – so müßte man sie mindestens seit der ersten Aufzeichnung nennen – sind in mancher Hinsicht kontrovers. Größtenteils überwiegt älteres Gewohnheitsrecht, was sich teilweise an primitiven, religiös fundierten Vorstellungen (gerichtlicher Zweikampf als Gottesurteil; Wergeld, statt ursprünglicher Blutrache) oder Rechtssätzen, die der Dichtung entstammen, äußert. Von mehreren Seiten her drang jedoch Neues ins Rechtsleben ein: Mit der lateinischen Sprache wurden auch Vorstellungen des römischen Rechtes, vor allem des Straf- und Besitzrechts, adoptiert; hierauf fußten auch die Einflüsse, die Königtum und Kirche in die Volksrechte hineintrugen. Beide Instanzen bekannten sich zum göttlichen Ursprung des Rechtes, womit sie bei den Germanen durchaus Anklang fanden. Allerdings wurde von Gesetzgebern und von Untertanen oft recht Unterschiedliches unter der Richtschnur des göttlichen Gesetzes verstanden. Und so ergab sich bereits mit den ersten Kodifikationen, die zeitlich übrigens mit der Schaffung des berühmten «Corpus Iuris Civilis» durch Justinian und seine Hofjuristen (529 ff.) fast parallel liefen, ein Grund zu langen Auseinandersetzungen zwischen den Vertretern des alten Gewohnheitsrechtes und den Befürwortern eines straffen Königsrechtes, zwischen Zentralgewalt und partikularen Adelsgruppierungen, und nicht zuletzt zwischen den Königen und den in die Untertänigkeit oder Unfreiheit hinabgedrückten Stammesgenossen, also solchen Männern wie dem «fränkischen Thersites». Die Unfreien, die von vornherein nur Rechtssubjekt waren, blieben von jeder Einflußnahme auf das Recht ausgeschlossen. Hierzu trug natürlich auch die streng rationale Denkweise bei, die römische Juristen und Literaten den neuen Machthabern vermittelten, denen es passend schien, wenn die Zahl der vollfreien Rechtsfähigen ständig zurückging.

Trotzdem ist die Rechtskodifikation in vieler Hinsicht zunächst ein Fortschritt gewesen. Statt einer oft fragwürdigen mündlichen Überlieferung lag nun die Autorität des geschriebenen Rechtes vor, das geändert, aber nicht außer acht gelassen werden konnte. Völliger Rechtsbruch – besonders seitens der mittleren Feudalgewalten – war jetzt schwerer denkbar als zuvor, vor allem wenn die Exekutive mit der Legislative Hand in Hand ging. Freilich ist das Bild vom ungerechten Richter in der Literatur dieser Periode immer wieder gestaltet worden (Isidor von Sevilla), was in vieler Hinsicht zu denken gibt. Selbstverständlich lag die Exekutive in der Hand des höheren oder mittleren Dienstadels, der gebildeteren Germanen oder Romanen. Daß sie zumindest im begrenzten Spielraum, den die Gesetze noch ließen, die Anliegen ihrer Familien und ihrer Schicht vertraten, lag meist auf der Hand. Der direkte Einfluß zentraler Kontrollorgane (Königsboten = missi regis) oder der Kirche vermochte solche Mißstände höchstens zu mildern, zumal diese auch durch das im Rechtswesen neue Personalitätsprinzip nicht behoben werden konnten. Allerdings ist der Übergang vom Territorialitätsprinzip, der Herrschaft des Rechtes innerhalb eines einheitlichen politischen Gebietes, zum Personalitätsprinzip in gewissem Umfang schon als Fortschritt zu bezeichnen. Man strebte damit zumindest nach mehr oder nach angemessenem, auch der Einzelperson wirklich zugute kommendem Recht, was die «Lex Ribuaria» (31, 3) mit folgenden Worten ausdrückt: «... daß innerhalb des ripuarischen Gebietes Franken, Burgunder und Alamannen, oder von welchem Stamm auch immer der sei, der vor Gericht in Anspruch genommen wird, so antwortet, wie es das Gesetz des Ortes vorschreibt, an dem sie geboren sind.» Der um Ausgleich bemühte Grundsatz schränkte sich jedoch schon dadurch ein, daß außerhalb des fränkischen Reiches geltende Rechte wie das slawische oder jüdische nicht anerkannt wurden. Manche Entscheidungen, so die über Wergeld und Bußleistungen, wurden nach dem Recht des Geschädigten bestimmt. Im neunten Jahrhundert setzte sich dann der Grundsatz durch, daß im Strafrecht das Recht des Tatortes maßgebend sei. Daß die Kirche – mit Ausnahme der dem König oder anderen adligen Patronen zugehörigen Eigenkirchen – dem römischen Recht unterworfen blieb, war selbstverständlich.

Die kodifizierten Volksrechte waren durchaus nicht erschöpfend und insofern kaum mit dem im Laufe von Jahrhun-

97/98 An der Basilika von Aquileja mit ihrem charakteristischen Campanile (Glockenturm) haben viele Jahrhunderte gebaut. Unter der im Jahre 1031 geweihten frühromanischen Basilika, die in der gotischen Periode umgebaut wurde, befinden sich Reste alter Kirchen aus dem 4. und 5. Jahrhundert, vor allem wertvolle Fußbodenmosaike (im Mittelpunkt Motive des Wassers, des mystischen Fischfanges und der Taufsymbolik). Die Krypta (rechts unten) ist mit Fresken des 12. und 13. Jahrhunderts geschmückt.

derten durchgeformten römischen Recht vergleichbar. Im Mittelpunkt standen, bei den Franken wie in den anderen Bereichen, Besitz-, Straf- und Prozeßrecht, wobei die territorialen Nuancen sehr verschieden waren. Beispielsweise weist die westgotische Rechtsentwicklung einen ziemlich eigenständigen Trend auf. Hier wird der Unterschied zwischen Goten und Romanen, besonders nach der Konversion zum Katholizismus (589), immer mehr verwischt. Das Eheverbot wird schon vor 586 aufgehoben, die Beamtenschaft aus Goten und Romanen gebildet. Später leisten Romanen im steigenden Maße auch Militärdienst – ein Zeichen dafür, wie sehr sich beide Bevölkerungsgruppen einander angeglichen haben. Im Gegensatz zum fränkischen Recht geht die Entwicklung vom Personalitätsprinzip zum Territorialitätsprinzip über. Besonderheiten liegen auch in der starken Betonung der richterlichen Tätigkeit und ihrer Kontrolle durch Zentralgewalt und Kirche. Die kirchlichen Angelegenheiten werden vom Toledaner Reichskonzil, einer Notabelnversammlung geistlicher und weltlicher Würdenträger, entschieden, dessen Beschlüsse stets das königliche Placet erhalten. Das 681 letztmals neugefaßte westgotische Recht, die «Lex Visigothorum renovata», befaßt sich vielfach mit kirchlichen Angelegenheiten; das fünfte Buch ist ausschließlich dem kirchlichen Besitzstand an Personen (Sklaven, Freigelassenen) und Sachen gewidmet und verhilft dem kirchlichen Rechtsdenken, das stark von den Besitzverhältnissen und ihrer kontinuierlichen Weiterentwicklung geprägt ist, zu besonderer Wirksamkeit in der Gesellschaft. Hier lagen große Gefahren, die von Männern wie Isidor von Sevilla gesehen und sogar angeprangert wurden, weil die Kirche mit zunehmendem Reichtum ihrem sozialen Auftrag, dem Schutz der Armen und Bedrängten, meist weniger gerecht wurde als zuvor. Der benediktinische Einfluß, der hier ausgleichend hätte wirken können, wurde in Spanien kaum spürbar, zumal die spanische Kirche insgesamt, auf enges, territoriales Denken begrenzt, sich gegenüber auswärtigen, auch päpstlichen Ansprüchen sehr abschirmte. Gesellschaftsgeschichtlich gesehen, hat die spanische Kirche nach den Ergebnissen neuester Forschungen (Sánchez-Albornoz) trotzdem ein spezielles Verdienst: Sie wirkte durch neue Formen der Landvergabe an Produzenten und an Waffenträger (als beneficium, stipendium oder precarium) auf eine besonders schnelle Durchsetzung frühfeudaler Formen hin, die sich dann im Frankenreich weiterentwickeln konnten.

Die Unausgeglichenheit zwischen festem Beharren auf alten Strukturen und dem Drang, alles Alte beiseitezufegen, läßt sich für das Rechtswesen ebensowenig klären wie für das sonstige Gefüge der Gesellschaft. Der Vorgang ist eben auch nicht eindeutig rational. Oft mögen die barbarischen Könige und Adligen, die plötzlich zu Herrschern über große Gebiete und über immense Scharen von Untertanen geworden waren, denen sie sich niveau-

Trachten höherer fränkischer Beamter aus der Bibel von St. Paul

mäßig nicht gewachsen fühlten, zwischen Hochmut und Minderwertigkeitsgefühlen geschwankt haben, was ihrer Politik und ihren kulturellen Bestrebungen den Anstrich des Unfertigen und Rohen, stellenweise auch des Brutalen und Niedrigen gab. In aller Eile christianisiert – ohne sich mit dem Dogma identifizieren zu können – und ebenso hastig romanisiert – ohne die antike Vorstellungswelt voll zu begreifen oder auch nur mit den formalen Elementen, der lateinischen Sprache und dem römischen Rechtswesen, fertig zu werden –, sahen sie sich vor Aufgaben von enormen Ausmaßen gestellt. Der Neubau der Gesellschaft durch Überwindung der Reste der Sklavenhaltergesellschaft und Verschmelzung der romanischen und der barbarischen Elemente forderte Planung und Vorausschau, Kühnheit und Mäßigung: Eigenschaften, die so oder so im antiken Tugendkatalog, vor allem in der Herrscherethik, enthalten waren, um deren Realisierung es jedoch nie gut bestellt gewesen war. Hatten integre und hochgebildete Kaiser wie Mark Aurel und Julian dieses Debakel eindeutig gespürt und auf ihre Weise zu lösen versucht, so trat es den Barbarenherrschern häufig nicht einmal klar ins Bewußtsein. Die Schwierigkeit, die Macht gegen einen häufig frondierenden Adel zu erringen oder zu bewahren, zehrte ihre Kräfte meist vorzeitig auf, so daß sie den Fortschritt der Gesellschaft und Kultur weithin dem Selbstlauf überlassen mußten. Gewiß sind Männer wie Theoderich der Große, oder – im begrenzten Umfang – der Vandalenkönig Thrasamund und die westgotischen Herrscher Rekkared I. und Sisebut durch persönliches Beispiel und rastlose Tätigkeit für ihre Staaten Vorbilder geworden, denen auch Gegner die Achtung meist nicht versagten. Aus ihren Herrschaftsbereichen «christliche Kulturstaaten» zu machen, wie es manche modernen Forscher, freilich vor allem mit Akzentuierung auf Karl den Großen, behaupten, ist ihnen jedoch nicht gelungen. Immerhin war diese Zielstellung ansatzweise vorhanden, und sie verstärkte sich im Laufe der Generationen mehr und mehr. Und daß sich hier und da kulturelle Zentren bildeten, die weit und oft sogar flächenhaft ausstrahlten, sollte nicht bestritten werden. In der sogenannten karolingischen Renaissance erreichte diese Entwicklung klarere Konturen und einen ersten Höhepunkt. Freilich ging die kulturschöpferische Arbeit, die hier geleistet wurde, nur in einem gewissen Umfang auf Förderung durch die Herrscher und den Adel zurück: Das aristokratische Mäzenatentum begnügte sich normalerweise mit der Funktion des Auftraggebers, bestenfalls des Initiators. Seltener kamen Könige und Adlige selbst als Künstler und Autoren in Betracht (Thrasamund, Sisebut). Die wenigen überlieferten Fälle prägten sich allerdings fest in das Gedächtnis der Mit- und Nachwelt ein. Wie nicht anders zu erwarten, nahmen jedoch die Reste des senatorischen Adels – dem Männer wie Boethius, Cassiodor, Benedikt von Nursia und Venantius Fortunatus angehörten – die kulturelle Mission wahr, die andere nicht übernehmen konnten; wissenschaftliche Sammelpunkte und Zentren bildend, zogen sie, der Zeitströmung entsprechend als Äbte und Bischöfe, gegebenenfalls auch als weltliche Würdenträger, jüngere Mitstreiter an, begründeten Schulen oder philosophisch-theologische Richtungen und beeinflußten auf diese Weise auch Hofhaltung und Könige. Die Vielfalt und Weite ihres Horizontes und ihrer Themenstellung garantierte diesen Schriftstellern bei Mit- und Nachwelt eine unerwartete Resonanz, obwohl sie mit ihren Bemühungen oft mehr oder minder abseits von der Gesellschaft, ja zuweilen sogar außerhalb standen.

Literatur, Philosophie, Bildungswesen und Theologie

In fast makraber Weise gilt dies für Boethius, Abkömmling einer vornehmen Familie und Repräsentant der vornehmlich griechisch geprägten Bildung und Philosophie, die auf den Symmachuskreis zurückweist. Kennzeichnenderweise entstammte Boethius' Frau Rusticiana diesem alten Senatorengeschlecht, das sich inzwischen zu einem aufgeklärten, bildungsfreundlichen Christentum bekannte. Doch schon hieraus erwuchsen Spannungen. Boethius, dessen wissenschaftliches Interesse keine engen Grenzen kannte – so konstruierte er u. a. für Theoderich eine kunstvolle Wasser- und

Sonnenuhr –, erregte bei konservativen katholischen Kreisen manches Mißfallen. Seine philosophisch-theologische Methode, die zwischen Athen und Rom, zwischen Aristoteles und den Kirchenvätern zu vermitteln suchte, war vielen zu rational. Und es ging über das Durchschnittsverständnis seiner Zeitgenossen hinaus, wenn er in seinen Schriften forderte: «Verknüpfe, soweit du vermagst, den Glauben mit der Vernunft.» Denn mit dieser wissenschaftlichen Einsicht war ein Vorgriff gewagt, der erst viel später die Hochscholastik beeinflussen sollte: Der erste Scholastiker, Boethius, beeindruckte noch Thomas von Aquino, der einen Kommentar zu Boethius'«Traktat über die Dreifaltigkeit» schrieb. Spürbarer als die Spannungen innerhalb des römischen und katholischen Lagers waren jedoch die tiefen Risse, die sich in Theoderichs letzten Jahren zwischen Römern und Goten auftaten. Sie wurden allein schon durch Boethius' Beförderung auf einen der höchsten Posten des Ostgotenreiches, den des Magister officiorum (etwa Hof- und Staatsministers), sichtbarer. Boethius wollte – Philosoph mit weitgehenden Amtsvollmachten – der bei Goten und Römern verbreiteten Korruption zu Leibe gehen und schuf sich dadurch neue Feinde, nicht zuletzt unter den Barbaren am Hofe, die jeden Römer als potentiellen Hochverräter ansahen. Die bereits zwischen Theoderich und Kaiser Justinus bestehenden Spannungen verschärften das Klima, und als Boethius den mit Byzanz in Verbindung stehenden Senator Albinus zu decken suchte, wurde er in einen sofort anhängig gemachten Hochverratsprozeß hineingezogen. Der Senat distanzierte sich von den verdächtigen Mitgliedern, und Boethius konnte nichts weiter tun, als im Gefängnis auf seine Aburteilung zu warten. In dieser Situation nun ist eines der ergreifendsten Werke dieser Epoche entstanden, der «Trost der Philosophie» (De Consolatione Philosophiae). Im ersten Buch meditiert Boethius, zunächst trauernd und erbittert, über seine verzweifelte Lage. Intrigen stürzten ihn ins Unglück und in den Kerker. Zu Unrecht wird ihm Hochverrat vorgeworfen. Er ist empört, daß Lüge und Verleumdung über den Gerechten triumphierten. Da tritt die Philosophie, eine hoheitsvolle Frau, die mit ihrem Scheitel an den Himmel zu reichen scheint, in die Zelle ein. Im Frage- und Antwortspiel führt sie den Gefangenen allmählich zur Erkenntnis und zur inneren Freiheit. Denn muß das Glück nicht unbeständig sein? Pausenlos bewegt sich das Rad der Fortuna, verteilt wahllos Macht, Reichtum, Ruhm und Genuß – Güter, nach denen die Menschen ständig streben, ohne sie festhalten zu können. Aber über alle Wechselfälle des Lebens ist der Tugendhafte erhaben, der auch im Unglück unerschüttert steht und sein Ziel mit der göttlichen Weltordnung in Übereinstimmung weiß. Betrachtungen über Vorsehung, Schicksal, Zufall und freies Handeln des Menschen runden das Werk ab, dessen eigentümliche Entstehung nicht zuletzt eine dauerhafte Wirkung sicherten. So ist Boethius' «Consolatio» nicht nur, wie man oft gemeint hat, eine Erbauungs- und Bekehrungsschrift, wie es sie damals zahlreich gab. Sie vermittelt eher eine neue Blickrichtung, und zwar auf die innere Freiheit als die der göttlichen Erkenntnis zugeordnete Form des Menschseins. Damit ist aber zugleich wichtiges Ideengut der Philosophen Plato und Aristoteles in die christliche Ethik und Erkenntnistheorie eingeschmolzen. Nicht zuletzt deshalb gehört diese Trostschrift noch bis heute zu den am meisten gelesenen Büchern der Weltliteratur. Da sie dem Menschen in seiner Existenznot zu Hilfe kommen wollte, wurde sie auch im Mittelalter häufiger gelesen als die berühmten, aber dogmatisch viel engeren «Standardwerke», die «Bekenntnisse» Augustins, die moralischen Werke Gregors des Großen oder Isidors von Sevilla. Häufig wurde das Trostbuch übersetzt: von Alfred dem Großen ins Angelsächsische, von Notker Labeo ins Althochdeutsche, von Albert von Florenz ins Italienische. Noch Dante reflektierte über Boethius als die «heilige Seele, die den Trug der Welt dem aufdeckt, der ihm lauscht mit offenen Sinnen».

Als Nachfolger des 524 hingerichteten Boethius kann am ehesten Cassiodor angesehen werden, der noch stärker als sein Lehrer und Amtsvorgänger – Cassiodor wurde 523 Magister officiorum, später sogar Prätorianerpräfekt (Chef der Zivilverwaltung) – die nicht unproblematische Politik kulturellen und ideologischen Ausgleichs zwischen Römern und Barbaren betrieb. Freilich wußte Cassiodor sich Theoderich und dessen Nachfolgern unentbehrlich zu machen, und er stand auch eindeutiger auf Seiten der neuen Machthaber, als Boethius dies vermocht hätte. Wir dürfen dies zwei Werken mit recht unterschiedlicher Thematik entnehmen: den «Variae», einer von Cassiodor verfaßten und stilisierten Sammlung von 468 Briefen und Urkunden der königlichen Kanzlei, die einen intensiven Einblick in die Verwaltung, aber auch in die politisch-ideologische Arbeitsweise des Ostgotenstaates ermöglichen, und einer Gotengeschichte. Letztere ist zwar nur in der Zusammenfassung des Goten Jordanes, der diese Arbeit fortsetzte, erhalten, ermöglicht aber doch Rückschlüsse auf Cassiodors apologetische Einstellung gegenüber Theoderich und seiner italischen Staatsschöpfung. Es gibt jedoch zu denken, daß Cassiodor – er war noch im besten Alter – sich um 540 gänzlich aus der Politik zurückzog, um sein Alter in selbstgewählter Muße und Beschäftigung mit der Literatur zu verbringen. Die Wirren nach Theoderichs Tod und die byzantinischen Feldzüge in Italien dürften seinen Schritt mit bewirkt haben. Zunächst plante er in Rom die Begründung eines theologischen Studiums. Die Kriegswirren ließen das große Vorhaben scheitern. Doch veranlaßte Cassiodor den damaligen Papst Agapet I. (535/36) dazu, eine Bibliothek aufzubauen: Sie stellt sich bereits als eine Art Vorläuferin mittelalterlicher Universitätsgründungen dar. Anschließend errichtete der ehemalige Beamte auf den Besitzungen seiner Familie in Kalabrien das Kloster Vivarium, das durch seine eigene langjährige Tätigkeit als Lehrer und Organisator zu einem wichtigen theologischen und profanwissenschaftlichen Bildungszentrum wurde. Cassiodor förderte bei seinen Mönchen – im Unterschied zu Benedikt von Nursia mit seiner Forderung des «Ora et labora» – das Ideal einer milden, von der Wissenschaft geprägten Askese, wobei er sich mehr an Boethius als an Augustin oder Benedikt orientierte. Bei seinem Versuch stand eher das an die alte Stoa anknüpfende Vorbild des im verborgenen Refugium lebenden und meditierenden Weisen Pate als das Ideal des völlig bedürfnislosen, damit aber auch die kulturellen Werte verachtenden Asketen und Säulenheiligen östlicher Prägung. Cassiodor hatte durchaus auch orientalische Vorbilder. Es waren jedoch nicht die Styliten oder die ägyptischen Asketen aus der nitrischen Wüste, sondern die Katechetenschulen von Edessa und Nisibis, die auch an profane Schulen anknüpften. In seinem wichtigen Werk «Institutiones» gab Cassiodor seinen Mönchen die Anweisungen

Gewicht aus Karthago mit eingelegtem Namen (oder Monogramm des letzten Vandalenkönigs Gelimer) vgl. Text S. 127–130

zum Studium der Heiligen Schrift, behandelte aber auch ausführlich die sieben freien Künste (artes liberales), die er hoch schätzte und – im Gegensatz zu Augustin und sogar Isidor von Sevilla – den Mönchen nicht vorenthalten wissen wollte. Seine Achtung vor der geistigen Tätigkeit ging so weit, daß er auch den Mönchen, die nicht studieren wollten oder konnten, das Abschreiben von Büchern empfahl. Die in der Benediktinerregel und anderen Klosterregeln in erster Linie verankerte körperliche Arbeit in Feld und Garten, die ja die kulturelle Tätigkeit vieler mittelalterlicher Orden wesentlich bestimmte, trat für Cassiodor mithin sehr zurück. Er schuf nicht im strengen Sinne ein Kloster, sondern ein Studierzentrum asketischer Prägung, in dem durch geregelte Abschreibe- und Kommentatorentätigkeit wissenschaftlich so produktiv gearbeitet wurde, wie es unter den herrschenden Verhältnissen eben möglich war. Cassiodors eigenes Werk kennzeichnet ihn, der auch eine Weltchronik (von Adam bis 519), einen Psalmenkommentar und eine Abhandlung über die Rechtschreibung hinterlassen hat, mehr als enzyklopädischen Sammler und Gelehrten denn als originellen Denker und Schriftsteller. Mit seinem christlichen, den klassischen Traditionen jedoch Rechnung tragenden Bildungsprogramm nimmt er eine Position zwischen Augustin, Boethius und Isidor ein, die in ihrer Eigenart unübersehbar ist und zu seiner Zeit auf Römer wie Barbaren – man denke an Jordanes – prägend einwirkte.

Waren Boethius und Cassiodor in erster Linie durch ihre Schriften, ihre geistige und wissenschaftliche Ausstrahlungskraft einflußreich, so hat Benedikt von Nursia, der in diesem Zusammenhang mit genannt werden muß, vorrangig eine praktische Wirkung ausgeübt, die zeitlich wie regional jedoch unbegrenzt war. Wie Boethius gehörte Benedikt dem Hochadel, und zwar der berühmten Sippe der Anicier, an. Das ist vor allem wegen seines konsequent asketischen Lebensweges bemerkenswert, denn der spätantike – bald auch der barbarische – Adel drang zwar in die führenden kirchlichen Positionen ein, hielt sich von strengerer Askese jedoch meist fern. Der – leider legendenhaft ausgeschmückten – Biographie Benedikts aus der Feder Gregors des Großen und einigen anderen Quellen ist Benedikts Lebensweg zumindest in den wichtigeren biographischen Etappen zu entnehmen: Der um 480 Geborene widmete sich zunächst in Rom den üblichen Studien; bald – angeblich mit etwa 14 Jahren – glaubte er sich zum Eremiten berufen, und um 510 wurde er erstmals zum Abt eines Höhlenklosters gewählt. Später gründete er kleinere Zönobien im Aniotal und entwarf wohl für sie bereits eine Regel, aus der später die in Monte Cassino erstmals eingeführte Benediktinerregel geworden ist. Das Gründungsjahr des berühmten Mutterklosters auf dem Berg Cassinus ist strittig. Man hat es, vielleicht auch nur um der Parallele willen, mit dem Jahr der Schließung der altehrwürdigen platonischen Akademie zu Athen durch Kaiser Justinian (529) in Verbindung gebracht. Jedenfalls wirkte Benedikt – dessen Schwester Scholastika gleichzeitig einen weiblichen Benediktinerkonvent schuf – bis zu seinem Tode (543) in dem berühmten Kloster, das trotz mehrfacher Zerstörungen bis heute Zentrum des Ordens ist. Ursachen und Wesen des Benediktinertums sind – ebenso wie das Mönchtum überhaupt – lebhaft umstritten. Strenge Bindungen an die Heilige Schrift, deren asketisch verstandene Grundlagen in der Regel selbst im Vordergrund stehen, sind selbstverständlich. Die drei von Benedikt geforderten Hauptverpflichtungen: Bindung an das Kloster (stabilitas loci), völliger Sinneswandel durch Eigentumsverzicht und Keuschheit (conversio morum) sowie unbedingter Gehorsam vermitteln auf den ersten Blick das Bild einer rigorosen, von der Außenwelt völlig getrennten Asketengemeinschaft. Selbstverständlich legten einige Wurzeln des benediktinischen Mönchtums – die Beeinflussung durch die orientalischen Klöster und Anachoreten, der Lebensweg Benedikts sowie die sozialökonomische Unsicherheit dieser Spätphase der Völkerwanderung – eine weitgehende Weltflucht, eine geistige und wirtschaftliche Beschränkung auf das Kloster selbst tatsächlich nahe. Mit dem «Ora et labora» (Bete und arbeite) Benedikts war eine eindeutige und unwiderrufliche Verpflichtung verbunden, deren quasimilitärischer Charakter unverkennbar ist. Als Mönch stand man im Dienst Christi (in der militia Christi), an dessen Stelle der Abt die militärische Verfügungsgewalt über die gesamte Truppe, die «schola servitii», innehatte. Diese rigorose Strenge war angesichts der Zeitverhältnisse, die natürlich auch zahlreiche entwurzelte Menschen durch die Klosterpforten zwang, kaum entbehrlich. In der Praxis dürften sich die Anforderungen oft gemildert haben, zumal sich Benedikt auch in den Einzelheiten der Vorschrift vor den unerfüllbaren Forderungen hütet, die manche späteren Orden aufgestellt haben. Denn vor allem ging es ihm und seinen Mitstreitern um ein harmonisches Klosterleben, das in der Hauptsache aus Gottesdienst und Handarbeit bestand, andere Tätigkeiten jedoch nicht ausschloß. Im Gefolge Augustins, der die Mönchsarbeit sogar in erster Linie als theologische oder geistige Tätigkeit sah, ließ Benedikt von Anfang an eine Ausbildungs- und Erziehungstätigkeit zu: Geeignete Mönche unterrichteten die dem Kloster dargebrachten «pueri oblati». Zumindest schon von Cassiodor wurde das Benediktinertum aber auch zur eigentlichen wissenschaftlichen Arbeit angeregt, in der es später – durch Gregor den Großen, Bonifatius, Alkuin und Benedikt von Aniane – wichtige Leistungen vollbrachte.

Zwei weitere Auswirkungen des frühen Benediktinertums sind nicht zu übersehen: Seinem Kernsatz entsprechend, kultivierte es herrenloses Land, verlassene Latifundien oder Grundstücke, die durch Schenkung in Klosterbesitz kamen. Durch ihren kollektiven Arbeitseinsatz vermochten die Mönche und ihre meist unfreien Hilfskräfte dabei Leistungen zu erbringen, die über den Durchschnitt der frühfeudalen Produktionsweise hinausgingen. Die oft beachtlichen Erträge wurden ökonomisch

Germanischer (vandalischer?) Reiter von einem bei Karthago gefundenen Mosaik (vgl. Text S. 128)

sparsam, zugleich aber unter sozialen Gesichtspunkten verwendet. Da Arme und Erwerbsunfähige am Sozialprodukt des Klosters partizipierten, fanden die Mönche stets genügend Hilfskräfte (Saisonarbeiter), und bald wurden große Teile des Klostergutes auch an Pächter ausgetan. Die positiven Aspekte dieser Entwicklung sind nicht zu verkennen. Natürlich sind sie nicht isoliert zu sehen; die Tatsache, daß die benediktinischen wie die frühmittelalterlichen Klöster insgesamt oft zu Großgrundbesitzern wurden, ist selbstverständlich auch mit der Durchsetzung der frühfeudalen Herrschaftsstruktur in Verbindung zu bringen, die sich etwa in den Eigenklöstern und Eigenkirchen besonders drastisch ausprägt. Gerieten die Klöster und ihre Äbte dabei oft in eine starke Abhängigkeit von den Königen oder anderen weltlichen Herren, so ließen sie ihre eigenen freien und unfreien Untertanen den juristischen und ökonomischen Druck natürlich deutlich spüren. Das galt aber auch dann, wenn der Staat Leistungen von selbständigen Klöstern verlangte, die überwiegend von den Pächtern oder Unfreien erbracht werden mußten: also Frondienste, Abgaben oder militärische Dienstleistungen, ohne die eine frühfeudale Zentralgewalt meist gar nicht auskam. Diese sehr interessante Erscheinung, die nicht etwa erst seit der Abwehr der Araber durch Karl Martell zu belegen ist, kann hier nur angedeutet werden. Ihr Zusammenhang mit dem Benediktinertum und den anderen Ordensgründungen dieser Epoche legitimiert den Hinweis an dieser Stelle, obwohl die damit verbundenen rechtsgeschichtlichen Vorgänge eher in einen weitgespannten Exkurs über die Gesetzgebung dieser Periode hineingehören würden.

Die universalhistorische Bedeutung der drei erwähnten Männer steht außer Frage. In den Schatten gestellt werden sie am ehesten noch von dem Spanier Isidor von Sevilla (ca. 560 bis 636), der nicht nur der letzte europäische Kirchenvater, sondern auch einer der wichtigsten Lehrmeister des Mittelalters gewesen ist. Seine Bedeutung für die menschliche Bildungsgeschichte und für den heute so wichtigen Wissenschaftszweig der Enzyklopädie ist kaum hoch genug einzuschätzen.

Von Isidors Leben wissen wir wenig. Aus einer gebildeten Flüchtlingsfamilie der Gegend von Cartagena stammend, die vor byzantinischer Bedrückung im westgotischen Gebiet Schutz gefunden hatte, erhielt Isidor frühzeitig eine sorgfältige Ausbildung. Durch seinen Bruder und Vorgänger auf dem Sevillaner Bischofsstuhl, Leander, angeleitet, orientierte Isidor sich vorrangig auf theologische und philosophische Probleme, zumindest so lange, bis ihm die geistliche Würde auch Zeit für andere Bildungsinteressen ließ. Prägendes Ereignis für seinen kirchlichen Werdegang ist zweifellos die Bekehrung der Westgoten zum Katholizismus (589) gewesen, die auch von einer übergreifenden historischen Bedeutung war. Von diesem Zeitpunkt ab kam es zu einem engen Zusammenwirken von Staat und Kirche in Spanien, zu einer Stärkung der Königsgewalt, aber

100 Fürstenbeisetzung aus der Nekropole von Donja Dolina (Nordbosnien). Der um den Schädel gelegte Reifen und die sonstigen reichen Beigaben zeigen, daß es sich um einen vornehmen Toten handelt. Die Datierung der Beisetzung ist strittig.

101 Fränkische (merowingische) Fundstücke (Landesmuseum Wiesbaden). Es sind ein Armreifen, eine Bügelfibel und zwei Beschläge in Tierornamentik zusammengestellt.

102/103 Grabstein von Niederdollendorf, 12 km südlich von Bonn (Rheinisches Landesmuseum Bonn) Kalkstein; Flachrelief; Höhe 0,43 m; aus dem 7. Jahrhundert. Die Vorderseite stellt den Toten mit dem Breitsachs in der Linken dar. Mit der Rechten kämmt er sich das Haar. Über ihn ist die Totenschlange gelegt. Die Rückseite zeigt eine Gestalt in Strahlennimbus mit Lanze und Flechtband, in der man wohl Christus in germanischer Deutung sehen kann. Auffallend ist auch der geometrische Stil.

Folgende Doppelseite:

104/105 Altar des Pemmo (Ratchis), Cividale, Dom (Museo Cristiano). Der Weihinschrift zufolge wurde der Altar von Herzog Pemmo (gestorben um 737) und König Ratchis (744–749) gestiftet. Auf der einen Seitenplatte (Abb. 104) wird die Anbetung der Heiligen Drei Könige dargestellt, auf der anderen (Abb. 105) die Heimsuchung Mariä. Das zweizeilige Flechtband am Außenrand zeigt germanischen Einfluß.

106 Fränkischer (?) Grabstein aus Moselkern (Rheinisches Landesmuseum Bonn). Auffällig ist das vielfache Auftauchen des Kreuzessymbols auf diesem mehrfach durchbrochenen Grabstein.

107 Reiterstein von Hornhausen, aus dem 7. Jahrhundert (Landesmuseum für Vorgeschichte Halle). Das 78 cm hohe Sandsteinmonument zeigt die scharf konturierte Figur eines Reiters mit Lanze und Rundschild über einer in sich verflochtenen Schlange mit zwei Köpfen. Ähnliche Bildsteine, die heidnisch oder christlich interpretiert werden können, finden sich vornehmlich in Schweden.

108 Presbytergrabstein von Gondorf (Rheinisches Landesmuseum Bonn) Kalkstein; Flachrelief. Der dem 8. Jahrhundert entstammende Grabstein stellt einen Priester (Christus?) mit zwei Tauben auf den Schultern dar. Die Deutung der Tiere in den Ecken (Greife ?) ist strittig.

109 Fränkischer (?) Grabstein aus Leutesdorf (Rheinisches Landesmuseum Bonn)

110/111/112/113 Das römische Limeskastell Iatrus bei Krivina in Nordbulgarien, das vom Zentralinstitut für Alte Geschichte und Archäologie der Akademie der Wissenschaften der DDR in Zusammenarbeit mit der Bulgarischen Akademie der Wissenschaften ausgegraben wurde, geht in seinen Anfängen auf das frühe 4. Jahrhundert u. Z. zurück. Hier werden abgebildet: Das Bad mit Heizungsanlage (Präfurnium) im Vordergrund (Abb. 110; 2. Hälfte des 4. Jahrhunderts). Die Öffnung rechts diente als Luft- und Rauchabzug. Der (römische) Dreilagenkamm mit Kreispunktverzierung auf der Kammleiste besteht aus Knochen (Abb. 111; 2. Hälfte des 4. Jahrhunderts). Die bronzene römische Scharnierfibel ist durch Glasflußeinlage gekennzeichnet (Abb. 113; Ende des 2. Jahrhunderts). Bei dem goldenen Ohrring mit polyedrischem Knopf handelt es sich um eine ostgermanische Arbeit (Abb. 112; 2. Hälfte des 5. Jahrhunderts). Die Gegenstände der Kleinkunst befinden sich jetzt sämtlich im Inventar des Museums von Russe (VR Bulgarien).

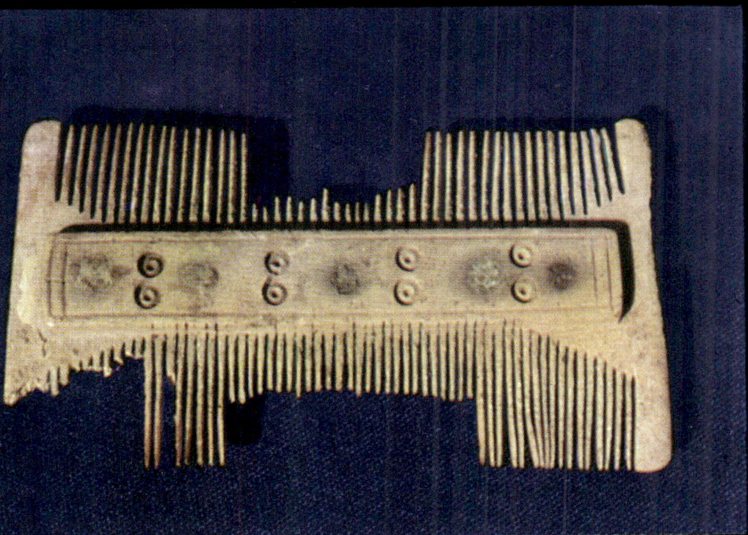

114 Eisenschmelzofen von Gera-Tinz (Museum für Ur- und Frühgeschichte Weimar). Er ist für die Gewinnung von Eisen, wie sie in der Frühzeit bis ins Mittelalter hinein üblich war, charakteristisch. In solchen Schmelzöfen wurde das Eisenerz mit Hilfe von Holzkohle auf Temperaturen von 700 bis 800° in der Gischt und 1100 bis 1300° im unteren Teil des Ofens gebracht. Das Gewicht des gewonnenen Eisens betrug nur 17 bis 20% der Ausgangsmenge an Erzen, das des schmiedefähigen Eisens etwa 7 bis 10%.

115 Töpferofen von Pleszów, Nova Huta (Kraków). Dieser Ofen vom Igołomia-Typus (Igołomia = NÖ von Kraków) ist für die Keramikherstellung der römischen Zeit charakteristisch, die oft schon im «Großbetrieb» vorgenommen wurde. In diesem Gebiet standen etwa 50 Doppelkammer-Töpferöfen; in einem Ofen fand man noch eine ganze Garnitur gebrannter Keramik.

116/117 Eisenverhüttungsplatz in Słupia Stara, bei Opatow (VR Polen). Die Größe der Anlage verdeutlicht die Bedeutung der Eisengewinnung und die Notwendigkeit, mehrere Öfen – dazu Ausheizherde, Meilergruben und kleine Häuser oder Hütten – gleichzeitig zu errichten.

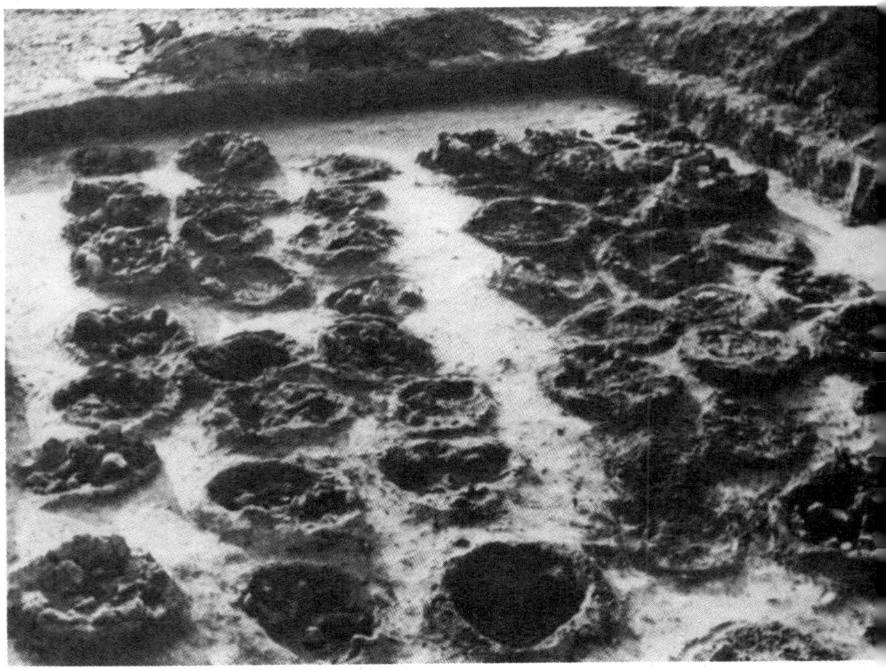

118 Bügelfibel von Laucha, Kreis Nebra, aus dem 6. Jahrhundert (Landesmuseum für Vorgeschichte Halle). Die vergoldete Silberfibel hat reiche Almandineinlagen. Sie gehört zu den gegossenen Bügelfibeln mit rechteckiger, doppelt umrandeter Kopfplatte barockem Fuß und nach unten beißenden Tierköpfen.

119/120 Westgotische Gürtelschnallen aus Palazuelos, Estables (Guadalajara) und Calatayud (Museo Arqueológico Nacional Madrid). Die Schnallen entstammen wohl sämtlich dem 7. Jahrhundert. Die durchbrochene Platte (Abb. 119) stellt – gekonnt in der Punktierungstechnik – den Kampf eines Mannes mit einem Greifen dar; Abb. 120 zeigt inmitten eines Tiergeflechtes zwei Löwen im Wappenschema; besonders markant ist hier der Menschenkopf auf dem Schnallendorn (möglicherweise eine Umwandlung des Motivs Daniel in der Löwengrube ?).

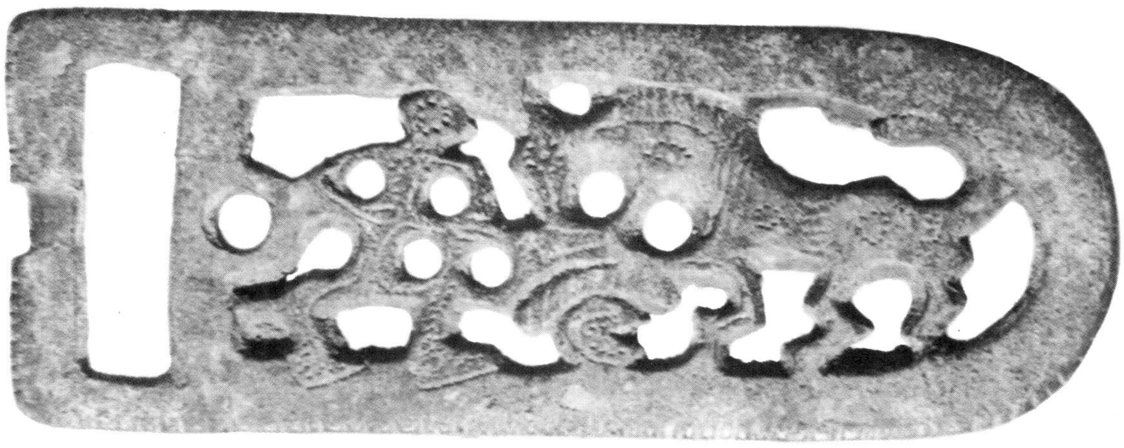

121 Goldener Halsring mit eingestempelten Verzierungen (früher: Neu-Mexico, bei Saatzig/VR Polen)

122 Die in Castel bei Valence d'Agen (Dépt. Tarn-et-Garonne) gefundene Gürtelschnalle mit schlichter Verzierung besteht aus vergoldeter Bronze und ist westgotischer Herkunft. Sie gehört zweifellos der Zeit des Tolosanischen Reiches (418–507) an. Das Stück ist heute im Besitz der Bibliothèque Nationale, Paris.

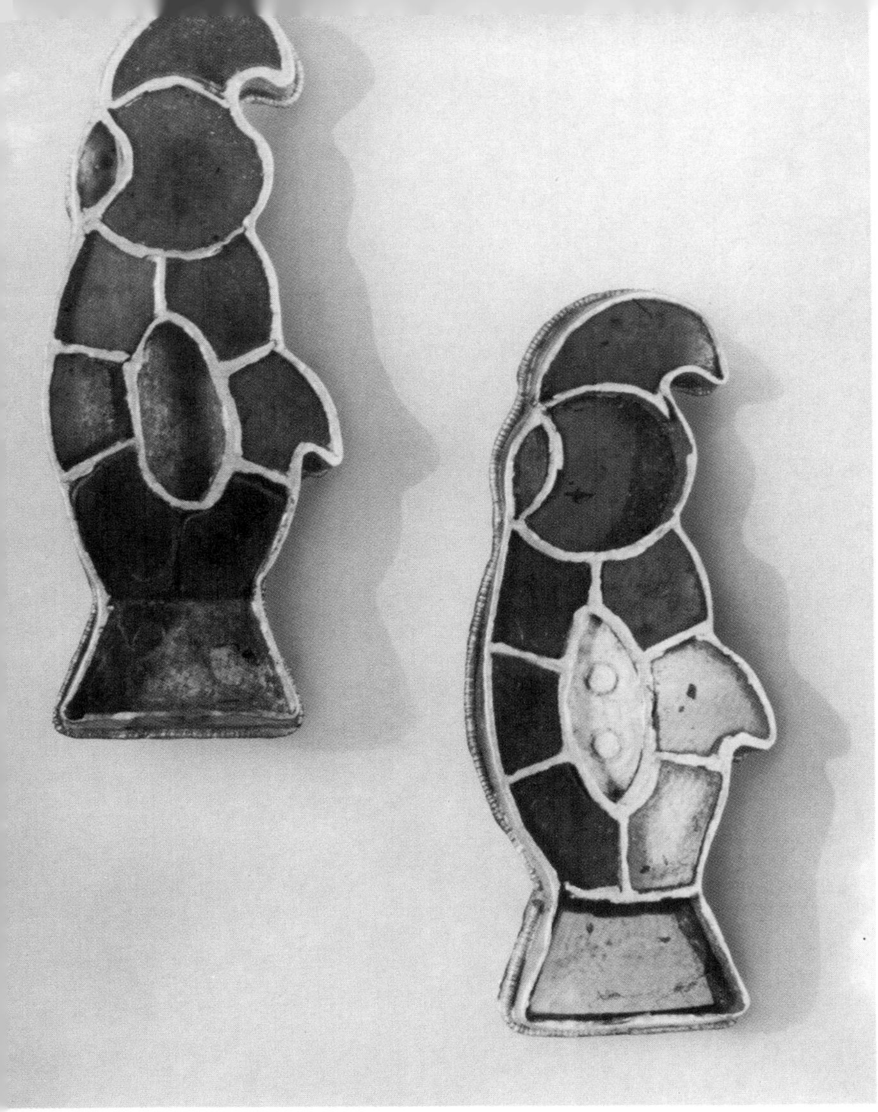

123 Zwei Vogelfibeln, Gold mit roten und blauen Einlagen aus dem Gräberfeld von Schwabmünchen

124–127 Fränkische (?) Adlerfibeln (Römisch-Germanisches Museum Köln). Die Adlerfibeln entstammen nach Stil und Ausführung wahrscheinlich dem gotischen Kulturkreis. Sie zeigen sehr unterschiedliche Ausprägung, häufig sind sie in Gold mit Almandineinlagen ausgeführt.

128 Das Bild zeigt einen in Pliezhausen (Württemberg) gefundenen Schmuckbrakteat aus Gold. Der bewaffnete Reiter soll eher als Jäger denn als Krieger gelten (Altertümersammlung Stuttgart).

129 Merowingischer Fund (Schnütgenmuseum Köln). Der mit dem Pferd verwachsene reitende Bogenschütze geht wohl auf östliche Einflüsse zurück. Vielleicht spielt die antike und orientalische Vorstellung von Mischwesen aus Mensch und Tier in die Darstellung hinein.

Kultfiguren von der Fischerinsel bei Neubrandenburg

oder barbarischen (meistens germanischen) Wort-Sach-Beziehungen und damit zur Aufhellung der verschiedensten gesellschaftlichen Sachverhalte des sich herausbildenden Feudalwesens mit seiner merkwürdigen Mischung aus spätrömischen und germanischen Elementen. Was für uns im Vordergrund stehen dürfte: Die «Etymologiae» umfassen wirklich alle Wissensgebiete – bis zu den eigentlich praxisgebundenen Bereichen hin. Natürlich enthalten die ersten Bücher aus Traditionsgründen die sieben freien Künste, also Grammatik, Rhetorik, Dialektik, Arithmetik, Geometrie, Musik und Astronomie. Buch Vier behandelt die Medizin. Der erste Teil des fünften Buches ist Gesetz und Recht, der zweite Chronologie und Zeiteinteilung vorbehalten. Die Bücher Sechs bis Acht sind theologischen und kirchlichen Fragen gewidmet. Das neunte Buch geht auf eine besonders umfangreiche Thematik ein: Sprachen, Völker und Reiche sowie zivile und militärische Strukturen und Verhältnisse werden hier dargestellt. Während sonst die sachliche Ordnung im Vordergrund steht, wird im zehnten Buch eine Fülle von Kurzetymologien alphabetisch aufgeführt. Buch Elf behandelt die Biologie des Menschen (wobei auch Abnormitäten und Fabelwesen, z. B. Mischwesen aus Mensch und Tier, ins Blickfeld gerückt werden), Zwölf die Zoologie. Das dreizehnte und vierzehnte Buch sind der Geographie gewidmet, während das fünfzehnte sich mit Staaten, Städten, Bauwerken und Verkehrseinrichtungen befaßt. Die letzten Bücher ergänzen praktisch alles, was an der damaligen Summe des Wissens noch fehlte: Steine, Erden und Metalle (16), Acker- und Gartenbau (17), Kriegswesen, Kampf- und Zirkusspiele (18), Schiffsbau, Bekleidung und Bauwesen (19) und schließlich Ernährung sowie häusliche Gebrauchsgegenstände (20). Wie sich schon aus diesem Überblick ergibt, öffnet sich so eine wahrhafte Fundgrube für jeden Leser, der sich überhaupt für ältere Kulturperioden interessiert.

Was verdeutlichen die erwähnten Schriftsteller, was dokumentiert insbesondere Isidor von Sevilla? Obwohl die Antwort insgesamt mehr positive als negative Aspekte enthält, ist zunächst folgendes festzustellen: Die Völkerwanderung bedeutet in der kulturellen Entwicklung der Menschheit, vor allem in der geistigen Kultur, einen Rückgang. Nicht nur die Sprache zeugt vom Eindringen der vulgären und «barbarischen» Elemente und lockert sich so weit auf, daß ihre lexikalische, grammatische und syntaktische Struktur den Ausgangspunkt für eine Reihe neuer, zunächst volkstümlicher Dialekte und Sprachen bietet, aus denen die romanischen Sprachen entstehen. Der eher negative Ausgangspunkt entwickelt sich also allmählich, daß man ihn auch bei größter Vorsicht als etwas Neues und Positives ansehen wird. Auch die Lockerung der logischen Schulung, die ebenso mit der sprachlichen Verwilderung wie mit dem Nachlassen, ja dem allmählichen Aufhören des normalen Schul- und Bildungswesens zusammenhängt, führte auf rustikale und «barbarische» Stufen hin, die mancherorts jahrhundertelang anhielten – vor allem in den Gebieten, in denen das Städtewesen und die Wirtschaft unter entwickelten Ware-Geld-Beziehungen zum Erliegen gekommen waren. Die Verhältnisse lagen regional außerordentlich verschieden, was wir hier nur andeuten können. So finden sich positive Nachwirkungen des spätantiken Unterrichts, der Ausbildung durch Grammatiker und Rhetoriker, im fünften und sechsten Jahrhundert noch in Italien, Südgallien, Nordafrika und Südspanien. Barbaren tauchen dabei bereits vereinzelt als Mäzene wie als Schüler, noch nicht jedoch als Lehrer auf. Der Prozeß ihres Hineinwachsens in den Bildungsbetrieb oder dessen, was davon übrigblieb und vornehmlich in die Klosterschulen hinübergerettet wurde, ist recht langwierig gewesen. Ausnahmen, wie die bildungsfreudigen Könige Thrasamund oder Sisebut – dem Isidor seine Arbeit «De natura rerum» widmete –, bestätigen nur die Regel. Freilich wandte sich das Blatt insofern bald, als die Barbarenkönige für den administrativen und juristischen «Betrieb» nicht wenige Gebildete benötigten, so daß sie manchmal sogar Freigelassene oder Sklaven aus Nachbargebieten zu diesem Zweck heranzogen. Es lag nahe, daß sie gelegentlich auch Dichter an ihren Hof beriefen – so wurde Ennodius von Theoderich dem Großen gefördert und Venantius Fortunatus vom fränkischen Hochadel, so von der Königin Radegunde, umworben – und literarische Bestrebungen toleranter Bischöfe förderten. Nachdem einige der Völkerwanderungsstaaten sich stabilisiert hatten und nicht mehr sämtliche Kräfte für die Abwehr römischer Restaurationsversuche zu binden brauchten (frühestens nach Justinians I. Tod), begann man sich dort auch intensiver für Kultur und Kunst zu interessieren. Natürlich überwogen bei der Auswahl bzw. Schwerpunktbildung fast stets rationale Erwägungen: Römische Juristen konnten in der Verwaltung, bei der Kodifizierung und Ergänzung der Gesetzeswerke helfen, Ärzte der alten Schule waren als Hofärzte gesucht, Architekten römischer Herkunft errichteten die zahlreichen Sakralbauten und die relativ wenigen Profanbauten, die von den barbarischen Königen gestiftet oder gegründet wurden. Um nicht allzusehr improvisieren zu müssen, förderten diese Könige schließlich in begrenztem Umfang auch das Schulwesen, ohne das eine Spezialisierung in den genannten und in ähnlichen Berufen undenkbar war. Regional unterschiedlich, schoben sich Bischofs- oder Klosterschulen in den Vordergrund, und nach dem völligen Absterben weltlicher Bildungsstätten und dem Verschwinden gebildeter Laien geriet das gesamte Erziehungswesen – einschließlich der Prinzenerziehung – in die Hand von Mönchen und Klerikern. Diese Erscheinung ist natürlich für das gesamte Mittelalter typisch geworden und hat Bildungsgang, Auswahl des Bildungs-

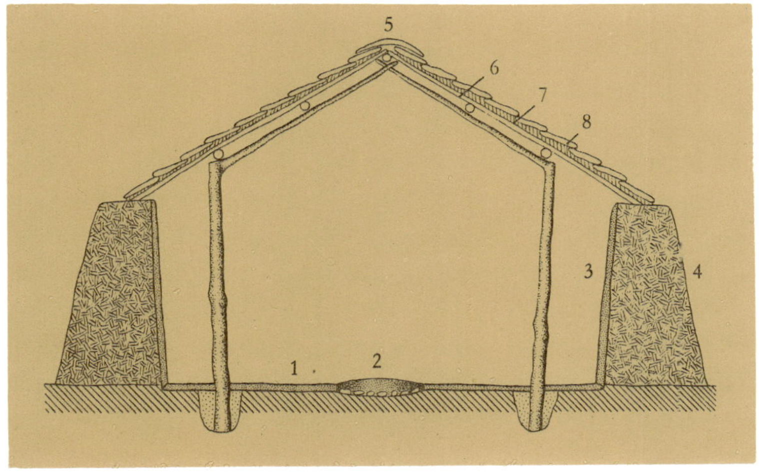

Querschnitt durch ein nordgermanisches Haus mit Grasziegelwänden: 1 Lehmdiele, 2 gepflasterte lehmverputzte Feuerstelle, 3 Lehmputz, 4 Sodenwand, 5 Grassoden, 6 Rofen, 7 Heu, 8 Heidesoden

gutes und Methodik wesentlich bestimmt. Die Einseitigkeit dieses Schulwesens ist unbestritten. Freilich brachte es trotz seiner Enge auf manchen der bereits erwähnten Gebiete beachtliche Leistungen hervor, zumal die konzentrierte Beschäftigung mit bestimmten Themata – Theologie, philologische und philosophische Spezialfragen, kirchliche Kunst – zuweilen soviel Tiefgang ermöglichte, daß es auch innerhalb der dogmatischen Schranken im dialektischen Umschlag einmalige und sogar geniale Werke schaffen konnte. Für die geistig-literarische Kultur zeugen davon außer Cassiodor oder Isidor auch Gregor von Tours oder – um nur einige der Späteren zu nennen – Beda, Bonifatius, Alkuin und Hrabanus Maurus. Weit sinnfälliger sind jedoch die oft anonym überlieferten Werke der Künstler und Kunsthandwerker, denen wir uns abschließend noch zuwenden.

Die Kunst: Baukunst, Plastik und Metallverarbeitung

Fast jeder, der auf die kunstgeschichtliche Problematik dieser Übergangsepoche stößt, wird wohl zunächst nach den Besonderheiten der Baukunst fragen: etwa unter dem Aspekt, ob antike und barbarische Baukunst zu einer Synthese geführt wurden oder, falls nicht, worin das Weiterleben der antiken Architektur oder die Anregungen der Barbaren am sichtbarsten sind. Die heutige Forschung scheint sich fast eindeutig in der Richtung zu entscheiden, daß Einflüsse der erobernden Barbaren äußerst geringfügig, ja selten sind. Im Holzbau – man denke an skandinavische Stabkirchen – wird natürlich eine ziemlich ungebrochene nördliche Bauweise deutlich. In der Steinplastik und -architektur hingegen überwiegen das Antike und seine Fortentwicklung ganz eindeutig. Frühmittelalterliche spanische Kirchen werden heute kaum noch als Zeugnisse der westgotischen Kultur gedeutet, sondern lediglich auf die westgotische Zeit datiert. Lediglich im Dekor liegt hier oft germanischer Einfluß vor, so im Tierstil – dessen Herkunft und Anwendungsbereich aber neuerdings auch strittig ist – oder in geometrisch-abstrakten Ornamenten wie dem berühmten Zangenfries des Theoderich-Mausoleums in Ravenna. Von hier aus ist auch nochmals auf die «barbarische» Gestaltung der Gebrauchsgegenstände und vor allem der Waffen hinzuweisen. Da die Germanen über Jahrhunderte hinweg Kriegerstand blieben oder doch das wichtigste Element der militärischen Feudalhierarchie darstellten (vor allem als Dienstadel der leudes, buccellarii, satellites, spatharii usw.), war ihr Einfluß auf Waffen und Kriegsgerät bis ins Detail hinein viel deutlicher spürbar als bei anderen Exponaten der materiellen Kultur. Unser Abbildungsteil vermag das immerhin anschaulich zu exemplifizieren. Freilich wird, wie in der römischen Spätantike selbst, die Architektur in manchen Gebieten wegen ihrer besonders exponierten militärischen Lage auch von strategischen Gesichtspunkten mit geprägt. Natürlich gilt dies auch für den Kultbau, so daß man mancherorts von frühen Wehrkirchen sprechen könnte. Einen Einblick in das Nebeneinander militärisch nüchterner Zweckbauweise und kunstvoller Luxusarchitektur vermittelt etwa die Schilderung vom befestigten Grundbesitz des Trierer Bischofs Nicetius, eines ehemaligen Mönchs, bei Venantius Fortunatus (Carm. 12, 21–42): «Ein Mauergürtel mit dreißig Türmen umzieht den Berg, auf dem sich an einer früher bewaldeten Stelle ein Bauwerk erhebt; die Mauern greifen vom Gipfel des Hügels aus weit hinunter ins Tal der Mosel, deren Fluten den Besitz auf dieser Seite begrenzen. Auf dem Fels steht ein herrlicher Palast, wie ein zweiter Berg, der sich über den ersten erhebt. Seine Mauern umschließen eine weite Fläche, und das Haus selbst ist fast eine Festung. Marmorsäulen tragen den kühnen Bau, von dessen Höhe aus an Sommertagen die Boote zu sehen sind, die über den Fluß gleiten. Der weiträumige Palast hat drei Stockwerke, und von oben gesehen scheint es, als bedecke das Bauwerk die Felder ringsum. Der Turm, der die Rampe beherrscht, auf der man hinaufsteigt, birgt die den Heiligen geweihte Kapelle und die Waffen für die Krieger. Dort steht auch eine Wurfmaschine mit zweifachem Geschoß, die Tod sät und von selbst zurückweicht. Das Wasser

Bronzene Schmuckscheiben aus dem fränkischen Gebiet

wird in Leitungen herangeführt, die sich an den Windungen des Berges entlangziehen. Es treibt eine Mühle an, die das Getreide für die Bewohner mahlt. Auf den früher unfruchtbaren Hängen hat Nicetius süße Trauben angepflanzt, und grünende Reben bedecken jetzt den Felsen, auf dem vorher Strauchwerk wuchs. Hier und da gedeihen Obstgärten und erfüllen die Luft mit dem Duft mannigfaltiger Blüten.» Die ausführliche Schilderung des Dichters erinnert in mancher Hinsicht an spätantike Landsitze oder Paläste, die uns durch Mosaiken oder durch zeitgenössische Beschreibungen teilweise erschlossen sind und in denen bereits ein ähnliches Beieinander von Profan- und Kultbau, von militärischer, wirtschaftlicher und kultisch-religiöser Nutzung herrschte. Die Dimensionen dünken uns allerdings bei dem Besitztum des Nicetius übersteigert, Bautechnik und architektonische Komposition scheinen hier eine ideale Synthese und einen größtmöglichen Effekt erreicht zu haben, so daß Wohn- und Repräsentationszweck, Bewirtschaftungs- und Verteidigungsmöglichkeit in gleichem Maße garantiert sind.

Anlagen diesen Umfanges hat es allerdings selten gegeben; man benötigte zu ihrer Errichtung sehr erhebliche Mittel und eine Vielzahl abhängiger Menschen – Agrarproduzenten, Bauarbeiter und andere Handwerker sowie Soldaten –, die dem durchschnittlichen Adligen keineswegs immer zur Verfügung standen. Man hat sich deshalb häufig mit kleinen Kirchenbauten und einfacheren Villen und Palästen begnügt. Sogar der Palast Theoderichs in Ravenna blieb, ebenso wie sein Grabmal, in bescheidenen Größenverhältnissen. Natürlich war er prachtvoll gestaltet und ausgestattet, so daß Karl der Große ihm zahlreiche Säulen und Mosaiken entnahm und nach Aachen überführte. Ähnliches galt bestenfalls für die Palastbauten der fränkischen und westgotischen Herrscher. Am meisten dürften die als besonders reich geltenden Vandalenkönige – wie auch der vandalische Adel –, die sich bald an üppige Lebensweise gewöhnten, durch Errichtung luxuriöser Landsitze mit Wasserspielen und Thermenanlagen geprotzt haben, wovon uns auch Prokop (Vandalenkrieg II, 6) berichtet. Die spezifischen Verhältnisse des von der römischen Ausbeutung befreiten Nordafrika erlaubten manche Eskapaden, die man anderwärts beiseitelassen mußte. Der Burgunderpalast in Genf beispielsweise zeigt auf begrenztem Raum nur eine oberflächliche Umformung antiker Bauten, die einen kleinen Hof umschließen. Dort, wo man die Profanbauten in Holz aufführte, war viel Prachtentfaltung ohnehin nicht möglich, oder es kam zu einem barbarischen Durcheinander wie in der Residenz Attilas, die neben Holzbauten steinerne Anlagen (z.B. Thermen) enthielt.

Auch im Kirchenbau dominierte zunächst die schlichte Architektur. Freilich versuchte man sogar in den arianischen Kirchen der Ostgoten, Vorzüge der alten Holzschnitzkunst auch auf steinerne Kapitelle zu übertragen. Und in den katholischen Basiliken zeigte sich bald sowohl in der Architektur wie in der plastischen und ornamentalen Ausgestaltung eine anspruchsvollere, verfeinerte Baugesinnung. Naturgemäß war der Zentralgedanke für ständig vergrößerte oder verbesserte Bauwerke die Ehrung des Stifters oder des mit dem Bauwerk verbundenen Märtyrers, schließlich auch die Tatsache, daß manche Kirche zur Grablege für eine Fürstendynastie wurde. Meist begleiten zwei oder vier Seitenschiffe das Mittelschiff, das sein Licht aus dem Obergaden, der über die Dächer der Seitenschiffe emporragenden Fensterzone, empfängt. Zwischen Mittelschiff und Apsis schiebt sich später das Querhaus, und dem Langhaus wird eine Vorhalle (Narthex) und ein säulenumstandener Vorhof (Atrium) beigegeben. Die örtlichen Bauweisen sind aber verschieden und gehen meist von bescheidenen Grundlagen aus. Auch eine so berühmte Kirche wie die Martinsbasilika in Tours ist nach Gregors Bericht nicht sehr groß gewesen. Wenn derselbe Historiker für diese Basilika 120 Säulen, 52 Fenster und 8 Türen vermerkt, so erklärt sich das am ehesten daraus, daß den Seitenwänden zwei übereinandergestellte Säulenreihen vorgelagert waren, wofür es auch andere Beispiele gibt (Germigny-des-Prés, Saint-Laurent in Grenoble). Der große Bedarf an Säulen bzw. Kapitellen rief in Aquitanien und anderwärts Werkstätten von Marmorbildhauern ins Leben, die unter den Kunsthandwerkern dieser Epoche eine wichtige Rolle spielten. Solche Werkstätten lieferten Fertigteile wie Kapitelle und Sarkophage auf weite Entfernungen, so daß mancher Bau nur als Rohbau von den örtlichen Handwerkern errichtet wurde; der feinere Dekor wurde von weither geliefert oder auch – als Spolien – antiken Bauwerken entnommen. Natürlich hat man auch mit wandernden Bildhauern, Musivarbeitern, Malern und erst recht Metallarbeitern zu rechnen, denen die größeren Bauten erst den letzten Schliff und die künstlerische Ausgestaltung verdankten.

Der Eindruck bestätigt sich immer mehr, daß Kontinuität und langsame Weiterentwicklung – auch unter bewußter und unbewußter Eingliederung barbarischer Elemente – die kirchliche und sonstige Architektur dieser Zeit bestimmten. Natürlich kamen mancherorts östliche, vor allem byzantinische oder syrische Einflüsse zum Tragen, insbesondere in Italien. Aber auch nach Spanien drangen über den zeitweilig von Byzanz besetzten Süden (Baetica) östliche Strömungen ein. Hier weisen drei bekannte Kirchen ins siebente Jahrhundert zurück: San Juan Bautista in Baños de Cerrato (661), San Pedro de la Nave in der Provinz Zamora und Santa Maria in Quintanilla de las Viñas in der Provinz Burgos. Ein so hervorragender Kenner der Materie wie Jean Hubert sagt dazu (S. 83 ff.): «Die Kirche von Quinta-

Das Osebergschiff

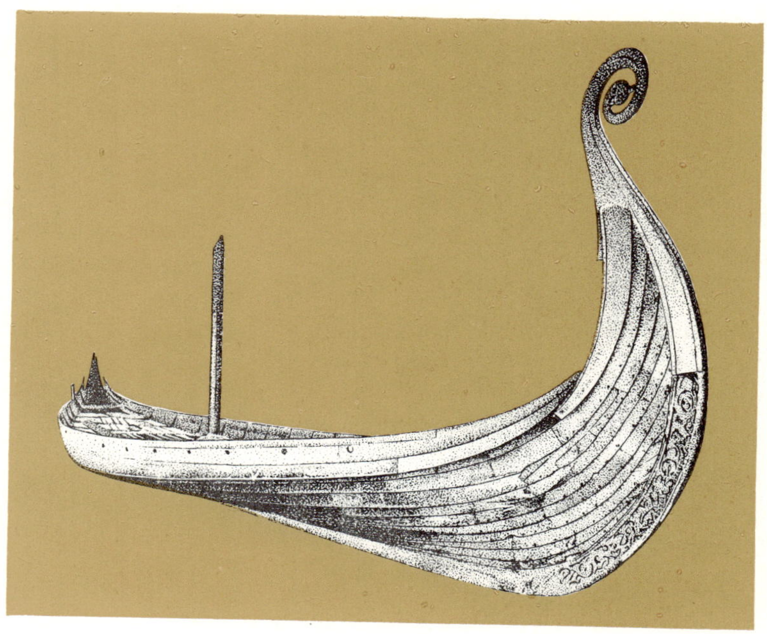

nilla de las Viñas ist nicht vollständig in ihrem ursprünglichen Baubestand erhalten; das Mittelschiff ist mittelalterlich. Doch die Außenansicht von Chor und Querschiff macht auf jeden Besucher einen unvergeßlichen Eindruck, denn das vorzügliche Mauerwerk ist mit sehr fein gearbeiteten Relieffriesen geschmückt, die in zwei Reihen angeordnet sind. Die Vollkommenheit dieses Baus, der unmittelbar auf die Säulenhallen der Spätantike zurückgeht, kommt der Vollkommenheit syrischer Kirchen oder byzantinischer Bauten des sechsten Jahrhunderts gleich. Diese drei spanischen Kirchen sind nur klein, aber sie haben großartige Proportionen. Der Grundriß, der auf eine Apsis verzichtet, besteht aus der geschickten Verbindung gerader Linien. Eine Art innerer Zellengliederung soll die Einwölbung einzelner Bauteile erleichtern. Wie in antiken Gebäuden haben die Fenster keine schräge Laibung, und die Säulen sind einfach vor die Wände gelegt; keine einzige ist in das Mauerwerk eingebunden. Andere Züge dagegen sind neu; sie fallen um so mehr auf, als sie wie entfernte Vorläufer von Architektur und Bauplastik der Romanik wirken. Besonders in der Kirche von Quintanilla de las Viñas spielen die Bauornamentik und die in Stein gemeißelten szenischen Darstellungen eine wesentliche Rolle. Eine rechteckige Platte zeigt das Bild des Heilands, der in recht naiver Weise zwischen zwei Engeln dargestellt wird, und eine andere die Personifikation der Sonne. Die Kapitelle dieser Kirche tragen wie die von San Pedro de la Nave hohe Abakusplatten. Noch erstaunlicher ist es, daß zwei der Korbkapitelle von San Pedro de la Nave mit alttestamentarischen (sic!) Szenen geschmückt sind: dem Opfer Abrahams und Daniel in der Löwengrube. Die Figuren stehen wie ausgeschnitten vor dem planen Grund und wirken wie ein Fresko, das in flachem Relief auf die Steinoberfläche übertragen ist. Von der mehrfarbigen Bemalung, die ursprünglich die gesamte Plastik überzog, sind nur mehr geringe Spuren zu sehen. Die Gestaltung menschlicher Figuren ist weniger vollendet als die der Rankenbänder, die die Bogenauflager oder die obere Wandzone schmücken.» Hubert hebt dann die Vollkommenheit des Mauerwerkes der Wände und Wölbungen hervor und betont den Einfluß dieser weithin noch antiken spanischen Architektur bis in die Zeit der arabischen Eroberung, übrigens auch auf Südfrankreich.

Schlicht, aber imposant ist auch Santa María de Naranco, ursprünglich eine Königshalle bzw. ein zweigeschossiger Königspalast, der, von Ramiros I. (842–850) erneuert und durch einen Altar der heiligen Maria gewidmet, im zwölften Jahrhundert vollends in eine Kirche umgewandelt wurde. Das Tonnengewölbe ruht auf Bögen, die von gleichsam holzgeschnitzten Säulenschäften getragen werden. Die obere Halle zeigt an den Schmalseiten prachtvolle Galerien und innen über einem interessanten Steinmedaillon zwei Schwertkämpfer im «Duell». Der ursprünglich weltliche Charakter des Baues wird durch solche Ornamente eindeutiger betont. In Italien zeigt die Kirche Santa Maria foris portas in Castelseprio, einer der wenigen erhaltenen italienischen Sakralbauten des siebenten Jahrhunderts, eine ähnliche «klassische» Schlichtheit in den Formen. Der Bau besteht aus einem rechteckigen Altarraum, um den sich eine Vorhalle und drei Apsiden schließen. 1944 wurden in der Ostapsis der Kirche in drei Zonen übereinander angeordnete Malereien mit Szenen aus dem Leben Christi entdeckt. Byzantinisch beeinflußt, gehören sie zum Besten, was die sakrale Malerei zumal damals, als sich östliche mit einheimischen und langobardischen Elementen mischten, aufzuweisen hat.

Wahrscheinlich greifen wir hier einmal im Bereich der Freskomalerei gewisse Beeinflussungen durch einen der Völkerwanderungsstämme. Wie schon angedeutet, sind solche Einflüsse sonst mehr auf das Metallgewerbe (Waffen, Schmuck) und auf manche Bereiche der Skulptur beschränkt. Auf alten Traditionen aufbauend und durch entwickelte Techniken oder Produktionsinstrumente der mediterranen Bereiche angeregt, vermochten die Germanen in der Toreutik Hervorragendes zu leisten, während sie in der Bearbeitung von Stein und Marmor etwas zurückblieben. Ein Ausgleich erfolgte oft erst nach Jahrhunderten. Langobardische Skulpturen sind am ehesten in der Kirche Santa Maria in Valle in Cividale zu erkennen. Stuckreliefs der Eingangswand mit sechs weiblichen Heiligen, vor allem aber eine Lünette mit vegetabilischem Ornament sowie Palmetten und Flechtband weisen auf eine Kunstauffassung, wie sie auch das Theoderichgrabmal mit seinem Zangenfries andeutet. Als besonders charakteristisch für die damalige langobardisch-italische Kunst gibt sich die heute im Bargello in Florenz befindliche Agilulf-Platte aus. Die vergoldete Kupferplatte

Chaukischer Brunnen von Stickenbüttel bei Cuxhaven (Rekonstruktionsversuch)

zeigt den von 591–616 herrschenden König auf dem Thron, die Rechte im Redegestus erhoben, beiderseits von Kriegern mit Spangenhelm, Rundschild und Lanzen sowie Victorien und Würdenträgern mit den Herrschaftsattributen umgeben. Diese früheste bekannte Darstellung eines thronenden Germanenkönigs wird durch die eingravierte Inschrift mit dem Wortlaut «VICTORIA D(OMINO) N(OSTRO) AGILUL(FO)REGI» (Unserem Herrn König Agilulf Sieg) besonders wertvoll. Sie untermauert unsere obigen Erörterungen zum Charakter des damaligen Königtums und der frühfeudalen Gesellschaftspyramide. Feudales Repräsentationsbedürfnis spiegelt sich natürlich auch in der damaligen Architektur, stärker jedoch in der Kleinkunst, die – wie die nicht seltenen Votivkronen – politische und religiöse Anliegen zugleich dokumentieren. Deutlich zeigt dies die heute in Madrid befindliche Weihekrone des Königs Rekkeswind, die wahrscheinlich aus einer Kirche stammt und zusammen mit etwa einem Dutzend anderer Kronen zum Schatzfund von Fuente de Guarrazar bei Toledo gehört. Der Goldreifen enthält Edelsteineinlagen, teilweise in Zellfassung. An der Krone sind Buchstaben aus Gold mit Edelsteinen in Zellfassung aufgehängt, die die Inschrift «RECCESVINTHUS REX OFFERET» (König Reccesvinth weiht es) ergeben. Ein kleines Kreuz innerhalb der Krone ist in rein byzantinischer Technik ausgeführt. Anspruchsvolle Hofkunst dieser und ähnlicher Art findet sich in sämtlichen späteren Völkerwanderungsstaaten. Christliche Motive oder zumindest christlicher Dekor fehlt dabei nie. Bei den sakralen Gegenständen, oft Geschenken von Adel und Herrschern, ist er selbstverständlich. In figürlicher Darstellung und Farbenpracht wetteifern daher die verschiedensten Gruppen von Reliquiaren, Patenen, Leuchtern, Kelchen, Altarkreuzen oder Ciborien miteinander. Meist wird Christus selbst dargestellt, zuweilen gemeinsam mit Maria oder mit Aposteln und Engeln. Oft wird das germanische Flechtbandornament auch auf solchen sakralen Gegenständen, beispielsweise auf Bursenreliquiaren, mit verwendet.

Schwächer ist das christliche und dafür stärker das germanische Element in der weltlichen Gebrauchskunst ausgebildet. Die Grabbeigaben der fränkischen Königin Arnegundis (um

525–570), die in einem Kalksteinsarkophag in der Basilika von St. Denis gefunden wurden, zeigen das Kreuzmotiv nur knapp angedeutet, obwohl die zusammengehörigen Gegenstände – Gürtelgarnitur, Nadel und Goldscheibenfibeln mit Almandineinlagen in reichem Dekor – viele Möglichkeiten geboten hätten. Man blieb hier eher bei der gewohnten, freilich verfeinerten Technik und auch bei bekannten Motiven. So ist neben dem Flechtband der Tierstil nach wie vor beliebt, vor allem auf Fibeln und Gürtelbeschlägen. Die Tendenz zur abstrakten, geometrischen Stilisierung zeichnet sich häufig ab. Nicht selten ist solch Verfahren auch bei Zierscheiben anzutreffen, die am Gürtelgehänge der Frauen befestigt waren, oder bei Beschlägen von Schildbuckeln. Hier wechseln Adler und andere Tiere mit Lanzenreitern ab. Ein langobardisches Goldblech zeigt sogar einen Reiterheiligen mit Lanze, der von einem Tiergeflechtband umgeben wird. Man möchte es der rauhen, kriegerischen Lebensart dieser Übergangszeit zuschreiben, wenn auf der Rückseite des Kriegergrabsteines von Niederdollendorf offenbar sogar Christus mit der Lanze dargestellt und mit Flechtbandornamentik verbunden wird, falls diese unbekleidete Gestalt mit Strahlennimbus und offenem Herzen nicht etwa doch einen vorchristlichen Auferstehungsgedanken symbolisieren sollte. Soviel steht jedoch fest, daß – auch im burgundischen oder westgotischen Bereich – viele frühchristliche Motive umstilisiert und rein ornamental gestaltet werden. Das gilt auch für altorientalische Symbole, etwa für Tiere am Lebensbaum oder Lebensbrunnen.

Die Waffenfabrikation der entwickelten Völkerwanderungszeit zeigt durchaus auch Fortbildungen. Verbesserungen dienten natürlich in erster Linie einem effektiveren Gebrauchswert, doch weisen vor allem die Waffen der herrschenden Schicht, die wertvollen Ring- und Plattenpanzer, die Spangenhelme oder die Schwerter, entsprechende künstlerische Gestaltung auf. Die Griffe des Langschwertes (Spatha, wenn einschneidig: Semispatha) und des einschneidigen Kurzschwertes (Sax) zeigen oft Gold mit Almandinen in Zelleinlagen, und auch die Schwertschneiden erfüllen mit Silberbeschlägen und reichem Dekor häufig mehr als einen rein praktischen Zweck. Wo Tierornamentik oder gar Krieger in Wolfsmasken und ähnliche Motive dargestellt sind, wird man wohl mit magischen Vorstellungen und apotropäischen Zielsetzungen rechnen dürfen. Auch in der christlichen Zeit halten sich altertümliche Motive oder Mischmotive durchaus. Und zweifellos wurden solche Eigenheiten von der Kirche zunächst ebensowenig bekämpft wie die heidnischen Sitten, besonders im Bestattungswesen: Hat sich doch vor allem die fränkische Bestattung mit Grabbeigaben in den sogenannten Reihengräberfriedhöfen bis ins achte Jahrhundert hinein erhalten. Dann erst gelang es der Kirche, den bisherigen Grabschatz als Seelenschatz in Anspruch zu nehmen, für den die Seelenmessen das Äquivalent darstellten. Neben dem Schwert spielte bei den Franken, die mehr und mehr entwicklungsbestimmend wurden, der Speer als Waffe eine Hauptrolle. Oft war der gleichzeitig als Wurfspieß oder Stoßlanze verwendbare Speer die einzige Angriffswaffe, und manchmal galt er sogar als Königssymbol. (Childerich wird auf seinem Siegelring mit Brustpanzer und Speer gezeigt.) Wenn der König einem Verwandten die Lanze überreichte, übertrug er ihm gleichzeitig die Herrschaftsgewalt. Dementsprechend war die Herstellung der Speerspitzen beim Normalspeer wie beim Ango, der Widerhakenlanze, sehr sorgfältig. Die Befestigung am Schaft erfolgte mit eisernen Nieten, die mit Bronze- oder Silberblech bekleidet und als Zierstifte ausgeformt waren. Ringförmige Ornamente und eingravierte Linien erscheinen nicht selten. Als speziell fränkische Waffe ist die Franziska anzusprechen, die in erster Linie als Wurfaxt benutzt wurde. Mit ihrem Verschwinden im achten Jahrhundert tauchte das zweischneidige Kampfbeil, die Hiltebarte, auf.

Auf den Schild wurde im Zusammenhang mit den Schildbuckeln schon hingewiesen, die kunstgeschichtlich einiges Interesse beanspruchen können. Panzer und Helm gehörten bei den Germanen zunächst nicht zur normalen Schutzausrüstung; der hierfür nötige Aufwand beschränkte sich zumindest auf den Adel und dessen Gefolgsleute. Die unterschiedlichen Helmformen zielten allmählich auf den wichtigen Typ des Spangenhelmes hin, der bereits – der verbesserten Waffentechnik entsprechend – eine sehr gute Schutzfunktion besaß. Wie unsere Bildbeispiele zeigen, ließ er an Rand, Spangen und Wangenklappen viel Raum für prachtvolle Verzierungen. So bietet der Bronzehelm von Morken (um 600), der im Nacken sogar ein Eisenkettengeflecht aufweist, das bei dem früheren Spangenhelm von Stößen (um 500) fehlt, neben feingliedriger Ziselierarbeit der Platten am Stirnband drei menschliche Masken zwischen löwenartigen Ungeheuern; Weinranken, die natürlich in die christliche Ikonographie gehören, rahmen diese Szenerie ein.

Die Vielgestaltigkeit der künstlerischen Ausprägung ist also auch bei den Gebrauchsgegenständen erstaunlich. Vielleicht kann man hier in gewissem Umfang von einem Gegengewicht zur kirchlichen Kunst sprechen, von einer Selbstbehauptung des profanen Sektors gegenüber dem kirchlichen. Weltliche oder heidnische Motive, die sogar in die Sphäre des Kultbaues hineinreichen, bilden oft ein Gegengewicht zu den biblischen Motiven. Im Norden – in Skandinavien und Britannien –, der hier am Rande steht, ist die allmähliche Weiterentwicklung des Heidnisch-Weltlichen über primitivere zu kunstvolleren Formen, die oft nur wenig christliche Elemente aufweisen, stark ausgeprägt. Aber auch in Mittel- und Südeuropa bricht ein urtümliches Substrat immer wieder durch, bis es zu einer endgültigen Verschmelzung antiker, christlicher und barbarischer Formen kommt. Der Prozeß reicht weit über den Zeitraum hinaus, der hier zu betrachten war.

Gesellschaft und Kultur nach der Völkerwanderung

Die Spannungen und Widersprüche der Epoche und ihrer Phasen, die wir hier verfolgt haben, sind mannigfaltig. Machen sie sich bereits bei einer Eingrenzung auf Fragen der Gesellschaftsgeschichte im engeren Sinne bemerkbar, so sind sie bei der Durchsicht der zeitgenössischen Literatur und anderer damaliger Quellen des kulturellen Bereiches noch stärker spürbar. Ohne den Dingen Gewalt anzutun, hält es oft schwer, eine sinnvolle und richtige Interpretation zu geben und eine passende historische Eingliederung vorzunehmen. Das zeigt sich beispielsweise bei der Auswertung der Rechtsquellen, die von ihrer Zielsetzung her besonders eindeutig sind, sich moderner historischer Interpretation jedoch oft hartnäckig verschließen. Dieses gilt aber sogar für den Lebensbereich und Produktionszweig, der damals alles andere bestimmte: die Landwirtschaft. Jedenfalls bereitet es enorme Schwierigkeiten, ein klares Bild von der Agrarstruktur des werdenden Feudalsystems zu erhalten, sogar für einen so wesentlichen Raum wie den gallofränkischen, in dem sich, freilich vom westgotischen Spanien her angeregt, die erste eindeutige Herausbildung feudaler Produktionsverhältnisse vollzog. Die wichtige Rechtsquelle der «Lex Salica» erlaubt zwar gewisse Einblicke in die Struktur der Sippe, der Großfamilie und der Markgenossenschaft, sie regt auch zu Untersuchungen über die Entstehung des privaten Eigentums an Grund und Boden (Allod) an und führt auf die Fragestellungen der sozialen Gliederung in Dienstadel, Freie, Halbfreie (Liten) und Sklaven hin. Aber es hat doch des Fleißes vieler Forschergenerationen bedurft, um nur einige Sicherheit hinsichtlich der konkreten Verhältnisse zu geben, und noch jetzt hält es schwer, den revolutionären Prozeß des fünften von dem des sechsten oder auch des siebenten Jahrhunderts abzuheben.

Lang- und Hiebschwerter (Spatha und Sax)

Einige Grundzüge sind eindeutig. Im Vordergrund stand, ähnlich wie in der Spätantike und mithin stärker als bei den Germanen der Wanderperiode, der Ackerbau. Er konzentrierte sich auf den Getreideanbau, der als Pflugwirtschaft in Zwei- und später Dreifelderwirtschaft betrieben wurde. Den Pflug mit eiserner Pflugschar zogen Ochsen. Natürlich benutzte man auch andere Geräte, so die Egge; die entwickelte spätrömische Technik, die sogar eine Mähmaschine hervorgebracht hatte, ging jedoch wieder verloren. Neben dem Ackerbau verstärkte sich nach dem Abflauen der kriegerischen Stürme auch der Gartenbau wieder, der für die Gemüseproduktion wichtig war. Je stärker Hofhaltungen und kirchliche Organisation sich durchsetzten, um so mehr wurde auch der Weinbau gefördert. Winzer und Mundschenk sind bekannte, wenngleich oft von Unfreien versehene Berufe. Die seit jeher bei fast allen Germanen stark betriebene Viehzucht gewann auch immer mehr Bedeutung.

Pferde, Rinder, Schweine, Schafe, Ziegen und verschiedene Arten von Geflügel wurden auf den Höfen bzw. auf der Weide und in den Wäldern gehalten. Die zunächst gemeinschaftliche Nutzung des Bodens, vor allem der Allmende, führte dazu, daß die Markgenossen eines Dorfes zumindest gemeinschaftlich einen Hirten besaßen.

Zentrum der agrarischen Produktion ist damals normalerweise das Dorf, das von freien fränkischen Bauern, den Markgenossen, mit ihren Sklaven und Halbfreien bewohnt wird. In den noch eindeutig romanisch besiedelten Gebieten müssen wir mit einer anderen Struktur rechnen, und von dort wird in den Quellen auch das Wort «villa» übernommen, das jedoch meist nicht mehr den Herrschaftssitz des mittleren oder großen Grundbesitzers bezeichnet, sondern eine aus Hofstätten bestehende dörfliche oder weilerartige Siedlung. Allerdings bleibt auch das alte Wort für Dorf (vicus) erhalten. Daß es neben Weilern und Dörfern bald eine erhebliche Zahl von Herrensitzen und Befestigungen gab, aus denen häufig Burgen hervorgingen, zeigt sich am Auftauchen von Bezeichnungen wie castellum (lat. kleines Militärlager, dann Burg), curtis («Krongut»; Grundbesitz; Dorf) oder burgus (germ.-lat. «Burg», auch Grenzbefestigung), die typischerweise sämtlich bei der Ortsnamenbildung eine Rolle gespielt haben. Der erste Teil des Ortsnamens weist häufig auf eine Person, die je nachdem der Gründer oder auch der Repräsentant der siedelnden Sippe gewesen ist.

Njeussychin bietet eine ansprechende Deutung dafür an, wie aus einer ursprünglich geschlossenen dörflichen Siedlung gleichberechtigter Markgenossen allmählich eine differenzierte Siedlung geworden sein kann, in der ein einzelner durch Macht und Reichtum aufstieg und zum Grundherrn über die in Abhängigkeit geratenen Bauern wurde. Es handelt sich um die Einweisung königlicher Dienstleute (Antrustionen), die mit einer entsprechenden Vollmacht ihres Herrn ausgestattet waren, gegen die ein Protest nicht in Frage kam, in solche Siedlungen. Indem eine enorme Strafe – in Höhe von 200 Solidi – gegen einen solchen Protest verfügt wurde, hinderte man die Dorfbevölkerung an der Wahrnehmung eines sonst üblichen Rechtes, das besagte, daß neu Zuwandernde binnen Jahresfrist wieder aus der Siedlungsgemeinschaft entfernt werden konnten. Hier läßt sich ein Vorgang greifen, der der bei Gregor von Tours geschilderten Episode um den «fränkischen Thersites» ganz ähnlich ist. Handelte es sich dort um die Durchsetzung königlicher Ansprüche auf die Kriegsbeute, also im militärischen Bereich, so ist hier das sozialökonomische Fundament betroffen: Die Tendenz der königlichen Forderung, der die Gesetzgebung meist auf dem Fuße folgt, ist eindeutig; es geht um die Durchsetzung des neuen Königsrechtes, dem älteres Stammesrecht, das den Kollektiven der freien Bevölkerung entsprach, weichen mußte. Insofern ist die hier in Frage stehende Bestimmung der «Lex Salica» (XIV, 4) besonders aufschlußreich, da sie mit den Rechten und Möglichkeiten der königlichen Gefolgsleute, sich in ein geschlossenes Siedlerkollektiv hineinzudrängen, natürlich die Macht der Zentralgewalt selbst erweitert.

Auf welch skrupellose Weise die Männer des königlichen Vertrauens, die als Dienstadlige zugleich die höchsten «Staatsämter» einnehmen konnten, sich den Weg zum «Feudalherrn» freizumachen suchten, zeichnet Gregor von Tours (IV. 46) in einer anderen Episode, die auch hinsichtlich ihrer allgemeinen kultur- und bildungsgeschichtlichen Aussage hochinteressant ist. Es heißt hier: «Da ich aber vom Untergang des Andarchius erzählen will, halte ich es für nützlich, zunächst etwas von seiner Herkunft und seiner Heimat zu sagen. Er soll ein Sklave des Felix, eines Mannes von senatorischem Geschlecht, gewesen sein. Zum persönlichen Dienst bei seinem Herrn bestimmt, nahm er mit ihm zusammen literarische Studien wahr und eignete sich so eine ausgezeichnete Bildung an. Denn er war in den Werken Vergils, in den Büchern des Theodosianischen Gesetzes und in der Rechenkunst ganz zu Hause. Das Wissen machte ihn aber überheblich, er begann, auf seinen Herrn herabzusehen und stellte sich unter den Schutz (patrocinium) des Herzogs Lupus, als dieser auf Befehl des Königs Sigibert nach Marseille kam. Als Lupus von dort zurückkehrte, nahm er ihn in seiner Begleitung mit, empfahl ihn aber angelegentlich dem König Sigibert und gab ihn in dessen Dienst. Dieser sandte ihn an verschiedene Orte und verwandte ihn in öffentlichen Ämtern. Er galt daher als angesehener Mann, und als er nach Clermont kam, schloß er dort mit einem Bürger dieser Stadt namens Ursus Freundschaft. Dann wünschte er dessen Tochter zu heiraten, und da er verschmitzt war, legte er heimlich, wie man erzählt, seinen Harnisch in einen Bücherkasten, in dem sonst Dokumente aufbewahrt wurden, und sagte zur Frau des Ursus: ‹In diesen Kasten, den ich dir übergebe, habe ich mehr als 16000 Goldstücke gelegt; sie sollen dir gehören, wenn du es fertigbringst, daß deine Tochter mir verlobt wird.›»

Die Intrige des Andarchius hatte insofern Erfolg, als Ursus, der dem königlichen Gefolgsmann seine Tochter verweigerte, ins Unrecht gesetzt und zu Schadenersatz verurteilt wurde. Gregor endet die Episode mit den Sätzen: «Ursus aber begab sich in das Gebiet von Vélay. Als sein Eigentum dem Andarchius überwiesen war, kam auch dieser nach Vélay. Er betrat ein Haus des Ursus und befahl, man solle ihm ein Mahl bereiten und Wasser zum Bade wärmen. Als jedoch die Sklaven im Hause dem harten Herrn nicht gehorchen wollten, schlug er die einen mit Knütteln, die andern mit Ruten, wobei er einige so am Kopf traf, daß sie bluteten. Die Dienerschaft fürchtete sich nun; das Essen wurde zubereitet, er badete warm, betrank sich mit Wein und streckte sich auf sein Lager aus. Es waren aber nur sieben Sklaven in seiner Begleitung. Als sie, von Müdigkeit und Wein benommen, in tiefen Schlaf gesunken waren, sammelte sich die Hausdienerschaft und schloß die Türen, die aus Brettern gezimmert waren. Nachdem sie die Schlüssel an sich genommen hatten, warfen sie die Getreidegarben, die noch in Mieten standen, auseinander und schichteten die Ähren um und so hoch über das Haus, das es ganz davon bedeckt war. Dann wurde an mehreren Stellen Feuer angelegt, und erst als die Balken des Hauses verkohlten und über den Unglücklichen zusammenbrachen, wachten diese auf und fingen an zu schreien. Aber niemand hörte auf sie, und das Feuer verzehrte sie zusammen mit dem ganzen Haus. Ursus begab sich voll Furcht in die Kirche des heiligen Julianus, erhielt jedoch, nachdem er dem König Geschenke gemacht hatte, sein Eigentum unverkürzt zurück.»

Diese Episode illustriert den damaligen Entwicklungsprozeß innerhalb der Landwirtschaft, den Kampf zwischen den Kräften der Zentralgewalt, denen der verbrecherische Andarchius angehörte, und den sonstigen Landbesitzern überdeutlich. Natürlich handelt es sich um eine bestimmte Variante, nämlich um die Auseinandersetzung zwischen einem königlichen Gefolgsmann (Antrustio? Die Stellung des Andarchius läßt sich der Quelle nicht genau entnehmen) und einem städtischen Besitzbürger, der wahrscheinlich romanischer Herkunft war. Wendet man hier ein, daß das Beispiel wenig charakteristisch sei, so muß darauf erwidert werden, daß die Agrarstruktur wohl ebenso stark von Grundbesitzern eines älteren Typus bestimmt wurde wie von den fränkischen Dienstleuten und Markgenossen und daß Auseinandersetzungen der geschilderten Art bei der Entstehung des Feudalismus kaum weniger wichtig waren als der oben geschilderte Grundtyp.

Kennzeichnend für die immerhin mitten aus dem Leben gegriffene Andarchiusgeschichte ist der schnelle Aufstieg des Unfreien, der durch mehrere Faktoren begünstigt ist: 1) durch seine Bildung, mit der sich freilich sichtbar die Skrupellosigkeit des Karrieristen paart; 2) durch den Übertritt von weniger mächtigen zu mächtigeren Patroni, letztlich zum König; 3) durch den Einfluß oder die natürliche Autorität, die er – bis dahin wohl noch formell Sklave – bei angesehenen Freien (einem reichen Bürger wie Ursus) gewinnt.

Insofern greifen wir eine für die Herausbildung des frühen Feudalismus interessante und bis zu einem gewissen Grade auch typische Komponente: Es kommt nicht nur auf die ökonomische Machtstellung der einzelnen an, die sich – wie der Fall des Ursus zeigt – außerordentlich schnell ändern kann. Wichtiger ist die soziale Lage, vor allem die enge Verankerung mit der und innerhalb der herrschenden Schicht, die auch einem Unfreien – wie dem Andarchius, der zumindest zu Beginn seines Königsdienstes noch Sklave gewesen sein muß – ungeahnte Möglichkeiten an die Hand gab. Normalerweise dürfte damals, ähnlich wie in der antiken Sklavenhaltergesellschaft, sozialer und ökonomischer Aufstieg Hand in Hand gegangen sein. So wie jedoch mancher Sklave eines römischen Kaisers ein großes Maß an Macht und Einfluß besaß und über Sklaven, Freigelassene und sonstige Abhängige verfügen konnte, so auch der Königssklave

130 Lorsch, Karolingische Torhalle. Der schlichte Bau (um 775) zählt zum Schönsten, was die karolingische Architektur in Deutschland geschaffen hat. Antike Elemente, die vom Triumphbogen ausgehen, verbinden und kreuzen sich mit einer neuen Baukonzeption, die sich in der abwechselnd weißen und roten Fläche und in der Koppelung von Tor und Kapelle – das Obergeschoß enthält die Michaelskapelle – äußert.

131 Der Marmorsarkophag mit dem damals häufig variierten Thema der «Anbetung der Heiligen Drei Könige» befindet sich in der südlichen Seitenkapelle der bekannten Ravennater Basilika S. Vitale, die 547 von Erzbischof Maximian geweiht wurde.

132 Weihekrone des Westgotenkönigs Rekkeswind (653–672), (Museo Arqueológico Nacional Madrid). Die westgotische Arbeit, die jedoch byzantinische Einflüsse zeigt, besteht aus Gold und enthält, teilweise in Zellfassung, Edelsteineinlagen. Die Lesung einzelner Buchstaben, die – aus Gold mit Edelsteinen in Zellfassung zusammengefügt – den Text RECCESVINTHUS REX OFFERET (König Rekkeswind weiht dies) ergeben, führte zwingend zu dem Schluß, daß die Krone auf den bekannten westgotischen Gesetzgeber zurückgeht. Sie gehört zu einem Schatzfund von Fuente de Guarrazar bei Toledo, der 1850 geborgen wurde.

Berichtigung

Durch ein technisches Versehen der Druckerei entspricht die Reihenfolge einiger Abbildungen nicht den dazustehenden Bildlegenden.
Die Legende 132 auf S. 214 gehört zur Abb. auf S. 217.
Die Legende 139/140 auf S. 215 gehört zu den Abb. auf S. 224.
Die Legende 142/143 auf S. 225 gehört zu den Abb. auf S. 216.

139/140 San Pedro de la Nave (Provinz Zamora). Die Kirche entstammt, so wie Santa Maria in Quintanilla, dem 7. Jahrhundert und hat Ähnlichkeiten in der Architektur und Mauertechnik. Der Grundriß ist jedoch kreuzförmig. Kunstvolle Steinkapitelle zeigen reichen figürlichen Schmuck (Daniel in der Löwengrube, Opfer Abrahams usw.). Die Säulen sind, ähnlich wie in der antiken Kunst, vor die Wände gelegt.

141 Glockenturm von San Apollinare in Classe, Ravenna. Er kann als eine Frühentwicklung des in Italien später verbreiteten freistehenden Campanile gelten.

CESVIN

133/134 Santa Maria de Naranco, 2 km nordwestlich von Oviedo (Spanien). Die ursprüngliche Königshalle Ramiros I. (842–850) läßt sich aus der spanischen Architektur der westgotischen Periode ableiten. Der tonnengewölbte, zweistöckige Bau wurde durch eine doppelläufige Freitreppe erreicht. Die Loggien im Saal weisen auf die ehemals profane Benutzung des Bauwerks, das zwischen 905 und 1065 in eine Kirche umgewandelt wurde.

135/136 St. Michael in Fulda wurde um 820 von Abt Eigil als Begräbniskirche errichtet. Die auf das Vorbild frühchristlicher Grabkirchen zurückgehende Rotunde (die einen Tumulus mit der Nachbildung des Heiligen Grabes in Jerusalem enthielt) wurde im 11. Jahrhundert umgebaut. Vom ursprünglichen Bau ist außer vier Säulenkapitellen im Obergeschoß nur die Krypta mit ihren ringförmigen Tonnengewölben auf niedriger Mittelsäule mit jonisierendem Kapitell erhalten.

137/138 Santa Cristina de Lena, Asturien (Spanien). Das Innere der kleinen Kirche, deren Anfänge zumindest auf das 9. Jahrhundert zurückgehen, zeigt eine reiche Gliederung mit Blendarkaden, die von verschieden gestalteten Säulen ausgehen. Der erhöhte Altarraum ist durch Bogenstellungen vom Saalraum getrennt. In der Ornamentik fallen Kerbschnittarbeiten und Flechtwerkplatten auf, die wohl von germanischem Einfluß zeugen und auf die vorromanische Architektur einwirkten.

der Völkerwanderungszeit. Da es jetzt weder eine ausgeprägte Klasse der Produzenten noch sonst eine festgefügte Klasse gab – die einzelnen Schichten formierten sich erst allmählich neu zu Klassen – mag der Einfluß solcher Männer wie Andarchius über jedes vertretbare Maß hinausgegangen sein. Sie haben – wie dann deutlich die Hausmeier der Merowinger – gelegentlich sogar die Macht der Könige ausschließlich für sich genutzt und auf diese Weise eigentlich an Stelle der obersten «Lehnsherren» geherrscht.

In letzter Instanz und auf die Dauer war eine solche Machtentwicklung freilich nur möglich, wenn die Betreffenden einen entsprechend großen und möglichst wachsenden Anteil am Produktionsmittel Boden besaßen. Erst als Eigentümer – zumindest aber als Besitzer – entsprechender Hufen, Villen usw. verfügten sie über einen ausreichenden sozialökonomischen Rückhalt, da zum Grund und Boden quasi automatisch Unfreie und andere Abhängige sowie Vieh und weitere Produktionsinstrumente gehörten, ohne die ein größerer Vasall oder Grundbesitzer im früheren Feudalismus schwerlich auskommen konnte. Zwar benötigten diese Grundbesitzer weniger vom Mehrprodukt, als die spätantiken Latifundienbesitzer brauchten. Die Lebenshaltung hatte sich im Vergleich zur Spätantike vereinfacht – wir sahen es bei der Betrachtung der Architektur und anderer Erzeugnisse des Kunsthandwerkes –, und infolgedessen konnte weithin auch die Intensität der Ausbeutung vermindert werden. Das ist für den Übergang von der Sklavenhalter- zur Feudalordnung von zweifellos großer Bedeutung. Es gab häufig keinen ernsthaften Interessengegensatz zwischen Markgenossen und Großgrundbesitzern, ja oft nicht einmal einen erkennbaren Gegensatz zwischen Unfreien und Minderfreien auf der einen und reichen Grundbesitzern auf der anderen Seite. Wenn Unfreie sogar gegen einen neuen, ihnen vom König gesetzten Herrn zugunsten des alten Besitzers auftreten, wie wir es im Falle des Ursus sahen, so ergeben sich daraus eben entsprechende Schlußfolgerungen. Eine der Ursachen solcher Harmonie dürfte jedenfalls in der verminderten Ausbeutung zu sehen sein, die aus dem Eindringen der unverbildeten, anspruchslosen Stämme der Völkerwanderung resultierte. Natürlich beanspruchte auch die Zentralverwaltung der Völkerwanderungsstaaten das Sozialprodukt der Bevölkerung in viel geringerem Maße, als es die spätrömisch-byzantinische Verwaltung mit ihrem starren, fiskalistisch bestimmten Apparat getan hatte. Die Steuerquoten konnten demzufolge herabgesetzt werden und wurden gegebenenfalls wechselweise natural- oder geldwirtschaftlich fixiert. So kam es vorübergehend zu einer gewissen Klassenharmonie, die, vor allem in der Endphase des Frühfeudalismus, erst durch größere Kriege und damit verbundene Versuche einer wieder verschärften Ausbeutung – in überwiegend rein lehnsrechtlich-feudalistischen Formen – aufgehoben worden ist. Erneut setzte sich dann der Klassenkampf durch, der auf der einen Seite der Front den – in verschiedenen Rechtsformen – von Königtum, Adel und Kirche abhängigen Bauern (Hörigen), auf der anderen den höheren oder mittleren grundbesitzenden Lehnsherrn sah, der die Grundrente mit den Mitteln ökonomischen und außerökonomischen Zwanges zu steigern versuchte.

Der Wandel der sozialökonomischen Struktur und die militärischen Vorgänge der Völkerwanderung selbst führten zumindest seit Ende des vierten Jahrhunderts zu einem Rückgang des Städtewesens und in weiten Partien des Westens zu einer fast völligen Liquidierung der städtischen Kultur. War die antike Kultur und all das, was als Urbanität bezeichnet werden kann, in den durch Griechenland und Rom bestimmten Jahrhunderten an die Stadt gebunden gewesen, die bereits bei den griechischen Klassikern mit der Bezeichnung «Polis» als der Mittelpunkt des kultivierten, ja des gesellschaftlichen Lebens überhaupt erschien – was sich bei Aristoteles in der Fixierung des Menschen als «zoon politikon» verdichtete –, so bildeten sich in der Spätantike und weit bis ins Mittelalter hinein ganz andersartige kulturelle Zentren: Es waren – wie schon erwähnt – die Klöster und die äußerlich oft sehr bescheidenen Residenzen der Könige, die den Künsten und Wissenschaften eine Zuflucht boten. Wir haben an vielen Beispielen gezeigt, wie rege die Bemühungen um die Kultur gewesen sind und wie viele schöne Zeugnisse des Kunstsinnes und der technischen und wissenschaftlich-kulturellen Bestrebungen dieser Epoche auf uns gekommen sind. Das Bild, das sich heute danach zeichnen läßt, ist keineswegs vollständig,

142/143 Santa Maria in Quintanilla de las Viñas (Burgos). Von der wohl dem 7. Jahrhundert entstammenden basilikalen Klosterkirche sind nur das 10 m breite Querschiff und der quadratisch angelegte Altarraum erhalten; das Mittelschiff entstand im Mittelalter. Imposant sind sowohl der Grundriß mit der beabsichtigten Verbindung gerader Linien, die durch die vorzügliche Mauertechnik unterstrichen werden, wie auch die figürlichen Skulpturen und die plastisch gearbeiteten Ornamentfriese (Christus zwischen zwei Engeln; dazu im Text S. 205).

denn allzu vieles ist zufällig verlorengegangen oder absichtlich und planmäßig zerstört worden. Bereits die Geschichtsschreibung dieser Epoche läßt mit Orosius, Cassiodor, Prokop oder Isidor von Sevilla direkt und indirekt erkennen, daß der kulturelle Bestand vornehmlich von zwei Seiten aus bedroht war: von den Barbaren, die anfangs oft sinnlos plünderten und zerstörten, und von einander entgegengesetzten religiösen Formierungen, die sich häufig in dogmatischem Fanatismus bis aufs Messer bekämpften. Der Anschaulichkeit halber ließe sich durchaus behaupten, daß die Kultur der Spätantike eigentlich diesen beiden Gruppierungen den Todesstoß zu verdanken gehabt hat. Nicht nur die Vandalen gingen, um einmal auf das freilich übertriebene, erst 1794 entstandene Schlagwort «Vandalismus» hinzuführen, gegen die provinzialrömische Bevölkerung und besonders gegen die Städte mit anfänglich größter Zerstörungswut vor. Was in solchen Fällen an öffentlichen Gebäuden, an Theatern, Gymnasien, Kultgebäuden usw. verschont blieb, konnte in unterschiedlichster Form weiterleben: Es wurde in der gewohnten Weise weiterbenutzt, wie viele der erhaltenen Theater oder Amphitheater, es wurde zweckentfremdet, wie die katholischen Kirchen, die man zu Pferdeställen umgestaltete, oder es verfiel langsam. Natürlich brachten die Stürme der Völkerwanderung nicht selten einen mehrfachen Wechsel von Bewohnern mit sehr unterschiedlichen Wohn- und Lebensansprüchen mit sich. Die Archäologie hat oft einen mehrfachen Funktionswechsel von öffentlichen Gebäuden, von Wohn- und Verteidigungsanlagen feststellen können. Oft wurde aus einem Kastell die Wohnanlage einer kleineren Siedlergruppe oder das Refugium einer Asketengemeinschaft. Oder: öffentliche Gebäude mit festen Substrukturen wurden in den verkleinerten Mauerring einer byzantinischen Stadt einbezogen, wie es vor allem aus dem nachvandalischen Nordafrika bekannt ist. Diese Varianten, die sich leicht vermehren ließen, zeigen deutlich: Mit der Völkerwanderung war den Menschen ein guter Teil ihres Existenzraumes, ihres Sozialproduktes und oft auch ihres Kulturgutes entzogen worden. Man mußte sich auf bescheidenere Ansprüche einrichten und konnte bestenfalls die zutage tretenden Verluste ganz allmählich wieder einbringen. Hierbei kam es überdies auf eine planvolle und geschickte Arbeitsorganisation an, ohne die angesichts der primitiven Produktionsmittel der Zeit kaum an große technisch-kulturelle und geistige Leistungen zu denken war. Die Errichtung mancher Paläste, Kirchen oder sogar kleiner Städte verdeutlicht, daß diese Zeit unter gewissen Voraussetzungen das Niveau der antiken Kultur erreichen, es in Einzelheiten sogar überbieten konnte. Aber das blieben Ausnahmen, wie sich besonders vom technischen Aspekt her belegen läßt. Denn die Bautechnik wurde nicht weiterentwickelt, stagnierte vielmehr auf lange Zeit, worüber auch vereinzelte architektonische Neuerungen nicht hinwegtäuschen können. Dasselbe gilt für Plastik und Malerei. Sogar Verbesserungen der Waffentechnik (Spangenhelm, Franziska, verschiedene Brünnen) sind nur punktuell vorhanden, falls wir nicht so weit gehen wollen, den byzantinischen Osten (griechisches Feuer) oder gar den islamischen Bereich mit einzubeziehen.

Daß die geistige Kultur zumindest ebenso stark zurückgegangen ist wie die technische und künstlerische, liegt auf der Hand. Wir sahen, daß das gesamte Schul- und Bildungssystem der Antike – das trotz der schroffen Beschränkungen, die durch das Bildungsprivileg gezogen waren, als besonders bemerkenswert galt – zum Erliegen kam. Nur an wenigen Stellen, vorab in Kirchen und Klöstern sowie in einigen Residenzen, wurde eine gewisse Bildungskontinuität gewahrt. Sprachlich und sachlich war die «Barbarisierung» jedoch so weit vorangeschritten, daß ein wirklicher Lehrbetrieb – auf der Grundlage der sieben freien Künste sowie der verschiedenen Fachdisziplinen – kaum möglich war. Klosterschulen schlugen hier erst allmählich wieder eine Brücke, und dürftige Lehrbücher und Enzyklopädien traten normalerweise an die Stelle großer Bibliotheken, die der Vernichtung anheimgefallen waren. Meist herrschte reiner Praktizismus im Unterricht, denn es genügte normalerweise, daß die Absolventen einer begrenzten beruflichen Aufgabe, etwa einem Verwaltungsdienst, einer Richterfunktion oder dem Dienst des Klerikers, gerecht werden konnten. Wer höher strebte, erreichte dies noch am ehesten, wenn er sich jahrelang als Schüler eines bekannten Meisters, als Stellvertreter eines höheren Geistlichen oder als königlicher Gefolgsmann bewährte und möglichst viel-

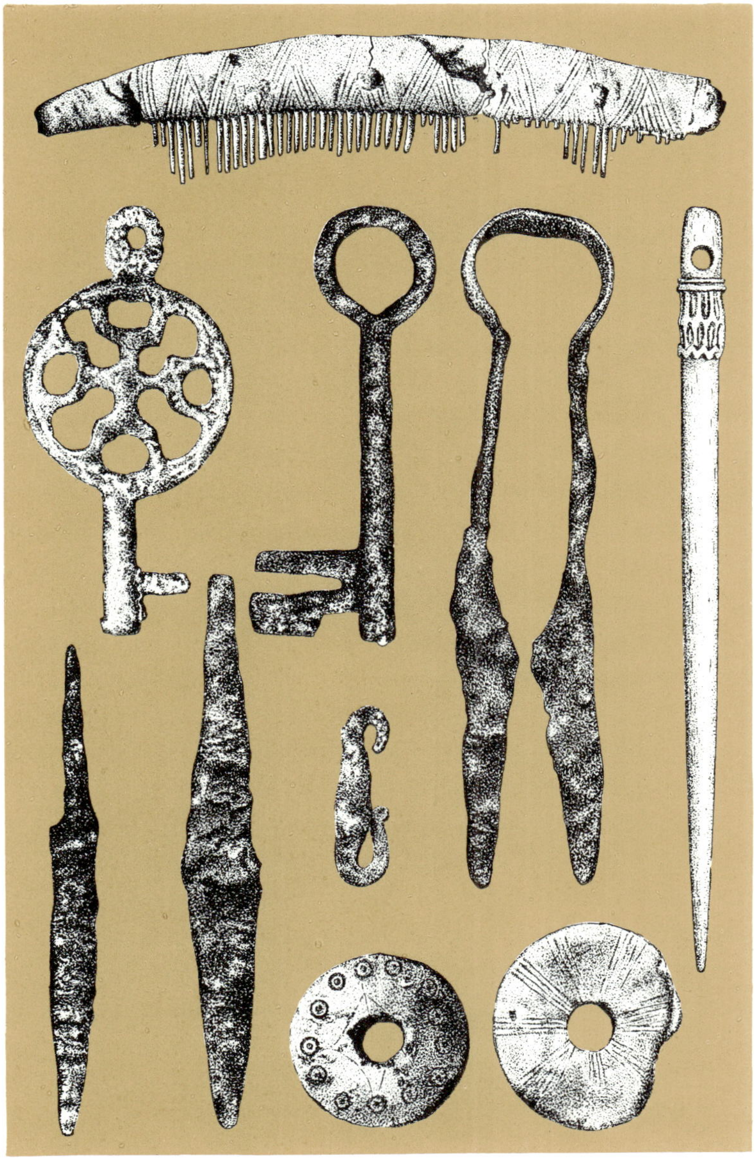

Geräte aus Haithabu

seitige Fähigkeiten – auch auf Bildungs- oder Missionsreisen – erwarb. Dann erst konnte er sich eventuell auch über die kleinlichen Bedenken und die dogmatische Bildungsfeindlichkeit hinwegsetzen, die im Westen zumindest seit Augustin vorherrschte und der zahlreiche wichtige Zeugnisse des klassischen und nachklassischen Schrifttums zum Opfer gefallen sind. Denn die strenge religiöse «Zensur», die damals sowohl von den römischen Bischöfen wie von zahlreichen Instanzen der einzelnen Herrschaftsgebiete ausgeübt wurde, richtete sich nicht nur gegen neu erscheinende Werke, übrigens aus allen Wissensgebieten und Lebensbereichen. Vielmehr sondierte sie immer wieder nach allen Resten jüdischer und häretischer Literatur und vernichtete sie. Falls das Schreibmaterial, normalerweise Pergament, zu kostbar war, tilgte man den häretischen oder heidnischen Text, um neues Schreibmaterial zu gewinnen: Auf diese Weise wurde beispielsweise im Kloster Bobbio ein Werk Ciceros ausradiert, weil man auf die hierdurch gewonnenen Pergamentblätter die Beschlüsse des Konzils von Chalkedon schreiben wollte. All dies zeigt, daß die Kirche in der geistigen Auseinandersetzung auch drastische Mittel nicht scheute, wie sie ja überhaupt seit dem vierten Jahrhundert einen schnellen Wandlungsprozeß – von der verfolgten zu verfolgenden Kirche – durchlaufen hatte. Dem Herrschaftsanspruch der orthodoxen Kirche aber, der gerade im geistigen Bereich bald auf einen Alleinvertretungsanspruch hinauslief, fielen auch zahlreiche Güter und Werte zum Opfer, die ihrer Aussage nach neutral waren und die man heute unter allen Umständen als wertvolles Kulturerbe begrüßen würde. Der Gedanke an moderne Bücherverbrennungen und Bilderstürmerei liegt hier nur allzu nahe. Gewiß blieben Männer wie Augustin, Cassiodor und Isidor in ihrer Zurückdrängung und Liquidierung des Alten maßvoll. Sie entzogen literarisches Erbe, das als bedenklich galt, Theateraufführungen, die man wegen ihrer Laszivität für verderblich hielt, zwar dem Gesichtskreis der Gläubigen, vor allem der Mönche und der Jugendlichen, riefen aber nicht zu einem radikalen Vernichtungsfeldzug auf. So konnte sich in den Klosterbibliotheken oder sonst an vereinzelten Stellen vieles von der antiken Literatur retten, das wegen seiner Unmittelbarkeit und Naivität, wegen seines geistigen Tiefganges oder seiner realistischen Spiegelung damaliger Verhältnisse von unschätzbarem Wert ist. Übrigens gilt das nicht zuletzt für die Werke der erwähnten theologischen Schriftsteller selbst: In ihrem Bemühen, Heidnisches und Häretisches zu entschärfen, lassen sie sich oft in umfangreiche Kontroversen und Analysen ein und spiegeln somit gerade das, was sie als gefährlich empfinden, recht deutlich wider. Und vor allem geben sie damit unmittelbare Einblicke in ihre eigene Zeit mit ihren oft gegensätzlichen Strömungen. Denn sie sind häufig nicht nur Theologen und Geschichtsphilosophen christlicher Prägung, sondern auch unmittelbar Chronisten ihrer Zeit, die sie als logische Folge früherer Perioden und als überhöhte Fortsetzung der heidnischen Antike mit ihren vier Weltreichen ansehen. Es gibt zahlreiche Varianten dieser neuen, bereits mit feudalen Zügen durchsetzten Geschichtskonzeption, die jedoch nur zwei «Zielvorstellungen» hat: einerseits die christliche Vollendung der Geschichte im letzten Weltzeitalter, das der Wiederkehr Christi vorangeht – nach dessen Fleischwerdung man jetzt auch allenthalben zu datieren beginnt –, andererseits die Rechtfertigung der unmittelbaren Gegenwart oder der politischen Mächte, in deren Herrschaftsbereich der betreffende Chronist lebt (Jordanes, Isidor von Sevilla, Beda). Bei der Abfassung ihrer Chroniken tragen die einzelnen Autoren natürlich auch gewisse regional bedingte oder persönliche Vorstellungen vor. In erster Linie wenden sie sich an die Könige und Mächtigen, die Adressaten oder Auftraggeber ihrer Werke, denen sie zusammen mit anderem Wissenswerten ein ideales Herrscherbild, einen «Fürstenspiegel», vorzuhalten suchen. Das muß im Rahmen der sozialen Gegensätze und krisenhaften Spannungen, die auch diese Übergangsperiode zeigt, als ein Versuch angesehen werden, Vergangenheit und Gegenwart zu bewältigen und eine durch und durch christliche Gesellschaft zu gestalten. Den Herrscherethiken schließen sich konsequenterweise die Ethiken anderer Berufsstände an, wie sich dies aus dem allmählich wieder hierarchischer werdenden Denken ergibt. Selbstverständlich tastet man die «gottgebene Ordnung» dabei von oben nach unten ab und hütet sich vor jeglicher Abweichung vom einmal festgelegten Schema. So sind Aufbau, Gliederung und Abfassung der «Fürstenspiegel» – und sinnvollerweise auch der «Herrscher- und Heiligenviten» – durchweg konventionell: In erster Linie interpretieren sie die Herrscher- und Kardinaltugenden, die bereits der Athener Xenophon griechischen Lesern anhand seiner «Kyrupädie» vor Augen geführt hatte, in christlicher Weise um und schaffen damit neue Zweige der mittelalterlichen Literatur. Die hagiographische und die ihr verwandte Literatur hat diese Zeit – positiv wie negativ – mitbestimmt und ihr einen unverrückbaren Stempel aufgeprägt. Gleich dem christlichen Kunsthandwerk unternahm sie es, mit Hilfe eigener Methoden und einer spezifischen Optik die gesamte Gesellschaft zu durchdringen. Dieses Unterfangen rief Opposition hervor, die sich zunächst allerdings nur verdeckt äußerte, vor allem in der Form und im Detail: Hier drangen immer wieder klassisch-antike oder barbarische Elemente durch, die auch diese Zeit des frühen Mittelalters bunt und vielgestaltig machten. Zur Markierung der Entwicklung ist jedoch hervorzuheben, daß die offiziellen Gegenstücke zur christlichen Literatur und zur kirchlichen Kunst – also profane Dichtung, Geschichtsschreibung oder Fachliteratur sowie weltliche Architektur, Plastik und Malerei – so gut wie völlig fehlen. Es ist außerdem anzumerken, daß Äußerungen des gesellschaftlichen Substrates und breiterer Volksschichten überhaupt selten sind; für die Literatur muß man eine direkte Einwirkung geradezu in Abrede stellen.

Araber, Berber,
Awaren, Slawen und Normannen

VÖLKERWANDERUNGEN HAT ES IM ZUSAMMENhang mit frühgeschichtlichen Veränderungen, mit der Entstehung von Hochkulturen und dem Zusammenstoß «primitiver» Stämme und Völkerschaften mit höheren Kulturen immer wieder gegeben. Jahrtausende war vor allem das Mittelmeergebiet mit seinen fruchtbaren Flußebenen und seinem subtropischen, «paradiesisch» erscheinenden Klima das Ziel solcher Wanderungen – zugleich aber ein Schmelztiegel, in dem sich wandernde Völker mit dem ansässigen Substrat in oft fruchtbarer Mischung verbanden. Viele, nicht nur sprachlich-kulturelle Elemente dieses Konglomerats wirkten über die Jahrhunderte nach und haben nicht zufällig die Ethnogenese älterer Gruppierungen (Franken, Angelsachsen, Awaren, Bulgaren, Slawen), sondern zum guten Teil auch die Entstehung von Völkern (Westfranken [Franzosen], Italiener, Spanier usw.) mitbestimmt. Für die hier behandelte Völkerwanderung gilt dies natürlich in weit größerem Ausmaß als für vorangehende Schübe von Stämmen und Völkerschaften. Diese nachhaltige Wirkung erklärt sich am ehesten aus dem Umfang der in Mitleidenschaft gezogenen Menschengruppierungen, aus der langen Dauer dieses Wanderzyklus und aus der Größe der betroffenen Gebiete.

Wenn wir uns hier noch dem «Abschluß» der Völkerwanderung zuwenden, wird das Problem zumindest in seinen Konturen deutlich. Sofort nach Mohammeds Tod (632) wurde in einem nicht allzu planvollen, jedoch weitgespannten Vorstoß in nördlicher, östlicher und westlicher Richtung eine arabische Völkerwanderung ausgelöst. Nicht nur in ihrer politisch-militärischen Relevanz – dem Vordringen bis zum Kaukasus und Indus in der einen, bis zu den Pyrenäen, ja bis ins Loiregebiet (732 Schlacht bei Tours und Poitiers) in der anderen Stoßrichtung – ist uns diese Wanderung heute bekannt; vielmehr weiß man längst, daß sie – über die eroberten Gebiete hinaus – Wirtschaft und Gesellschaft Westeuropas stark beeinflußt und zumindest indirekt dem europäischen Typ des Feudalismus zum Durchbruch verholfen hat: Ohne Anwendung des Lehnssystems im großen Umfang wäre eine Abwehr der arabischen Reiterheere in Frankreich und Spanien kaum möglich gewesen. Daß der Islam die katholische Kirche und Theologie zur Auseinandersetzung gezwungen und außerdem eine Vermittlerrolle bei der Einführung orientalischen und hellenistischen Geistesgutes im Westen gespielt hat, wird heute kaum noch übersehen. Das nordafrikanisch-berberische Element wird jedoch hinsichtlich der Ausbreitung des Islam noch zu sehr unterschätzt, obgleich es doch schon in der spätrömischen und vandalischen Periode sehr eigenständig gewesen ist.

Im sechsten und siebenten Jahrhundert wurden Teile Süd- und Mitteleuropas durch weitere Stämme heimgesucht, die in verschiedenster Weise von sich reden machten: Unter ihnen sind die Protobulgaren, die Awaren und die slawischen Stämme besonders hervorzuheben. Die Protobulgaren, ein Teil der türkischen Gruppierung, drangen um 680 von Norden bis zum Balkangebirge vor. Gemeinsam mit slawischen Stämmen gründeten sie in ständiger Auseinandersetzung mit Byzanz das 1. Bulgarische Reich (681–1018, Hauptstadt Pliska). 100 Jahre zuvor hatte der turkotatarische Nomadenstamm der Awaren im Karpatenbecken eine erste Staatengründung vorgenommen, die nach dem Abzug langobardischer und anderer germanischer Gruppierungen allmählich auch ungarisches Gebiet einzubeziehen versuchte. Die Ausbreitung der Awaren, die uns ähnlich wie die vieler frühslawischer Stämme vor allem aus dem siedlungsarchäologischen Befund deutlich wird, ließ sich jedoch zunächst aufhalten. Ein Teil der westlichen Slawenstämme wurde um 623 von dem fränkischen Kaufmann Samo zu einem starken Bund zusammengefaßt, dessen Kerngebiet in Böhmen oder Südmähren lag. Die Ostgrenze mag strittig oder fließend geblieben sein; nach einem Sieg über den Frankenkönig Dagobert I. (631) erstreckte sich der Einfluß dieser vorübergehenden Staatenbildung bis nach Passau und Mitteldeutschland. Im Zuge dieser Westausdehnung ist zweifellos auch die Ausbreitung anderer slawischer Gruppierungen begünstigt worden, die damals die Gebiete bis zur unteren Elbe, zur Saale und zum oberen Main in Besitz nahmen (Obotriten, Liutizen, Sorben). Diese Stämme hatten sämtlich das letzte Stadium der Vorklassengesellschaft, das der militärischen Demokratie, erreicht. Im Zusammenhang mit der allgemeinen Entwicklung der Produktivkräfte begann sich bei allen Westslawen und Teilen der Südslawen der Prozeß der sozia-

Rekonstruktionszeichnung der Burg von Behren-Lübchin, Kreis Teterow

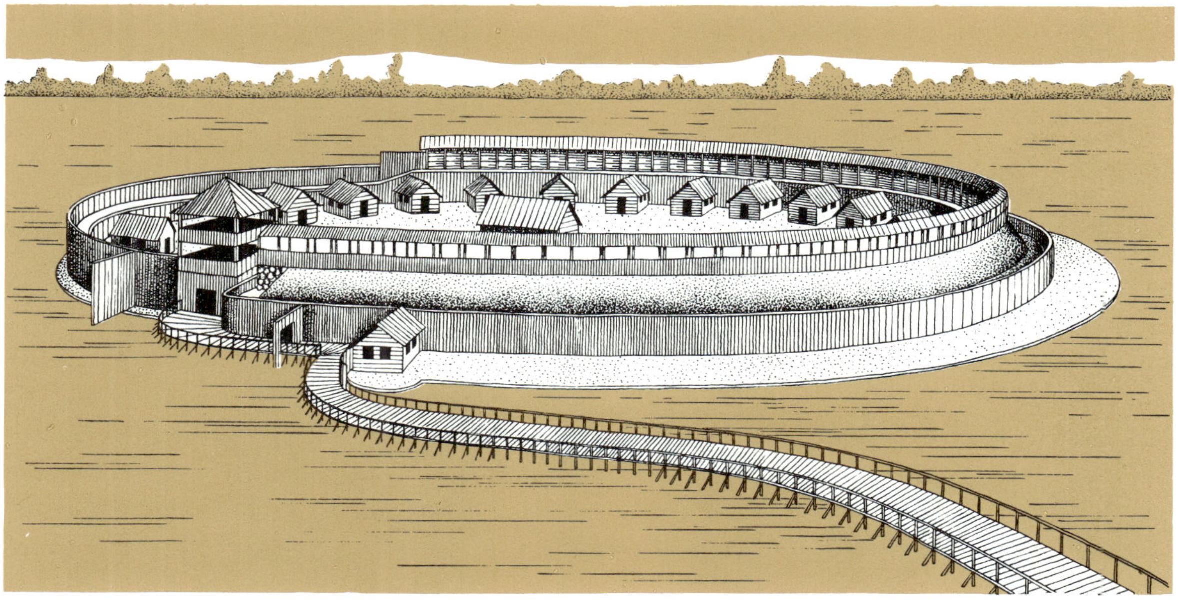

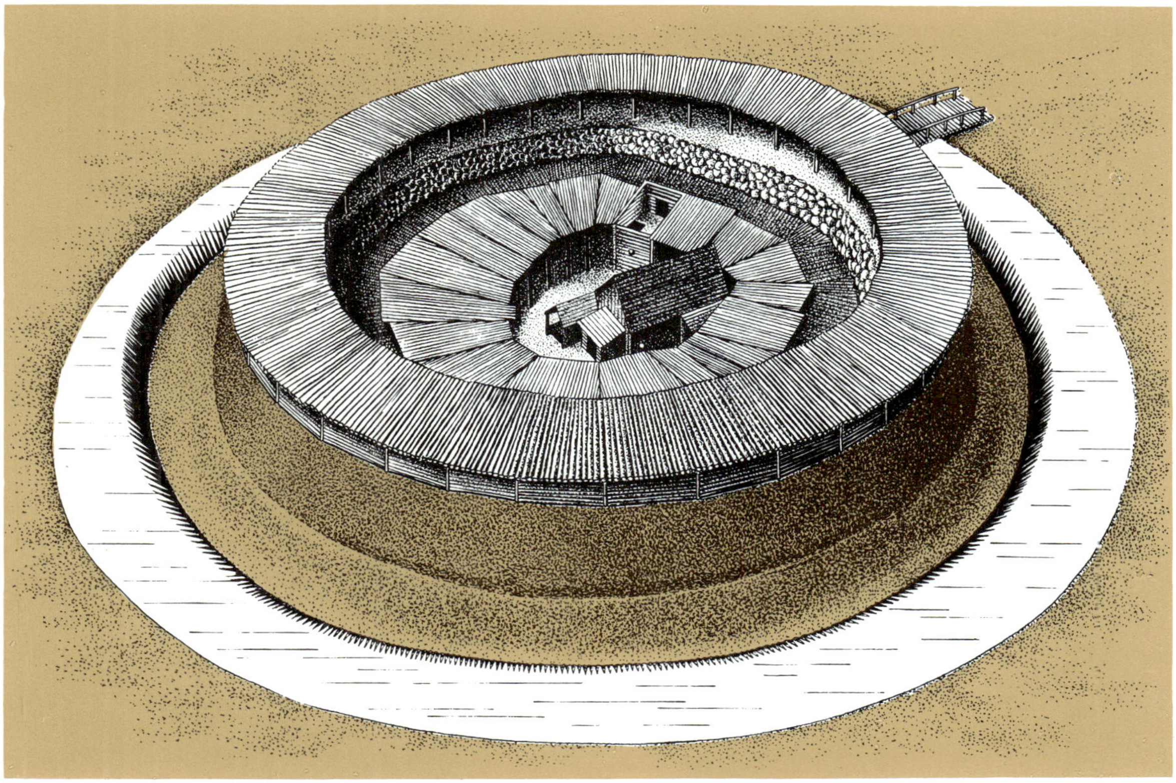

Fluchtburg (Rekonstruktion)

len Differenzierung durchzusetzen. Es entstanden große Wirtschaften der Gentilaristokratie, die im steigenden Umfang Unfreie verwendete. Die Volksversammlungen traten zurück und wurden oft durch Adelsversammlungen ersetzt. Damit war der Weg zur Bildung größerer Stammesverbände, aber auch zur Entwicklung von Staatsgebilden frei, die – wie der Staat Samos oder im neunten Jahrhundert das Großmährische Reich – eine Reihe von Stammesverbänden umfaßten. Der Adel begann im zunehmenden Maße, die Ländereien der Bauern für sich in Anspruch zu nehmen und dann auch die oft in stadtartigen Siedlungen ansässigen Handwerker und Händler während dieses Feudalisierungsprozesses von sich abhängig zu machen. Bis gegen Ende des achten Jahrhunderts wurden Slawen und Germanen durch die Awaren an der Festigung und Ausdehnung ihrer Gebiete behindert. Die Machtstellung des awarischen Khanates blieb bis zu Karl dem Großen beachtlich, da die awarischen Reiternomaden die meist von Ackerbautreibenden besiedelten Nachbargebiete ausbeuteten oder in Plünderungszügen heimsuchten. Eine fränkisch-südslawische Übereinkunft führte jedoch 796 zu einem «Mehrfrontenkrieg» gegen die ungarischen Sitze der Awaren. Mit dem Fall ihrer kreisförmigen Hauptfestung büßten die Awaren ihre Machtstellung ein; ihr Gebiet gelangte unter fränkische und slawische Oberhoheit und erschloß sich damit bald der Kultur der ansässigen Bevölkerungen, in deren Gefolge auch christliche Einflüsse nach Ungarn kamen.

Am Ende dieser Epoche, noch unter der Regierung Karls des Großen, gelangte mit den Wikingern (Normannen, Waräger in Rußland) von Skandinavien aus eine neue Invasionswelle nach dem Süden, die im Laufe von Generationen fast alle europäischen Räume, darüber hinaus aber auch Teile Vorderasiens und sogar Grönland und den Nordosten Amerikas erreichte. Diese Vorstöße stehen außerhalb unseres Themas, sind jedoch der Abgrenzung und des Vergleiches halber aufschlußreich und erwähnenswert. In die Welt des frühen Wikingertums führt etwa das bekannte altenglische «Beowulf-Epos» ein, das neben germanischen auch antike und christliche Züge aufweist. Die Wikinger verbanden alte Traditionen mit neuen Charakteristika. Mit ungezügelter Wildheit suchten sie alle günstig gelegenen Küsten, aber auch landeinwärts gelegene Städte (Paris) heim, die mit Hilfe der wendigen Wikingerschiffe erreichbar waren. Den Plünderungsfahrten kleinerer Schiffsmannschaften und Gefolgschaften, die im Zeichen Odins oder Thors zur Feindfahrt aufbrachen, folgten später größere ethnische Gruppen, die ganze Inseln und Landstriche besiedelten (Färöer, Island, Grönland, Baltikum) und frühfeudale Staaten (Normandie) begründeten oder okkupierten (England, Süditalien-Sizilien). Die oft durch soziale Spannungen hervorgerufenen Züge haben natürlich in Dänemark, Norwegen und Schweden selbst zu einer schnelleren Herausbildung regionaler und zentraler Feudalgewalten geführt, die sich seit dem zehnten Jahrhundert, meist mit kirchlicher Unterstützung, durchsetzten. Sich überlegenen Kulturen schnell anpassend, haben die Wikinger nicht nur als rücksichtslose Eroberer Epoche gemacht, sondern auch als Entdecker, Händler und Gesetzgeber. Ohne das Ferment dieser neuen Erobererschicht hätte sich der europäische Feudalismus weniger schnell entwickelt. Auch das Kulturgefälle und der kulturelle Austausch zwischen Orient und Okzident ist durch normannische Berührungen mit Byzantinern und Arabern weithin beeinflußt worden.

144 Das in Guterstein (Baden) gefundene Stück ist vielleicht nordgermanischer Herkunft. Das silberne Oberteil einer Schwertscheide stellt einen tiergestaltigen Gott dar (Museum für Vor- und Frühgeschichte Berlin).

Folgende Doppelseite:

145 Große Goldfibel der Völkerwanderungszeit (Oldsaksamling Oslo). Die Fibel entstammt dem 4./5. Jahrhundert und zeigt neben kostbaren Einlagen seitlich und am unteren Ende Darstellungen von Menschenköpfen.

146 Schwertgriff, Vallstenarum (Gotland), (Historisches Museum Stockholm). Der vergoldete Bronzegriff (Höhe 12,5 cm) mit Goldzellenwerk und Granateinlagen stammt aus der Zeit um 600 u. Z.

147 Oberteil eines Bildsteines aus Gotland (Historisches Museum Stockholm) aus dem 9./10. Jahrhundert. Die an den alten Tierstil erinnernde Komposition soll wohl einen Teil der Jenseitsbrücke nach Walhall darstellen.

148 Runenstein (Bildstein) aus Lund (Museum). Möglicherweise stellt der Reiter Thor dar, der in der rechten Hand einen Hammer (?) hält – oder eine andere Göttergestalt des nordischen Pantheon.

149 Bildstein aus Gotland (Historisches Museum Stockholm), um 700. Die Gruppe der Bildsteine, die mit niedrigen Reliefbildern verziert wurden, ist in Schweden bzw. auf der Insel Gotland vor allem im 5., 8. und 11. Jahrhundert häufig auf Gräberfeldern oder an Wegen aufgestellt worden. In mancher Hinsicht erinnern sie an die Reitersteine (vgl. Hornhausen Nr. 107). Während in der ersten Periode geometrische Ornamente mit Darstellungen einzelner Menschen und Tiere abwechseln, häufen sich in der zweiten Periode lebendige Bildreihen aus der Sage oder dem Leben verstorbener Helden. Für die dritte Periode ist Verzierung im ostschwedischen Runenstil charakteristisch. Auf unserem Stein ist oben offenbar Odin auf seinem Hengst Sleipnir dargestellt, der von Frigga mit dem Methorn empfangen wird. Darüber war wohl eine Walküre zu sehen, die einen Toten in Walhalla einführt. Die Abbildung des Schiffes ist zumindest ein realistischer Hinweis auf das historische Geschehen der Zeit.

150 Schildbuckel aus Ultuna (Uppland), aus dem 7. Jahrhundert (Historisches Museum Stockholm). Der Buckel besteht aus Eisen mit verzinnten Bronzeblechauflagen, der Spitzenkopf zeigt einen Tierwirbel aus vergoldeter Bronze.

Zeittafel

	Allgemeine Geschichte	Kultur, Wissenschaft, Literatur	Kunst und Technik	Philosophie und Religion
bis 300		Pappos von Alexandria beschreibt die fünf einfachen Maschinen (Hebel, Rolle, Wellrad, Keil, Schraube) und findet den mathematischen Fundamentalsatz über Doppelverhältnisse Anfänge germanischer Heldendichtung (Jungsiegfried, Wieland)	Römisches Amphitheater in Verona	
300–325	Bildung großer germanischer Stämme im Abschluß (Alamannen, Franken, Sachsen, Thüringer)	Julius Firmicus Maternus verwendet Bezeichnung «Scientia chimae» für die Chemie (ägyptischer Einfluß)	Diokletian läßt Palast in Spalato (Split) bauen, den er 305 bezieht	Porphyrios aus Syrien, 304 gest., Schüler Plotins, dessen Lehre er niederschrieb; bekämpft Christentum
301	Höchstpreise Diokletians (setzen sich nicht durch)		ausdrucksstarke Katakomben-Fresken in Rom	Übersetzung der Bibel ins Koptische
305	Diokletian und sein Mitregent Maximianus danken ab		wichtige Bodenmosaike des römischen Palastes von Piazza Armerina (Sizilien)	in Armenien bildet sich die «Gregorianische Kirche»
306	Konstantin I. (d. Gr.), Sohn des Constantius, in York zum Regenten des Westens ausgerufen; bis 323 Licinius Mitregent im Osten		christliche Antike übernimmt die geflügelten Erosknaben (= Engel)	
312	Sieg Konstantins über Maxentius am Ponte Molle in Rom	um 311 Decimus Magnus Ausonius, «letzter römischer Dichter», geb. (gest. 393)	Lateranbasilika, erste griechische Kirche in Rom	Kaiser Konstantin erläßt Mailänder Schutzedikt für die Christen (313)
324	Krieg zwischen Konstantin und Licinius	325 Münzreform in Rom (Solidus)		325 Konzil von Nizäa (Annahme der Lehre des Athanasius, Verurteilung der Lehre des Arius)

	Allgemeine Geschichte	Kultur, Wissenschaft, Literatur	Kunst und Technik	Philosophie und Religion
325–337	Konstantin Alleinherrscher	330 Jamblichos baut die Lehre Plotins aus		
330	Einweihung Konstantinopels als Hauptstadt; Reichsreform	330 das Regionsverzeichnis der Stadt Rom zählt 28 öffentliche Bibliotheken auf		
337–340	Dreikaisertum: Konstantin II. (Westen), Konstantius II. (Osten), Konstans (Mitte)			
340	Perserkrieg des Konstantius			
340–350	Doppelkaisertum: Konstantius II. (Osten), Konstans (Westen)			341 Verbot der heidnischen Opfer und Schließung der Tempel Wulfila beginnt Bibelübersetzung ins Gotische Aufstieg des Mönchtums von Ägypten aus
350–361	Konstantius II. Alleinherrscher	ab 350 Übergang von der Buchrolle zum Codex (heutigen Buchform!)	um 350 Römische Basilika in Trier	
357	Konstantius' Persertriumph in Rom; Julians Sieg über die Alamannen		um 350 Ostgoten übernehmen südrussisch-pontische Kulturelemente (Zellenverglasung, entwickelten Tierstil)	
358	Ansiedlung von Franken in Nordbrabant		um 350 Heiligenschein bei Christusbildern kommt auf	
360	Ausrufung Julians zum Augustus (Paris)			
361–363	Julian Alleinherrscher			361 heidnische Reaktion durch Julian
363	Perserkrieg und Tod Julians			362 Edikt gegen die Christen
364–375	Valentinian I. (Westen) und Valens (bis 378 im Osten); Kämpfe am Rhein und letzte Limesbauten	um 370 Ausonius: Bissula-Lieder auf ein im Krieg erbeutetes alamannisches Mädchen	Steinsägewerk mit Wasserradantrieb in der Eifel	um 370 Basilios d. Gr. gründet Wohltätigkeitsanstalt Basilias (auch Krankenhäuser)

	Allgemeine Geschichte	Kultur, Wissenschaft, Literatur	Kunst und Technik	Philosophie und Religion
367	Erhebung Gratians zum Augustus			372 Athanasius gest. (Athanasianisches Glaubensbekenntnis)
368–369	Kämpfe in Britannien			
				372 – um 400 Martin Bischof von Tours
375	Tod Valentinians I. während des Quadenkrieges	um 375 Koloß von Barletta S. Maria Maggiore in Rom (Mosaiken)		373–397 Ambrosius Bischof von Mailand (Eingreifen in die Politik; Märtyrerkult; Hymnen)
375	Mit hunnischer Westwanderung beginnt die «Völkerwanderung»	Blüte Triers als römische Residenz		
376	Westgoten unter Fritigern stoßen über die Donau vor			
378	Untergang des Valens in der Schlacht bei Adrianopel; Sieg über die Alamannen durch Gratian	nach 378 «Römische Geschichte» des Ammianus Marcellinus		
378–383	Gratian			381 Konzil von Konstantinopel: Staatskirche auf der nizänischen Grundlage
379–395	Theodosius d. Gr.	390 Christen vernichten Serapeion-Bibliothek in Alexandria		390 Theodosius' Kirchenbuße wegen des Blutbades von Saloniki
383–392	Valentinian II. (Westen, unter Einfluß germanischer Heermeister)	393 Theodosius d. Gr. hebt die Olympischen Spiele auf		391 Christentum Staatsreligion
387	Teilung Armeniens zwischen Rom und Persien			
392	Flavius Eugenius Gegenkaiser (von fränkischem Heermeister Arbogast erhoben)			
394	Theodosius' Sieg am Frigidus			

	Allgemeine Geschichte	Kultur, Wissenschaft, Literatur	Kunst und Technik	Philosophie und Religion
395	Theodosius gest., Reichsteilung: im Westen Honorius (bis 423), Arcadius (bis 408) im Osten	397 Nonnos: «Dionysiaka»		395 Augustinus Bischof von Hippo Regius (Schriften gegen Häretiker; Bekenntnisse; Gottesstaat: Geschichtstheologie)
395–410	Westgoten unter Alarich	398 Macrobius Theodosius: «Saturnalia»	nach 400 Ravenna als Hauptstadt des Westreiches ausgebaut (Mosaiken)	398 Johannes Chrysostomos Patriarch von Konstantinopel (berühmter Prediger und Moraltheologe)
408	Sturz und Hinrichtung des Heermeisters Stilicho			
410	Eroberung Roms durch Alarich, der bei Cosenza stirbt	411 Sulpicius Severus: «Vita S. Martini» 413–426 Augustinus: «Gottesstaat»		
ab 418	Tolosanisches Reich der Westgoten; Versuche vandalischer und suebischer Staatengründungen in Spanien	418/19 Orosius schreibt Weltgeschichte «gegen die Heiden»		
425–455	Valentinian III. Westkaiser (unter Vormundschaft seiner Mutter Galla Placidia und des Heermeisters Aetius)	425 Universität Konstantinopel begründet		425 syrische Bibelübersetzung Peschittho (Die Einfache) 425 der Moraltheologe Johannes Cassianus begründet Klöster in Marseille
429	Eroberung Nordafrikas durch Vandalen unter Geiserich (Reich von 439–534)		432 Moses-Mosaik in S. Maria Maggiore	430 Patrick verbreitet Christentum in Irland
437	Hunnen zerstören im römischen Auftrag Burgunderreich um Worms	438 «Codex Theodosianus» (Kaiser Theodosius II.)		431 drittes Konzil zu Ephesos gegen den Patriarchen Nestorius (Sekte der Nestorianer bis zum 13. Jh.)
443	Burgunder begründen Reich in Savoyen und um Lyon	nach 440 Salvian von Massilia: «Von der Weltregierung Gottes» (asketische und barbarenfreundliche Tendenz)		440–461 Papst Leo I., (d. Gr.)

	Allgemeine Geschichte	Kultur, Wissenschaft, Literatur	Kunst und Technik	Philosophie und Religion
445	Attila (nach seinem Bruder Bleda) bis 453 König des Hunnenreiches			445 Leo I. erreicht Anerkennung des päpstlichen Primates durch Valentinian III.
448	Oströmisch-Byzantinisches Reich ist Attila tributpflichtig			
449	Britannien von Angeln, Sachsen und Jüten (Euten) besetzt			449 «Räubersynode» zu Ephesos erkennt einzige, gottmenschliche Natur Christi an
um 450	Vordringen der Slawen bis zur Elbe und Saale			
451	Römisches Heer unter Aetius schlägt mit westgotischer Hilfe Hunnen unter Attila (Katalaunische Felder)			451 viertes ökumenisches Konzil von Chalkedon (göttliche und menschliche Natur Christi unvermischt und unzertrennbar)
452	Hunneneinfall in Italien			
453	Attila gest., Zerfall des Hunnenreiches			
455	Vandalen erobern unter Geiserich Rom; Vorherrschaft der Vandalen auf dem Mittelmeer (Thalassokratie)			
457	Childerich König der salischen Franken (Tournai)			
466	Eurich König der Westgoten			
471	Theoderich d. Gr. König der Ostgoten (bis 526)	um 475 «Codex Euricianus» (Westgotenrecht)		
476	Sturz des weströmischen Kaisers Romulus Augustulus durch Odoaker (Patricius): Ende des Kaiserreiches im Westen	um 476 unter Proklos letzte Blüte nichtchristlicher Philosophie in Athen		

	Allgemeine Geschichte	Kultur, Wissenschaft, Literatur	Kunst und Technik	Philosophie und Religion
481	Chlodwig König der Salier, später aller Franken	um 481 der Historiker Zosimus sieht im Christentum Ursache für den Zerfall des Reiches	481 Fundstücke des Grabes Childerichs I. zeigen gotische Beeinflussung des fränkischen Kunstgewerbes (goldene, geometrisch verzierte Schmuckstücke und Waffen)	
				483 Dogmenstreit zwischen Rom und Byzanz (bis 519)
486	Chlodwig besiegt Syagrius und beseitigt Reste des Weströmischen Reiches; Paris 508 Hauptstadt des Frankenreiches			
489	Theoderich d. Gr. besiegt Odoaker bei Verona	um 490 Dracontius von Karthago: «De laudibus Dei»	490 Theoderich d. Gr. schenkt dem Burgunderkönig eine Wasseruhr	492–496 Papst Gelasius I. stellt bischöfliche Gewalt gleichberechtigt neben weltliche (Zweischwerterlehre)
493	Theoderich d. Gr. begründet das Ostgotenreich in Italien, erobert Sizilien (bis dahin vandalisch) und 494 Malta			498/99 Chlodwig läßt sich von Remigius in Reims taufen
496	Chlodwig unterwirft die Alamannen			498 Nestorianer gründen Kirche in Persien (Patriarchat Ktesiphon)
um 500	Artus, König der keltischen Briten, kämpft gegen die Sachsen: Legendenbildung (Tafelrunde des Artus, Vorbild des Rittertums)	um 500 entsteht der babylonische (aramäische) Talmud	um 500 erste Anlage des Vatikanpalastes	
		gegen 500 burgundisches Recht durch Gundobad kodifiziert	um 500 Aufblühen der Mosaikkunst in Byzanz und Ravenna (Ravenna: Mausoleum der Galla Placidia, San Apollinare nuovo)	
um 500	Die Bajuwaren dringen von Böhmen nach Bayern vor			
um 500	Die Tschechen besiedeln Böhmen	um 500 Blüte der Alchimisten-Schule in Alexandria (Suche nach dem Stein des Weisen)	um 500 Musiktheorie (Boethius) und Hymnendichtung (Romanos aus Syrien)	
505	Die Langobarden zerstören das Herulerreich zwischen Theiß und Donau		um 500 die Gänsefeder kommt als Schreibgerät auf	
507	Chlodwig rundet Frankenreich durch Eroberung westgotischen Gebietes ab		um 507 bei den Alamannen Holzsärge und anderes Holzgerät	

	Allgemeine Geschichte	Kultur, Wissenschaft, Literatur	Kunst und Technik	Philosophie und Religion
507–711	Toledanisches Westgotenreich			519 Byzantinische Kirche erkennt römisches Dogma an
511	Chlodwig gest., Reichsteilung unter seine vier Söhne (Residenzen: Soissons, Metz, Paris, Orléans)			521 Ennodius gest. (vertrat päpstlichen Primat, dem Ehrentitel «papa» vorbehalten wird)
		524 Anicius Torquatus Severinus Boethius hingerichtet (Berater Theoderichs; Aristotelesübersetzer; «Trost der Philosophie»)	um 525 Baptisterium der Arianer in Ravenna (Zentralbau mit Mosaiken)	525 Dionysius Exiguus führt mit seiner Ostertafel die christliche Jahreszählung (Ära) ein
526	Theoderich d. Gr. gest.; lebt als «Dietrich von Bern» in der Sage weiter; Zerfall der ostgotischen Koalition der Völkerwanderungsstaaten		um 526 Grabmal Theoderichs in Ravenna	um 525 der griechische Kaufmann Kosmas Indikopleustes reist bis zur afrikanischen und indischen Küste («Christliche Ortskunde», Erde als viereckige Scheibe dargestellt)
527	Justinian I. oströmischer (byzantinischer) Kaiser, von seiner Gattin Theodora beeinflußt, will Reichseinheit durch Kriege wiederherstellen		um 527 Schaufelradschiff mit Tiergöpel-Antrieb beschrieben	527 Fulgentius von Ruspe gest.; bedeutender Fortsetzer Augustins und Vorkämpfer gegen den vandalischen Arianismus
529	Regensburg Hauptstadt des Herzogtums Bayern	um 529 mit Gründung des Benediktinerordens entstehen erste europäische Klosterschulen		529 Benedikt von Nursia gründet das Kloster Monte Cassino (Benediktiner-Regel)
531	Franken (und Sachsen) erobern das Thüringerreich			
532	Belisar unterdrückt Aufstand der blauen und grünen Partei in Konstantinopel (Nika-Aufstand)		um 532 Justinian baut das stark zerstörte Konstantinopel wieder auf (25 Kirchen, darunter Hagia Sophia)	
533–534	Vandalenreich durch Justinians Feldherrn Belisar vernichtet (König Gelimer)			
534	Frankenkönige unterwerfen Burgunderreich (versuchen Ausdehnung in die Schweiz, dann nach Oberitalien)	534 «Corpus Iuris Civilis» herausgegeben		

	Allgemeine Geschichte	Kultur, Wissenschaft, Literatur	Kunst und Technik	Philosophie und Religion
535	Krieg gegen das Ostgotenreich von Belisar begonnen; (553 von Narses beendet)			
536	Frankenreich gewinnt den Ostgoten die Provence ab	um 537 Cassiodor (Senator) gibt «Variae» heraus (verfaßt auch eine Geschichte der Goten und christlich-pädagogische Schriften)		537 Papst Vigilius unentschlossen in einem Lehrstreit mit Byzanz
540	Byzanz verliert das syrische Antiochia an Persien		um 540 Kaiserdarstellung in ravennatischen Mosaiken. Justinian: weißes, goldverziertes, gegürtetes Untergewand, Purpurmantel mit viereckigem Einsatz, Perlendiadem, spitze Schuhe; Theodora: langes, helles Gewand mit Edelsteinsaum, Purpurmantel mit Stickerei, Perlendiadem mit Gehänge, spitze Schuhe	
541–552	Totila Ostgotenkönig, Rückgewinnung Italiens und innere Reformen	um 542 Gildas der Weise (Romane?) beginnt eigenständige Geschichtsschreibung Britanniens	546 bei Belagerung Roms durch Goten erstmals Schiffsmühlen verwendet	546 «Dreikapitelstreit» zwischen Papst Vigilius und Justinian
		551 Gotengeschichte des Jordanes (Unteritalien)		
		um 550 Adelskultur im Sassanidenreich: Jagd, Polo, Saitenspiel, Schach, Kosmetik, Tanz	um 550 Seidenraupenzucht über Byzanz nach Europa (553 Staatsmonopol in Byzanz)	
552	Totila fällt im Kampf gegen Narses			
			um 550 in Indien die Null und die negativen Zahlen bekannt (indische Mathematik beeinflußt Perser, später Araber und Europäer)	
553	Der letzte Ostgotenkönig Teja fällt im Entscheidungskampf am Vesuv			
554	Narses, 1. Exarch der oströmischen Provinz Italien (Ravenna)			

	Allgemeine Geschichte	Kultur, Wissenschaft, Literatur	Kunst und Technik	Philosophie und Religion
559	Belisar schlägt Hunnen vor Konstantinopel zurück	um 560 Prokopios, Begleiter Belisars, schreibt über die zeitgenössischen Kriege (außerdem Baugeschichte und Geheimgeschichte mit vernichtendem Urteil über Justinian und Theodora)		
561	Das unter Chlothar I. (Sohn Chlodwigs) vereinigte Frankenreich in Austrien, Neustrien und Burgund aufgeteilt; Kämpfe der «Adelsparteien»			
565	Justinian I. gest.			
567	Langobarden vernichten (mit Awaren) das Gepidenreich			
568	Langobarden begründen unter Alboin Reich in Italien (Pavia)			
um 570	Awaren gründen Reich in Ungarn/Niederösterreich	um 575 Alexander von Tralles schreibt in Rom ein medizinisch-therapeutisches Sammelwerk		
		um 580 Gesetzgebung Leowigilds im Westgotenreich (Aufhebung des Eheverbotes zwischen Goten und Romanen)		
bis 586	Vernichtung des Suebenreiches durch Westgoten unter Leowigild, der auch Byzantiner in Südspanien zurückdrängt und Städte gründet		586 «Etschmiadsin-Evangeliar» (byzantinische Bilderhandschrift in armenischem Kloster)	
589	Westgoten treten zum Katholizismus über (Rekkared I.)			589 Drittes Konzil von Toledo unter Vorsitz von Isidor von Sevillas Bruder Leander
		594 Gregor von Tours schreibt «Gesta Francorum» (Beginn der Geschichtsschreibung im Frankenreich)	um 590 St. Gereonskirche in Köln	

	Allgemeine Geschichte	Kultur, Wissenschaft, Literatur	Kunst und Technik	Philosophie und Religion
um **600**	Tschechen und Slowaken besiedeln (unter awarischer Oberhoheit) Böhmen und Mähren	um 600 Venantius Fortunatus, Bischof von Poitiers: Heiligengeschichten und weltliche Gedichte (Rhein- und Moselfahrt)	um 600 Goldschmiedekunst der merowingischen Zeit hoch entwickelt: Gravierung, Tauschierung, Zellverglasung; häufiges Bildmotiv: Mann zwischen zwei Tieren (Daniel in der Löwengrube)	um 600 Canterbury erstes Bistum in England um 600 religiöse Toleranz im Sassanidenreich: Zoroastrismus, Nestorianer- und Judentum
um **600**	Serben wandern in ihr heutiges Gebiet ein	um 600 zweite (hochdeutsche) Lautverschiebung um 600 Papst Gregor I. (d. Gr.) fordert Bilder als Bibelersatz für Analphabeten, entwickelt Lehre vom Fegefeuer, fördert Heiligen- und Reliquienkult, schreibt «Dialoge» und «Handbuch der Pflichten des Klerus» nach 600 Isidor von Sevilla schreibt neben moraltheologischen und naturwissenschaftlichen Werken die «Etymologiae», eine umfassende Enzyklopädie (636 gest.)	um 600 in Ägypten Höhepunkt der koptischen Kunst: ägyptischer, hellenistischer, byzantinischer und arabischer Einfluß um 600 «langobardische» Spangenhelme (aus mehreren Metallplatten) nach 600 in Mitteleuropa statt «wilder» Feldgraswirtschaft Zweifelderwirtschaft	um 600 Papst Gregor gründet Singschule, läßt Kirchengesänge im «Antiphonar» sammeln
607	Venedig erstmals Staat unter einem Dogen			607 Fest aller Märtyrer in der römischen Kirche
610–641	Herakleios I. byzantinischer Kaiser (628 siegreicher Frieden mit Persern)			610 Mohammed tritt als Prophet auf
616	Langobardenkönig Agilulf gest.; führte Christentum ein; seine Herrscherauffassung zeigt die Agilulf-Platte			615 Columban gest.; gründete als irischer Missionar Klöster in Burgund und Lombardei
618	In Neustrien, Austrien und Burgund Maiordomus als Vorsteher der königlichen Hofhaltung			

	Allgemeine Geschichte	Kultur, Wissenschaft, Literatur	Kunst und Technik	Philosophie und Religion
622	Hedschra Mohammeds	622 Hedschra Mohammeds wird Ausgangspunkt der muslimischen Zeitrechnung (Ära) (die Zeitrechnung beruht auf dem reinen Mondjahr)		
623	Slawenstaat des fränkischen Kaufmanns Samo (bis 656)			625 Dagobert I. gründet Abtei Saint-Denis
629–638	Dagobert I. König des gesamten Frankenreiches; regiert als letzter Merowinger selbständig			625 Straßburg Bischofssitz
630	Mohammed erobert Mekka	um 630 ein christlicher Priester aus Rom reist nach Peking		630 Mekka Wallfahrtsort der Muslims; alle Stämme der arabischen Halbinsel erkennen Mohammeds Lehre an
632	Abu Bekr, Schwiegervater Mohammeds, erster Kalif			
634	Omar I., zweiter Kalif, läßt Syrien, Ägypten und Persien erobern			
		ab 640 wird Arabisch zur herrschenden Sprache im Orient (Ausweitung)		
		644 Langobardenkönig Rothari (636–652) kodifiziert das langobardische Recht	644 schwedischer Helmbeschlag mit Odin auf achtbeinigem Pferd mit Schild, Speer, zwei Raben und Schlange	
			um 645 Goldschatz des angelsächsischen Königs Ethelbert (Schiffsgrab von Sutton Hoo)	
		um 650 im Gegensatz zur steifen byzantinischen Kleidung tragen die Franken (Krieger): kurze Hosen, Kittel, Mantel, sandalenartige Schuhe mit Kreuzriemen bis zum Knie, Helm, Gürtel, Schwert, Streitaxt, Lanze		um 650 Wanderbischof Emmeram gründet Kloster in Regensburg

	Allgemeine Geschichte	Kultur, Wissenschaft, Literatur	Kunst und Technik	Philosophie und Religion
		654 Westgotenkönig Rekkesvind schließt Rechtskodifikation ab («Liber iudiciorum»)		
672	Araber belagern bis 678 erfolglos Konstantinopel	672 Beda Venerabilis geb., altenglischer Mönch und Geschichtsschreiber	672 Verteidiger Konstantinopels wenden sog. griechisches Feuer an (Mischung aus Schwefel, Steinsalz, Harz, Erdöl, gebranntem Kalk usw.)	673 Bonifatius geb., «Apostel der Deutschen» (Martyrium 754)
679	Gründung des ostbulgarischen Reiches			681 Theodor von Tarsus organisiert als Erzbischof von Canterbury englisch-römische Kirche
687	Karolinger erlangen erblichen Besitz der Maiordomus-Würde für das ganze Frankenreich			
697	Karthago von den Arabern zerstört			692 Trullanische Synode stellt den Bischof von Konstantinopel dem römischen gleich
8. Jh.	Die Karolinger beziehen Thüringen, Alamannien, Schwaben, Bayern, später das Langobardenreich, Sachsen, Kärnten, die spanische Mark in ihr Reich ein	8. Jh. Verbreitung der Klosterschulen im Frankenreich (Religion, Latein, Rechnen, etwas Naturwissenschaften)	8. Jh. Wasserräder für Mühlenantrieb verbreiten sich über Europa	8. Jh. Entstehung der Moscheen (oft dreischiffige Basilika; Kuppelbauten)
8. Jh.	Die Araber schließen Eroberung Nordafrikas ab, stoßen nach Vernichtung des Westgotenreiches (711 ff.) bis nach Frankreich vor (732 bei Tours und Poitiers zurückgeschlagen)		8. Jh. in England verdrängen steinerne Kirchen bereits die Holzbauten	
			705 auf dem Marienberg bei Würzburg wird steinerne Rundkirche erbaut (erhalten)	
		716 Kodifizierung des alamannischen Volksrechtes		718 Bonifatius verbreitet Christentum in Thüringen, Hessen, Bayern, Friesland, begründet Klöster und Bistümer
		720 Paulus Diaconus geb., langobardischer Historiker	736 Bonifatius verbietet den Genuß von Pferdefleisch (Pferdeopfer!)	
		um 750 «Hildebrandlied» (Kloster Fulda)	um 750 Hopfen als Bierwürze in Bayern angebaut	763 Kloster Lorsch begründet (Torhalle erhalten)

Literaturnachweis

Quellen:

AMBROSIUS: *Corpus Scriptorum Ecclesiasticorum Latinorum (CSEL)*, Bd. 32; 62; 64

AMMIANUS MARCELLINUS: *Römische Geschichte*, lateinisch und deutsch, hrsg. von W. Seyfarth, 4 Tle., Berlin 1968–1971

APOLLINARIS SIDONIUS: *Opera*, hrsg. von Ch. Lütjohann, Berlin 1887 (MGH AA, Bd. 8); hrsg. von P. Mohr, Leipzig 1895

AUGUSTINUS: *CSEL*, Bd. 25; 28; 33; 34; 36; 40; 41; 42; 43; 44; 51; 52; 53; 57; 58; 60; 63

AUGUSTINUS: *Zweiundzwanzig Bücher über den Gottesstaat*, deutsch von A. Schröder, 2 Bde., Kempten und München 1914 (Bibliothek der Kirchenväter = BKV Bd. 16)

AUSONIUS: *Opera*, hrsg. von H. Schenkl, Berlin 1883 (MGH AA, Bd. 5, 2)

AUXENTIUS: *Vita Ulfilae*, in: H. Giesecke, Die Ostgermanen und der Arianismus, Leipzig 1939

BENEDIKT VON NURSIA: *S. Benedetto, La Regola*, hrsg. von D. Anselmo Lentini, lateinisch-italienisch, Montecassino 1947
Die Regel, deutsch von C. Kößler, Graz 1931

BOETHIUS: *Trost der Philosophie*, deutsch von K. Büchner, Leipzig o. J.

CASSIODORUS: *Variae*, hrsg. von Th. Mommsen, Berlin 1894, (MGH AA 12)

Chronica minora saec. IV, V, VI, VII = Monumenta Germaniae historica. Auctores antiquissimi (MGH AA), Bd. IX und X; hrsg. von Th. Mommsen, Berlin 1892ff.

Codex Iustinianus: hrsg. von P. Krüger, Berlin 1929

Codex Theodosianus: hrsg. von Th. Mommsen und P. M. Meyer, Berlin 1905

Edda: 1. Bd. Heldendichtung, Übertragung von F. Genzmer, mit Einl. und Anm. von A. Heusler, Jena 1928; 2. Bd. Götterdichtung und Spruchdichtung, Übertragung von F. Genzmer, mit Einl. und Anm. von A. Heusler, Jena 1932

ENNODIUS: *Opera*, hrsg. von W. Hartel, Wien 1882 (CSEL, Bd. 6); hrsg. von F. Vogel, Berlin 1885 (MGH AA, Bd. 7)

EUGIPPIUS: *Das Leben des Heiligen Severin*, lateinisch und deutsch, hrsg. von R. Noll, Berlin 1963

Fontes ad historiam regni Francorum aevi Karolini illustrandam: bearb. von R. Rau, Berlin 1956–1960 (Ausgewählte Quellen zur deutschen Geschichte des Mittelalters, Bd. 5, T. 1–3)

GREGOR DER GROSSE: *Dialogi*, hrsg. von U. Moricca, Rom 1924; Moralia in Iob, J. P. Migne, Patrologiae cursus completus. Series Latina (MPL), Bd. 7

GREGOR VON TOURS: *Zehn Bücher Geschichten*, auf Grund der Übersetzung W. Giesebrechts neub. v. R. Buchner, Berlin 1956 (Ausgewählte Quellen zur deutschen Geschichte des Mittelalters, Bd. 1, 3)

HIERONYMUS: *CSEL*, Bd. 54–56; 59

ISIDOR VON SEVILLA: *Isidors Geschichte der Goten, Vandalen, Sueven, nebst Auszügen aus der Kirchengeschichte des Beda Venerabilis*, übers. von D. Coste, Leipzig ³1909 (Die Geschichtsschreiber der deutschen Vorzeit, Bd. 10);
Opera, MPL, Bd. 81–83;
Origines (Etymologiae), hrsg. von W. M. Lindsay, Oxford 1911

IOHANNES CASSIANUS: *Opera*, hrsg. von M. Petschenig, 2 Bde., Prag-Wien-Leipzig 1886–88 (CSEL, Bd. 13 und 17)

IORDANES: *Romana et Getica*, hrsg. von Th. Mommsen, Berlin 1882 (MGH AA, Bd. 5, 1)

IULIANUS: *Epistulae, Leges, Poemata, Fragmenta, Varia*, hrsg. von J. Bidez und F. Cumont, Paris 1922
Oeuvres complètes, Bd. I, 1, hrsg. von J. Bidez, Paris 1932

Der Koran: Aus dem Arabischen von M. Henning, Einl. von E. Werner und K. Rudolph, Leipzig 1968

Leben des Heiligen Bonifatius von Willibald, der Heiligen Lioba von Rudolf von Fulda, des Abtes Sturmi von Eigil, übers. von M. Tangl, Leipzig ³1920 (Die Geschichtsschreiber der deutschen Vorzeit, Bd. 13)

Notitia dignitatum: hrsg. von O. Seeck, Berlin 1876

OPTATUS VON MILEVE: *Libri VII* (Contra Parmenianum Donatistam), hrsg. von C. Ziwsa, Wien 1893 (CSEL, Bd. 26)

OROSIUS: *Historia adversum paganos*, hrsg. von C. Zangemeister, Wien 1882 (CSEL, Bd. 5)

Passiones Vitaeque Sanctorum Aevi Merovingici: hrsg. von B. Krusch, Hannover-Leipzig 1902 (MGH SRM, Bd. 6)

Paulus Diakonus und die übrigen Geschichtsschreiber der Langobarden: übers. von O. Abel, Leipzig ³1939 (Die Geschichtsschreiber der deutschen Vorzeit, Bd. 15)

PROCOP: *Opera omnia*, nach der Ausg. von J. Haury, hrsg. von G. Wirth, Leipzig 1962–1964;

Vandalenkrieg. Gotenkrieg, übers. von D. Coste, Leipzig ³1913; ³1922 (Die Geschichtsschreiber der deutschen Vorzeit, Bd. 15 u. 6)
SALVIAN VON MASSILIA: *De Gubernatione Dei*, hrsg. von C. Halm (MGH AA, Bd. 1,1), Berlin 1877; deutsch von A. Mayer, Kempten-München 1935 (BKV², Bd. 11)
Scriptores Historiae Augustae: Nach der Ausgabe von E. Hohl, hrsg. von Ch. Samberger und W. Seyfarth, 2 Bde, Leipzig 1965ff.
SULPICIUS SEVERUS: *Opera*, hrsg. von C. Halm (CSEL, Bd. 1), Wien 1866;
Schriften über den Hl. Martinus, deutsch von P. Pius Bihlmeyer, Kempten-München 1914 (BKV², Bd. 20)
SYMMACHUS: *Opera*, hrsg. von O. Seeck, Berlin 1883 (MGH AA, Bd. 6,1)

Gesetze:

BEYERLE, F.: *Die Gesetze der Burgunden*, Weimar 1938 (Germanenrechte, Bd. 10)
BEYERLE, F.: *Die Gesetze der Langobarden*, Weimar 1947
CONRAT, M.: *Breviarium Alaricianum*. Römisches Recht im fränkischen Reich, Leipzig 1903 (Nachdruck Aalen 1963)
Die Gesetze der Angelsachsen: hrsg. von F. Liebermann, 3. Bde., Halle 1903/16
ECKHARDT, K. A.: *Lex Salica: Recensio Pippina*. Die Gesetze des Karolingerreiches 714–911, Bd. I, Weimar 1953 (Germanenrechte, Texte und Übersetzungen, Bd. 2)
Edictum Theoderici regis: hrsg. von F. Bluhme, Hannover 1875–1889 (MGH LL 5)
Leges Burgundionum: hrsg. von L. R. von Salis, Hannover 1892 (MGH LL 1, 2,1)
Leges Visigothorum: hrsg. von K. Zeumer, Hannover-Leipzig 1902 (MGH LL 1,1)

Literatur:

Abriß der Geschichte antiker Randkulturen: bearb. von P. Lambrechts u. a., hrsg. v. W.-D. v. Barloewen, München 1961
ALTANER, B.: *Patrologie*, hrsg. v. A. Stuiber, Freiburg ⁶1960
ALTHEIM, F.: *Niedergang der Alten Welt*, 2 Bde., Frankfurt/Main 1952
BACH, H., und S. DUSEK: *Slawen in Thüringen*, Weimar 1971
BACKES, M., und R. DÖLLING: *Die Geburt Europas*, Baden-Baden 1969
BAETKE, W.: *Die Religion der Germanen in Quellenzeugnissen*, Frankfurt/Main ²1938;
Das Heilige im Germanischen, Tübingen 1942
BIELER, L.: *Irland-Wegbereiter des Mittelalters*, Olten-Lausanne-Freiburg 1961
BODMER, J.-P.: *Der Krieger der Merowingerzeit und seine Welt*, Zürich 1957
BOSL, K.: *Frühformen der Gesellschaft im mittelalterlichen Europa*. Beiträge zu einer Strukturanalyse der mittelalterlichen Welt, München-Wien 1964;
Franken um 800. Strukturanalyse einer fränkischen Königsprovinz, München ²1969
CAPELLE, W.: *Das alte Germanien*. Die Nachrichten der griechischen und römischen Schriftsteller, Jena 1929
CLAUDE, D.: *Adel, Kirche und Königtum im Westgotenreich*, Sigmaringen 1971;
Geschichte der Westgoten, Stuttgart 1970
CONRAD, H.: *Deutsche Rechtsgeschichte*, Bd. 1, Karlsruhe 1954
COURCELLE, P.: *Histoire littéraire des grandes invasions germaniques*, Paris ³1964
COURTOIS, CHR.: *Les Vandales et l'Afrique*, Paris 1955
DANNENBAUER, H.: *Die Entstehung Europas*. Von der Spätantike zum Mittelalter, 2 Bde., Stuttgart 1959–1962
DEMPF, A.: *Sacrum Imperium*, 2. unveränderte Aufl., Darmstadt 1954
DEVOTO, G.: *Geschichte der Sprache Roms*, deutsch v. I. Opelt, Heidelberg 1968
DIESNER, H.-J.: *Der Untergang der römischen Herrschaft in Nordafrika*, Weimar 1964;
Kirche und Staat im spätrömischen Reich, Berlin ²1964;
Das Vandalenreich. Aufstieg und Untergang, Leipzig-Stuttgart 1966;
Kriege des Altertums, Berlin 1971 (²1974);
Isidor von Sevilla und seine Zeit, Berlin 1973
DILIGENSKIJ, G. G.: *Severnaja Afrika v IV–V vekach*, Moskva 1961
DOPSCH, A.: *Die Wirtschaftsentwicklung der Karolingerzeit*, Teil I, 2. Weimar ³1962
DÖRRIES, H.: *Konstantin der Große*, Stuttgart 1958
FÉVRIER, P.-A.: *Art de L'Algérie antique*, Paris 1971
FIEBIGER, O., und L. SCHMIDT: *Inschriftensammlung zur Geschichte der Ostgermanen* (Denkschriften der Akademie der Wissenschaften in Wien, phil.-hist. Kl. 60,3; 70,3; 72,2)
FONTAINE, J.: *Isidore de Séville et la culture classique dans l'Espagne wisigothique*, 2 Bde., Paris 1959

FORRER, R.: *Keltische Numismatik der Rhein- und Donaulande*, 2 Bde., Graz 1968f.
FREND, W. H. C.: *The Donatist Church*, Oxford 1952; *The Rise of the Monophysite Movement*, Cambridge 1972
GAMILLSCHEG, E.: *Romania Germanica*, 3 Bde., Berlin-Leipzig 1934–1936
GAUTIER, E. F: *Geiserich*, deutsche Übersetzung von J. Lechler, Frankfurt/Main 1934
GEFFCKEN, J.: *Der Ausgang des griechisch-römischen Heidentums*, Heidelberg 1920
HAENDLER, G.: *Geschichte des Frühmittelalters und der Germanenmission*, Göttingen 1961 (Die Kirche in ihrer Geschichte, Bd. 2, Lieferung E)
HAHN, I.: *Das bäuerliche Patrocinium in Ost und West* (Klio Bd. 50, 1968, S. 261–276)
HAUCK, A.: *Kirchengeschichte Deutschlands*, 5 Bde., Leipzig ^{7}1956
HAUSSIG, H. W.: *Kulturgeschichte von Byzanz*, Stuttgart 1959
HEWKES, S. CH., und G. C. DUNNING: *Krieger und Siedler in Britannien während des 4. und 5. Jahrhunderts* (43.–44. Bericht der Römisch-germanischen Kommission 1962–1963, Berlin 1964, S. 155–231)
HERRMANN, J.: *Zwischen Hradschin und Vineta.* Frühe Kulturen der Westslawen, Leipzig-Jena-Berlin 1971
HEUSLER, A.: *Lied und Epos in germanischer Sagendichtung*, Darmstadt ^{2}1960
JAHN, M.: *Die Wandalen*, in: Reinerth, H., Vorgeschichte der deutschen Stämme, a. a. O., Bd. 3, S. 943–1032
KLEIN, R. (HRSG.): *Das frühe Christentum im römischen Staat* (Wege der Forschung, Bd. 267), Darmstadt 1971
KLINCK, R.: *Die lateinische Etymologie des Mittelalters*, München 1970
KOCH, U.: *Die Grabfunde der Merowingerzeit aus dem Donautal um Regensburg*, Berlin 1968
KRAFT, H.: *Kirchenväterlexikon*, München 1966
KRANZ, G.: *Europas christliche Literatur von 500 bis 1500*, München-Paderborn-Wien 1968
KÜHNERT, F.: *Allgemeinbildung und Fachbildung in der Antike*, Berlin 1961
LÁSZLO, G.: *Steppenvölker und Germanen*, Budapest-Wien 1971
LEIPOLDT, J.: *Der soziale Gedanke in der altchristlichen Kirche*, Leipzig 1952
LIETZMANN, H.: *Geschichte der alten Kirche*, ^{2}2.–4. Bd., Berlin 1953
MANITIUS, M.: *Geschichte der lateinischen Literatur des Mittelalters*, 1. Teil, München 1911 (= Handbuch der klassischen Altertumswissenschaft, 9. Bd., 2. Abt., 1. Teil)
MARROU, H. I.: *Saint Augustin et la fin de la culture antique*, Paris 1958
MASCHKIN, N. A.: *Römische Geschichte* (deutsch), Berlin 1953
MESLIN, M.: *Les Ariens d'Occident (335–430)*, Paris 1967
MILDENBERGER, G.: *Die thüringischen Brandgräber der spätrömischen Zeit*, Köln-Wien 1970
MISCH, G.: *Geschichte der Autobiographie*, 2. Bd., 1. Teil, Frankfurt/Main 1955
MITTEIS, H.: *Der Staat des hohen Mittelalters*, Weimar ^{4}1953; *Lehnrecht und Staatsgewalt*, Darmstadt ^{2}1958
NJEUSSYCHIN, A. I.: *Die Entstehung der abhängigen Bauernschaft als Klasse der frühfeudalen Gesellschaft in Westeuropa vom 6. bis 8. Jahrhundert*, deutsche Ausg. besorgt v. B. Töpfer, Berlin 1961
NORDEN, E.: *Alt-Germanien.* Völker- und namengeschichtliche Untersuchungen, Darmstadt ^{2}1962
PÁRDUCZ, M.: *Die ethnischen Probleme der Hunnenzeit in Ungarn*, Budapest 1963
PIRENNE, H.: *Geburt des Abendlandes*, Amsterdam ^{2}1941
PRINZ, F.: *Frühes Mönchtum im Frankenreich.* Kultur und Gesellschaft in Gallien, den Rheinlanden und Bayern am Beispiel der monastischen Entwicklung (4.–8. Jahrhundert), München-Wien 1965
RASIN, J. A.: *Geschichte der Kriegskunst*, Bd. 1, deutsch von A. Specht, Berlin 1959
Realencyclopädie der classischen Altertumswissenschaft (Pauly-Wissowa-Kroll): hrsg. v. K. Ziegler, Stuttgart 1894ff.
Reallexikon für Antike und Christentum: hrsg. v. Th. Klauser, Stuttgart 1950ff.
Reallexikon der germanischen Altertumskunde: hrsg. v. J. Hoops, 4 Bde., Straßburg 1911–1919
REINERTH, H. (HRSG.): *Vorgeschichte der deutschen Stämme*, 3 Bde., Leipzig-Berlin 1940 (sollte mit Vorsicht benutzt werden)
RICHÉ, P.: *Éducation et culture dans l'Occident barbare*, Paris 1962
ROSTOVTZEFF, M.: *Gesellschaft und Wirtschaft im römischen Kaiserreich*, deutsch v. L. Wickert, 2 Bde., Leipzig 1929
SÁNCHEZ-ALBORNOZ, CL.: *En torno a los orígenes del feudalismo.* 3 Bde., Mendoza 1942; *El 'stipendium' hispanogodo y los orígenes del beneficio prefeudal*, Buenos Aires 1947; *Estudios Visigodos*, Roma 1971
SCHÄFERDIEK, K.: *Die Kirche in den Reichen der Westgoten und Suewen bis zur Errichtung der westgotischen katholischen Staatskirche*, Berlin 1967
SCHLETTE, F.: *Germanen zwischen Thorsberg und Ravenna*, Leipzig-Jena-Berlin 1972
SCHMIDT, K. D.: *Die Bekehrung der Ostgermanen zum Christentum*, Göttingen 1939

NEHLSEN, H.: *Sklavenrecht zwischen Antike und Mittelalter.* Germanisches und römisches Recht in den germanischen Rechtsaufzeichnungen. I. Ostgoten, Westgoten, Franken, Langobarden, Göttingen-Frankfurt a. M.-Zürich 1972

RADDATZ, K.: *Die Bewaffnung der Germanen in der jüngeren römischen Kaiserzeit,* Göttingen 1967;
Der Thorsberger Moorfund, Gürtelteile und Körperschmuck, Neumünster 1957

SCARDIGLI, P.: *Die Goten, Sprache und Kultur,* aus dem Italienischen von B. Vollmann, München 1973

SCHULZ, W.: *Leuna.* Ein germanischer Bestattungsplatz der spätrömischen Kaiserzeit, Berlin 1953

STERNBERGER, M.: *Die Schatzfunde Gotlands der Wikingerzeit,* Stuttgart 1958

Studien zu den Militärgrenzen Roms: (Beihefte der Bonner Jahrbücher, Bd. 19) Köln-Graz 1967

WERNER, J.: *Waage und Geld in der Merowingerzeit,* München 1954;
Das alemannische Fürstengrab von Wittislingen, München 1956; *Das Aufkommen von Bild und Schrift in Nordeuropa,* München 1966

WOLFRAM, H.: *Geschichte der Goten.* Von den Anfängen bis zur Mitte des sechsten Jahrhunderts. Entwurf einer historischen Ethnographie, München 1979

Sonstige Handbücher und Hilfsmittel:

ALTHEIM, F.: *Attila und die Hunnen,* Baden-Baden 1951

BLÁZQUEZ, J. M.: *Ciclos y temas de la Historia de España.* La Romanización, 2 Bde., Madrid 1974/75

BÖHNER, K.: *Die fränkischen Altertümer des Trierer Landes,* 2 Bde., Berlin 1958

BRÜHL, C.: *Fodrum, Gistum, Servitium regis,* Bd. 1, Köln 1968

DIESNER, H.-J.: *Isidor von Sevilla und das westgotische Spanien* (Abhandlung der Sächsischen Akademie der Wissenschaften, Phil.-hist. Kl., Bd. 67, H. 3), Berlin 1977 (auch Trier, Spee-Verlag 1978);
Politik und Ideologie im Westgotenreich von Toledo (Sitzungsbericht der Sächsischen Akademie der Wissenschaften, Phil.-hist. Kl., Bd. 121, H. 2), Berlin 1979

DOPPELFELD, O. und R. PIRLING.: *Fränkische Fürsten im Rheinland,* Düsseldorf 1966

FILIP, J.: *Enzyklopädisches Handbuch zur Ur- und Frühgeschichte Europas,* 2 Bde., Prag 1966

GARCÍA MORENO, LUÍS A.: *Prosopografía del Reino Visigodo de Toledo,* Salamanca 1974;
El fin del Reino Visigodo de Toledo. Decadencia y catástrofe. Una contribución a su crítica, Madrid 1975

GRAUS, F.: *Volk, Herrscher und Heiliger im Reich der Merowinger,* Prag 1965

HACHMANN, R.: *Die Germanen,* München-Genf-Paris 1971

HUBERT, J., PORCHER, J. und W. F. VOLBACH: *Frühzeit des Mittelalters,* München 1968

MÜLLER, W. (Hrsg.): *Zur Geschichte der Alemannen* (Wege der Forschung, Bd. 100), Darmstadt 1975

Abbildungsnachweis

Berlin, Akademie der Wissenschaften der DDR:
110, 111, 112, 113
Berlin, Institut für Denkmalpflege:
47, 54, 55, 58, 59, 60, 61, 62, 63, 65, 66, 67, 68, 102, 121, 122, 123, 124, 125, 126, 127, 128, 144
Berlin, Staatliche Museen:
70, 73, 74, 75, 76, 79, 80, 81, 82, 83, 84, 85, 86
Bonn, Studio Service:
34
Budapest, Corvina Archivum:
31, 32, 33, 49, 50, 56, 57
Florenz, Alinari:
26, 27, 30, 44
Frankfurt/Main, Harald Busch:
36, 37, 38, 51, 52, 101, 103, 106, 108, 109, 129
Halle, Landesmuseum, Foto L. Bieler:
99, 107, 118
Köln, Römisch-Germanisches Museum:
17, 45, 53
Köln, Wilhelm Nyssen:
90, 132, 135, 136, 139, 140, 142, 143
Kraków, Muzeum Archeologiczne:
115, 116, 117
Leipzig, Verlagsarchiv:
133, 134, 137, 138
London, British Museum:
64, 69
Madrid, Museo Arqueológico Nacional:
40, 41, 119, 120
Markkleeberg, Wolfgang G. Schröter:
93, 94
München, Claus Hansmann:
1, 4, 35, 39, 42, 43, 48, 78, 88, 100, 104, 105, 145, 146, 147, 148, 149, 150
Rom, Deutsches Archäologisches Institut:
5, 14, 16, 77
Rom, Foto Anderson:
3, 19, 22, 92, 95, 96
Rom, Fototeca Unione:
2, 15
Sofia, Zentralfoto:
10, 11, 23, 24, 91
Sonthofen/Allgäu, Lala Aufsberg:
6, 7, 25, 29, 71, 72, 87, 89, 97, 98, 130, 131, 141
Stuttgart, Helga Schmidt-Glassner:
8, 9
Trier, Landesmuseum:
12, 13, 18, 20, 21, 28
Uppsala, Universitätsbibliothek:
46
Weimar, Museum für Ur- und Frühgeschichte Thüringens:
114

Wanderungen der Normannen und Araber